東京大學史料編纂所編纂

日本關係海外史料

イエズス会日本書翰集

原譯文
編之四

自永禄二年十二月
至永禄四年　八月

東京大學史料編纂所刊行

例言

一、日本關係海外史料は、本邦に関する外国文の代表的な史料を、最良の底本によって、近代の字体に翻字し、厳密な校訂を施し、闕失した箇所のあるものはその逸文をも収拾し、複本のあるものはこれと校合しつつ、所要の脚注を加えた原文編と、その本文を努めて原文に忠実に邦文に訳出した訳文編、あるいは両編を合冊した原訳文編とから成る。

一、本書は、日本にキリスト教を伝えたイエズス会宣教師及び彼等に日本情報を提供したポルトガル商人等が日本に関して言及し、あるいは彼等が日本から送付した、一五四七年から一五七九年にわたる書翰・報告書等から成り、書名をイエズス会日本書翰集 *JESUIT LETTERS CONCERNING JAPAN* とした。東インド巡察師アレッサンドロ・ヴァリニャーノによって日本年報制度が確立し、実際に彼の指導によって『一五七九年度イエズス会日本年報』が作成されるまでに執筆・発送された書翰・報告書等を対象とする。

一、本冊には、一五六〇年一月（永禄二年十二月）より一五六一年十月（永禄四年八月）にわたる書翰及び報告書二〇点の原文及び翻訳文を収録した。

一、本書に収載すべき書翰を選別するにあたり、エヴォラ版『日本書翰集』を参考とした。同書翰集に収載されない書翰も、日本に関する情報を含むものは、可能な限り多く収載に努めた。

一、エヴォラ版『日本書翰集』とは、*CARTAS QUE OS PADRES E IRMÃOS DA COMPANHIA DE JESUS ESCREVERÃO DOS REINOS DE JAPÃO & CHINA AOS DA MESMA COMPANHIA DA ÍNDIA, & EUROPA, DESDO ANNO DE 1549 ATÉ O DE 1580, PRIMEIRO TOMO, ÉVORA. Anno de M. D. XCVIII*（エヴォラ、一五九八年刊）である。同書は、松田毅一監訳『十六・七世紀イエズス会日本報告集』（第三期一〜七巻、同朋舎、一九九二〜一九九七年）に翻訳される。本シリーズ第二巻まではエヴォラ版『日本書翰集』を底本とし、手稿写本と校訂して原文編を刊行し、第三巻以降は手稿写本を底本とし、エヴォラ版『日本書翰集』との校訂も行なった。しかし、松田毅一監訳『十六・七世紀イエズス会日本報告集』が存在する以上は、エヴォラ版『日本書翰集』との校訂は不要と見做し、本巻からは基本的には、エヴォラ版『日本書翰集』との校訂は行なわない。但し、エヴォラ版『日本書翰集』にのみ、重要な語句・情報が含まれる場合、並びにあえて記載すべき相違がある場合は、その部分に関して、注で示した。

一、イエズス会日本書翰集は、ポルトガル国リスボン市所在アジュダ図書館 Biblioteca da

Ajuda 所蔵 *Caderno das Cartas que se receberão da Índia, Livros I-II, Colecção Jesuítas na Ásia*: Códice 49-IV-49, 49-IV-50（『日本關係海外史料目録』一二巻所収マイクロフィルム六九一九—一三—二～三号、本所焼付本七五一九—一二八—一～七及び七五一九—一二九—一～一三に当たる）、及び、同リスボン市所在ポルトガル科学学士院図書館 Biblioteca da Academia das Ciências, Lisboa 所蔵の *Cartas do Japão, vols. I-III*（『日本關係海外史料目録』一二巻所収マイクロフィルム六九一九—一七—一～三号、本所焼付本七五一九—四九—一～二四に当たる）等の諸古写本を底本とし、他種の写本から、闕字及び省略箇所を補った。関係史料の翻字・翻訳による刊行については、各底本の所蔵機関から許可を得た。所蔵機関と整理番号に関する情報は、各書翰表題の末尾に付した。

一、本書において使用されているアルカラ版『日本書翰集』は、*CARTAS QVE LOS PADRES Y HERMANOS DE LA COMPAÑIA DE IESUS, QUE ANDAN EN LOS REYNOS DE IAPÓN ESCRIUIERON A LOS DE LA MISMA COMPAÑIA, DESDE EL AÑO DE MIL Y QUINIENTOS Y QUARENTA Y NUEUE, HASTA EL DE MIL Y QUINIENTOS Y SETENTA Y VNO*. Alcala, 1575（マドリード市所在国立図書館 Biblioteca Nacional, Madrid 所蔵、所蔵番号 Raro 6654.『日本關係海外史料目録』一二巻所収マイクロフィルム六九一九—七—

五号、本所焼付本七八一九—四三—四に当たる）である。

一、ヨゼフ・ヴィッキ編纂『インド史料集 *DOCUMENTA INDICA*』（全一八巻、ローマイエズス会歴史研究所）及びルイス・デ・メディナ編纂『日本史料集 *DOCUMENTOS DEL JAPÓN*』（既刊二巻、同上）中に翻刻される書翰を一部引用収載した。『インド史料集』の引用収載と翻訳については、ローマ・イエズス会歴史研究所のヨゼフ・ヴィッキ師（故人）から承認を得た。また『日本史料集』に収載される書翰に関しては、メディナ師（故人）から承認を得て校訂の参考とした。刊行形式の変更に伴い、一部の文書に関し、改めて著作権を有するローマ・イエズス会歴史研究所より、右史料集からの転載の許諾を得た。

一、編纂の体裁は編年とし、月日の不明な文書は当該年の末尾に配列した。

一、翻字に当たっては、努めて原文の体裁を存した。翻字上採用した準則は原文編の巻頭に英文を以て記した。

一、訳文編における注意事項

○　翻訳に当たっては、話法上、時制上、努めて原文の文脈に従い、意訳を避けた。

○　地名と人名は、可能な限り邦字を宛て、必要に応じて原文の綴字を傍註した。邦字を確定することができない場合には、原文の綴字に従って片仮名を以て表記し、原綴を傍註した。
○文意を明確にするため、訳文中に編纂者が補入した字句は、すべて〔 〕の記号を施した。
○本文中に註として編纂者の加えた文字には、(○……。)を付して、本文と区別した。
○底本と異なる写本にのみ記される語句について、翻訳上必要と思われるものについては、［ ］の記号を施して本文中に挿入した。但し、同義語については、これを記していない。
○欄外に、本文中の主要な事柄を標出して、閲読の便を図った。
○訳文中の漢字は、常用漢字があるものについては、これを使用した。
一、本冊の翻訳に当たっては、とくに左記の図書を参照した。
村上直次郎訳注『耶蘇会士日本通信』豊後篇　上・下巻　昭和十一年刊。

村上直次郎訳・柳谷武夫編輯『イエズス会士日本通信』上・下巻　昭和四十三年刊。

松田毅一監訳『十六・七世紀イエズス会日本報告集』第三期　全七巻　平成三〜十年刊。

松田毅一・川崎桃太訳『フロイス　日本史』全十二巻　昭和五十二〜五十五年刊。

佐野泰彦・浜口乃二雄・江馬務・土井忠生訳注『ロドリーゲス　日本教会史』上・下巻昭

和四十二〜四十五年刊。

平成三十年三月

東京大学史料編纂所

目次

イエズス会日本書翰集　自一五六〇年　至一五六一年　四

一三〇　一五六〇年一月十五日（○永禄二年十二月十八日。）付、コチン発、メルシオール・ヌーネス・バレト《(MELCHIOR NUNEZ BARRETO)》のローマ《(Rome)》にあるディエゴ・ライネス《(DIEGO LAINEZ)》（○イエズス会総長。）宛書翰（○ホアン・ルイス・デ・メディナ編『日本史料集　一五五八―一五六二』所収、第二六号文書。）

メルシオール・ヌーネス・バレトの書翰

ライネス総長インドとエチオピアにいるイエズス会士の報告書を求む

イエス、マリア。

キリストにおいていとも尊きパードレ。

キリストの平安。

管区長《(Provincial)》パードレ・アントニオ・デ・クアドロス《(Antonio de Quadros)》（○サンタレン出身のイエズス会員で、一五五六年からインド管区長を務めた。一五七二年没。）が先日私に書き送ってこられたところによると、猊下（○ライネス。）は彼等に関する然るべき情報を入手するため、当地方、すなわちプレステ《(Preste)》（○プレステ・ジョアンの国、エチオピア。）やインディア《(India)》にいるパードレ達、イルマン達に関する全体報告書《(huma sindicação geral)》の作成を彼（○クアドロス。）に命じられたとのことでした。さらには、この命令はプレステ地方の管区長《(Provincial)》としての、彼（○クアドロス。）宛のものであり、私が彼の任を引き継いだという理由により、またその他の誓願司祭達《(Padres profesos)》が投票により私を選んだとの理由で、私（○バレト。）がその任務を執るように、とのことでした。

バレトをして報告書を作成せしむ

この〔命令への〕服従（○報告書の作成。）に当たって、大変多くの困難が私に生じました。その主なものはこれら（○以下の通り。）です。第一に、他人の生活を言い立てるのは、嫌悪すべき仕事です。第二に、これについて真に言い当てるのは、極めて困難です。なぜなら、「ただデウスのみが魂の計量者である《(solus Deus est poderator spirituum)》」（○「箴言」一六章二節。）からです。第三に、私自身そして私の愛すべき〔同僚達〕には、不完全なところが多々あるからです。私が恐れておりますのは、太陽の光がガラスを通る際にそのガラスの色を取り込むように、また黄疸患者の目にはすべてが緑色に見えるように、会（○イエズス会。）の会員達のいとも純潔な生活が、私の認識の中で、私自身の不完全さが与えてしまう色を帯びるのではないか、そして自分が忠実な報告者とならないのではないかということです。

バレト主観的になることを危惧す

「霊的な人だけがすべてを判断し、動物的な人間はそうではない《(siquidem solus spiritualis omnia diiudicat et non animalis)》」（○「コリントの使徒への手紙一」二章一四節。）のです。第四に、徳行の実践、恩寵の働きかけ、時を重ねることによる経験から、多くの変化が生じるからです。或いは、猊下がこの書翰をご覧になる時には、私が書き認めるものからは、非常に異なるものになっているかもしれません。さらに現在、私は三、四年間会っていない多くの〔人びと〕に関する情報を猊下に差し上げておりますが、もし彼等に現在会ったならば、彼等について非常に異なった考えを抱くことでしょう。

したがって、間違わないことを望む者にとっては、多くの点で困難な仕事であり、とりわけかくも重要な事柄に関してはなおさらです。しかし、従順とは理に適った苦難の行であり、盲目になることが求められます。それゆえ、危険な海に出帆する者の如き恐怖がありますが、まず最初にゴア《(Goa)》にいる者達について、次いで日本、マルコ《(Maluco)》（〇モルッカ。）、マラカ《(Malaqua)》、コロマンデル《(Choramandel)》、コモリン《(Comorim)》、コウラン《(Coulão)》（〇クイロン。）、コチン、ターナ《(Tanaa)》（〇ターネ。）、バサイン《(Baçaym)》、ダマン《(Damão)》、オルムズ《(Ormus)》、プレステ、イナンバネ《(Ignambane)》にいる者達について、お話することで、〔猊下の命令に〕従うことにいたします。（〇中略。）

ゴア（〇中略。）

カブラルの人物評価

ノヴィシャド《(noviços)》の教師であるパードレ・フランシスコ・カブラル《(Francisco Cabral)》（〇一五二九年アゾーレス諸島生まれ。一五五四年にゴアでイエズス会に入会。）は、当地（〇インド。）で〔イエズス会に〕入会し、修道生活を積み、大変よき模範で、教養深い者です。教養課程を修め、神学を二年学びました。説教に熱心で、従順で、祈祷を大変好み、頭痛及び胸痛持ちです。当地で入会したイルマン達の中では、教養や善徳において最も成長しているように思われます。やや争い好きのように見受けられます。（〇中略。）

フロイスの人物評価

ルイス・フロイス《Luís Froes》（〇一五三二年リスボン生まれ。一五四八年イエズス会に入会し、一五六一年ゴアで司祭に叙せられた。）は、会（〇イエズス会。）に入って一二年になります。生来雄弁で才気煥発、仕事に対し大変手際が良いです。常時、上長達から大いに試され、経験を積まされており、つねにその使命において堅固です。会話においては少々厳めしくて独特なものの、従順です。自分の意見を説明し、〔他人を〕納得させるのに、説得力があります。生来すぐれた思慮分別を有し、愛想よく会話します〔が〕、時には従順〔の命令〕が彼に課す仕事について、不満を漏らします。喧伝家です。すなわち、現在は分かりませんが過去において、上長《Superiores》から書翰によって或いは〔直接に〕知った事柄を、秘密事項であるのに、しばしば友人のイルマン達に漏らすことがありました。彼は大いに期待されており、健康で、教養に理解があります。（〇中略。）

トルレスの人物評価

インドから一五〇〇レグア以上に位置し、〔全長〕六〇〇〇レグアの島である日本には、上長としてパードレ・コスメ・デ・トルレス《(Cosme de Torres)》（〇一五一〇年バレンシア生まれ。一五四二年メキシコからフィリピン諸島に到着。ザビエルに出会い、一五四八年にイエズス会に入会した。一五七〇年天草にて没す。）がおります。彼はおそらく五〇歳以上で、我等の至福なるパードレ、パードレ・メストレ・フランシスコ《(Mestre Francisco)》（〇ザビエル。）に同伴してそこ（〇日本。）へ行った者です。生来とても健康で、肉体的な労苦には極めて忍耐強く、当地域（〇東インド。）において、私は彼以上の人間に会った記憶がありません。彼は大変自戒的です。

彼は七年間（〇実際の滞在期間は四年八箇月。）、パードレ・メストレ・フランシスコが彼を残した山口《(Manguchi)》に滞在しました。そこで彼は、あまり搗いていない米、野菜、それに類する物等以外、肉も、新鮮な魚も、パンも、葡萄酒も、オリーブ油も、乳製品も、他の栄養のある食物も摂らずにおりました。さらには、仏僧達からひどい迫害を受け、何度も死の危険に晒されました。

トルレス胃腸に問題あり

彼には胃痛の持病があり、時折それにひどく苦しめられております。今なお、彼が滞在する豊後で多くの苦難に耐え忍び、あらゆる苦行、質素、忍耐、禁欲を大いに実践しています。と

日本のイルマン達は裸足

はいえ、彼は〔もともと〕気鬱で、〔同地で〕働くイルマン達の健康には、もっと気を配るべきであると思われます。というのも、そこ（〇日本。）は厳寒の地で、修院において彼は常に胃痛を抱えており、イルマン達は裸足でいるからです。身体のひどく弱った者がいても、彼はその者達を自分自身のように〔厳しく〕扱おうとします。

日本での生活は苦行さながら

　私がこの件で介入しようとした時、彼が私に話したことには、かの地においては、堕落しないようにこうすることが必要なのである、なぜなら、たとえ身分の高い者のそれ（〇生活様式。）であっても、日本人のように食べ、着衣し、寝ることは、実際のところ、いかなるポルトガル人にとっても、厳しい苦行をしていることになるからである、ということでした。かくもその地は厳しいところなのです。

ガーゴの人物評価

　パードレ・バルタザール・ガーゴ《(Baltasar Gago)》（〇一五二〇年リスボン生まれ。一五四六年同地でイエズス会に入会。聖パウロ学院で教えるため、一五四八年ゴアに派遣された。一五五二年日本に渡り、一五六〇年まで豊後、平戸、博多で布教に従事。病のためインドに戻り、一五八三年ゴアで没す。）は、豊後《(Bungo)》から六〇レグアの〔所に位置する〕大きな市《まち》、博多《(Facata)》におります。彼は生来控えめで、人としての思慮分別を大いに備えており、愛想がよく、その地の人びとに好かれています。〔彼のために〕国王《(reis)》（〇大名。）達から、パードレ達やキリスト教徒達への好意が生じています。飢えや渇き、その他の肉体的な労苦から逃れるために、物事をうまく運ぶ方法を熟知しています。従順や真の献身に関する諸事については、私には完成しているようには思われませんでした。

ヴィレラの人物評価

パードレ・ガスパール・ヴィレラ《(Gaspar Vilela)》（〇一五二五年ポルトガルのアヴィス生まれ。一五五三年インドでイエズス会に入会。一五五四年メルシオール・バレト一行の随員として来日。一五五九年九月二日、豊後から京都に向けて出発。）は、生来善良な人間ですが、意欲や意見に関しては修練不足で、少しばかり厳めしく、語学に堪能です。彼に最後に会ってからのこの三年の間、かくも飢渇のある、寒冷で危険な土地において、彼が徳行の実践により、すでに大変謙虚で修練された者となっていることを、私は我等の主において確信しております。

フェルナンデスの人物評価

イルマン・ジョアン・フェルナンデス《(Joam Fernández)》（〇ファン・フェルナンデス。スペインのコルドバ出身で、一五四七年イエズス会に入会し、ザビエルの来日に同行。一五六七年平戸で没す。）は、日本でデウスの教えを弘めている主たる人物です。というのも、彼がその生活において示す良き模範にとどまらず、あらゆるその自己の戒めと苦行において、日本人達は、彼等がその言語（〇日本語。）で「武者礼《(muxaree)》」と呼ぶところの優れた資質を彼に見ており、彼〔の説教〕を聴くのを大変好んでいるからです。彼は効果的に、そして私が知る中で最も儀礼を重んじる人びとで

武者礼

ある日本人達の有するあらゆる習慣や儀礼を用いて、彼等に説教をします。彼は学識がないながらも、討論の実践や霊的な鍛錬によって、また、信仰の事柄について彼に問う者があれば、それを合理的に説明することで、さらには絶え間ない祈祷や聖なる書物の読誦によって、デウスの事柄に関する知識においてかくも明るいため、私は、〔デウスの〕事柄の根本に彼ほど通じず、彼（〇フェルナンデス。）がそれを説明することを希望する神学者は多くいると信じています。しかし、時々彼が漏らしたところに拠ると、彼は衰弱しているとのことです。コスメ・デ・トルレスは、もしジョアン・フェルナンデスが没したら、日本においては殆ど何もなし得ないであろう、と私に語りました。

フェルナンデスは日本布教の功労者

シルヴァの人物評価

ドゥアルテ・ダ・シルヴァ《Duarte da Silva》もまた、大変優れたイルマンではありますが、様々な恐怖心や自分を動揺させるその他の事柄に関しては、とても臆病で落ち着きがありません。日本人がジョアン・フェルナンデスに見出しているような「武者礼」は持ち合わせておりませんが、その言語（〇日本語。）によく通じております。成果を上げており、徳においては、それほど堅固ではないものの、ジョアン・フェルナンデスと殆ど同等と思われます。

アルメイダの人物評価

ルイス・ダルメイダ《Luis d'Almeida》（〇ルイス・デ・アルメイダ。一五二五年頃リスボン生まれ。ポルトガルのアジア貿易、とりわけマラッカ―中国間の貿易に加わる。日本でイエズス会に入会し、一五五六年彼の全財産を寄付。一五八〇年マカオで司祭に叙せられ、一五八三年天草で没す。）

アルメイダ入会時に五〇〇〇クルザードを寄進す

はかの地で〔イエズス会に〕参加してから四年ほどになる、富裕な外科医《(cerugeão)》です。〔その際〕五〇〇〇クルザードを持参しました。かの地（〇日本。）に、病院や修院、教会を建て、パードレ達を支え、多大な善意を以て彼等に仕えております。また、キリスト教徒達を治療し、多くの異教徒達はキリスト教徒達を治療する彼の慈愛を見て、我等の聖なる信仰（〇キリスト教。）に改宗します。日本にいるすべてのパードレ達やイルマン達が必要とするものに対処することに大変機敏で、我等の主が救済として、あの男（〇アルメイダ。）を彼等に与え給うたように思われます。彼は日本からシナ《(China)》へ渡る商人達に某かの商品を運んで来るよう依頼し、かの地（〇日本。）でそれを商い、それによってパードレ達の俗世における（〇生活面での。）負担を軽減しております。よく学んでおりましたので、すでにその言語（〇日本語。）を解しているに違いありません。

ルイ・ペレイラとギリエルメ・ペレイラの人物評価

ルイ・ペレイラ《(Rui Pereira)》（〇ゴアのイエズス会で養育された孤児。メルシオール・バレトとともに来日し、一五六〇年ゴアに戻る。インド帰還後、間もなくイエズス会を退会。しばしばロドリゴと称される。）とギレルメ《(Guilelme)》（〇ギリェルメ・ペレイラ。一五三七年リスボン生まれ。彼もイエズス会で孤児として育てられ、インドで正式にイエズス会に入会。メルシオール・バレトとともに来日し、一六〇三年有馬で没するまで日本で布教に従事。）はどちらも二〇歳で、その言語（〇日本語。）をよりよく習得できるようにと、若年のうちに選ばれましたので、すでにそれを解しているに違いありません。両人とも謙虚、真面目、敬虔です。大変良き働き手になるであろうと期待されます。彼等はとても健康ですが、パードレ（〇トルレス。）は彼等をいとも厳しく扱っておりましたので、現在はいかなる状況であるかは分かりません。

大友義鎮主催の異教の祭にキリスト教聖具を貸出す

咎めるべきことかどうかは分かりませんが、私は日本のパードレ達について二つの事柄に気付きました。第一には、豊後国王《(o rei de Bungo)》（〇大友義鎮。）がその（〇日本の。）偶像を祀る祝祭のために、ある大身がある物（〇キリスト教の聖具か。）を貸与するよう彼等（〇パードレ達。）に依頼してくると、〔パードレ達は〕彼等（〇大身達。）の気分を害さないために、貸与することです。これは彼等が大変名誉を重んじるからです。しかしながら注意されると、〔パードレ達は〕私に、国王の祝祭のためにそれを貸したのだと言いました。

キリスト教徒の日本人に先祖供養を許す

第二には、異教徒として亡くなった彼等の両親や祖先の霊魂のために、祈ったり捧げものをしたりすることを、〔パードレ達が〕キリスト教徒達に許したことです。これは、仏僧達が日本人に、彼等（〇仏僧達。）に与える金銭でその先祖を地獄から救い出してやると説いているためです。パードレ達はキリスト教徒達が仏僧達の欺瞞に満ちた偶像崇拝に向かうことのないように、彼等に〔このような〕迷信を許しております（〇第一四三号文書は前段落及びこの段落に呼応する。）。（〇中略。）

コチンにて作成。一五六〇年一月十五日。当マードレ・デ・デウス《(Madre de Deus)》の修院より。

猊下の取るに足らぬ僕

メルシオール

（〇メルシオール・ヌーネス・バレトは、一五二〇年頃ポルトで生まれ、一五四三年コインブラでイエズス会に入会。一五五一年インドに渡り、一五五五年四月コチンから来日し、一五五七年ゴアに戻った。一五五三年から一五五六年までゴアの準管区長を務めた。）

ロウレンソの書翰

一三一　一五六〇年六月二日（○永禄三年五月九日。）付、ミヤコ発、ロウレンソのゴアにあるアントニオ・デ・クアドロス宛書翰

一五六〇年六月二日に、日本《(Japão)》生まれのロウレンソ《(Lourenço)》（○ロウレンソ了斎。一五二六年平戸生まれ。琵琶法師として山口に滞在中、フランシスコ・ザビエルに出会い、イエズス会に入会。ガスパール・ヴィレラに同行した畿内方面の最初の宣教師で、多くの領主の改宗に寄与。一五九二年長崎で没す。）から、日本の市ミヤコ《(Meaco)》よりインド管区長《(Provincial da India)》パードレ・アントニオ・デ・クアドロス《(Antonio de Quadros)》に宛てた一通の写し（○リスボン市所在アジュダ図書館所蔵、四九ノ四ノ五〇号、四二三丁裏～四二五丁裏。）

［聖霊の恵みが絶え間なく我等の魂のうちに宿らんことを。アーメン。（○リスボン市所在科学学士院図書館所蔵の古写本により補う。）］

ヴィレラ等近江坂本に到着す

ヴィレラ比叡山にロウレンソを遣わす

イエス・キリストにおける我が兄弟達よ、私はあなた方の書翰を受け取り、それによって主において大いに慰められました。あなた方が我々に関する情報を知りたいという望みをどれほど抱いておられるか、私は存じておりますので、ここでは、当地域に到着した後、我々に起こったことを簡潔にお伝えします。まず、坂本《(Sacomoto)》と呼ばれる村にあるディエゴ《(Diego)》(○中国広東沖の上川島で受洗した日本人。案内役としてガスパール・ヴィレラやロウレンソに同行。)の家に到着しました。そこ(○坂本。)は、多くの僧院を擁する、そして日本全国の宗派と学者の長《(cabeça)》(○天台座主。)がいる、比叡山《(Fienoyama)》と呼ばれる山の麓にあります。到着するとすぐに、パードレ(○ヴィレラ。)は私を大泉坊《(Daytenbo)》と呼ばれる仏僧(○大泉坊乗慶。)のもとに遣わし、比叡山に宛てて我々が持参した書状(○コスメ・デ・トルレスが心海に宛てた書状。)を渡しました。

その書状を見て、我々の来訪の理由が分かると、〔大泉坊は〕当地(○比叡山。)の仏僧の長であった彼の師(○心海。)は、いずれかのパードレに会い、その説く所の教えを聞くことを望む旨を、豊後に宛てて書き認めたが、昨年亡くなり、彼(○大泉坊。)は困窮して〔小さな(○科学学士院図書館所蔵の古写本により補う。)〕僧院に隠居する身となった、それゆえ当地で我々を助け得るだけの権力も人望もない、と私に語りました。

ヴィレラ大泉坊と面談す

パードレ(○ヴィレラ。)は翌日彼の許に行き、私を交えて彼と対話し、彼と共にその弟子の僧侶達三人も（○科学学士院図書館及びポルトガル国立図書館所蔵の古写本には「一〇人」、『フロイス　日本史』には「一二人」とある。）それを聴きました。彼等は理解を示し、我々の教え（○キリスト教。）を弘めるためには、まずこの比叡山の仏僧の長老《(mayoral)》（○天台座主。）に会う必要があり、長老の従者である貴人の仏僧が、我々をその者の許へ連れて行くであろう（○「この比叡山の」及び「長老の従者」以下ここまで、底本では欄外に記す。）、と語りました。

ヴィレラ天台座主への取次を願うも実現せず

パードレ（○ヴィレラ。）はただちに、長老への取りなしを請うため、我々〔すなわち〕私とダミアン《(Damian)》（○一五四一年頃筑前秋月で生まれ、一五五八年頃バルタザール・ガーゴによって受洗。一五六三年イルマンとしてイエズス会に入会し、一五八六年に没するまで、日本での福音伝道に務めた。）を連れて、七レグアの道のりをディエゴと共に、前述の貴人の許へ向かいました。しかし、彼はパードレと会おうともせず、一切の好意を示しませんでした。かくして我々は、すぐに坂本へ戻りました。

大泉坊キリスト教に関心を示すも受洗せず

翌日、パードレは大泉坊の許へ行き、創造主と不滅の霊魂が如何にして存在しているのかを説き、彼はそれを理解しました。そして間もなく〔パードレは〕、天使《(angeles)》が如何にして存在しているかを彼に説明するために再び私を派遣し、彼はこれもまた理解しました。しかし、それ（○受洗。）は彼にとって大いに非難される原因となると思われたのか、〔人びとが〕彼に言ったこと、或いは彼を殺害する〔かもしれない〕ことを恐れて、洗礼を授かるのを断念しました。

前述の大泉坊の助言を得て、長老への取りなしを請うために、パードレは比叡山の代官《merino》のような人（〇『フロイス　日本史』第三巻、第四章には「永原殿」とある。永原重澄のことか。）の許へ向かいました。彼は、彼（〇ヴィレラ。）がその教えについて議論するために彼（〇長老。）と面会することを欲するのなら、長老はそれを嫌悪するであろう、それゆえ、それ（〇取りなし。）を行ないたくはない、またその仏僧への進物を持参していないのであれば、僧院を見るためであっても連れて行くことはできない、と答えました。パードレは比叡山で真理を説き得る手立てがないのを見て取ると、ミヤコへ向かうことに決めました。

ヴィレラ比叡山入山を断念しミヤコへ向う

ミヤコで我々は一軒の家を得て（〇一五五九年十一月初旬のことで、ディエゴの親戚に当たる坂本の尼僧の紹介による。）、その市では我々のことは知られていなかったため、一四日間、聴衆もなく過ごしました。我々はそこから別の家（〇四条新町西入ル革棚町、山田の後家宅。）へ移り、そこへは何人か聴聞に来ましたが、誰も真理を得ませんでした。

当初入信者なし

（424オ）

その家へ移ってから二五日後、大変地位の高い仏僧の仲介によって（〇ヴィレラは堺でパウロ・イエサンという山口出身のキリスト教徒から永源庵僧に宛てた紹介状を得ていた。この永源庵僧は、建仁寺永源庵主玉峰永宋のことか。）、パードレ（〇ヴィレラ。）は、御所《Goyo》と呼ばれ

ヴィレラ足利義輝の謁見を得る

る国王《(Rei)》（○足利義輝。）の許へ行きました。彼には日本中のあらゆる領主が従っており、つまり彼は日本全国の国王《(Rei de todo Japã)》なのです。というのも、同じくミヤコに居住している、彼等（○日本人。）が皇《(Vo)》と呼ぶ主たる国王《(principal Rey)》（○正親町天皇。）は権威しか有しておりませんが、この御所は支配権を有しているからです。彼はパードレを迎えたことに大変な喜びを示し、友好の徴として、自分が飲んだ盃《(taça)》で彼（○ヴィレラ。）に飲ませました。

多くの聴聞者あるも受洗に至らず

それから、我々はより良い場所にある別の家（○誓願寺通り室町西入ル玉倉町にあるクンダノジュチョウという異教徒の家。この転居は一五五九年十二月中旬のこと。）に移りました。そこでは、僧俗問わず多くの者達が聴聞や、宗論のため押し寄せ、それらの者達のうち殆ど誰も、真理に従うことを欲しませんでした。さらにある者は冒涜しながら、別の者はからかい嘲りながら去って行きましたが、そこへ、法華《(Foqueto)》党と呼ばれる宗派の重立った学識のある二人の仏僧がやって来ました（○タケザワとサンノという者で、後者は受洗してサンノ・トメと称した。）。彼等は日本の書物すべてを読破した者達で、天地のことについて話をしました。この宗論において彼等は、〔自分達の考え方が〕如何に物質的なもの以外には基づいていないかを如実に示しました。

また、大変高貴な修道女（○尼僧。）が〔我々の許に〕来て、説教を聴くと、自分をキリスト教徒にしてくれるよう請いました。しかし、パードレには彼女がまだ理解も信仰心も有していないと思われたので、彼はその時授洗しようとはしませんでした。また、財力では豊後国王（○大友義鎮。）に劣るものの、権威においては彼より優れた、この王国の極めて主要な人びとである公家(qunges)の二人が、夜中に我々の家に説教を聴きに来ました。彼等は我々が語ることに納得した様子を見せました。

賀茂在昌受洗す

この家で、在昌(Aquimaça)という、ミヤコに住む山口(Gamangochi)出身の重立った貴人（○賀茂在昌。）とその他一〇人がキリスト教徒になりました。その頃、我々が宿泊していた家の主人は、仏僧達が彼に対して行なった嫌がらせや脅迫により、我々にこれ以上自分の家に居てもらいたくないと言いました。かくして、彼等〔の暦〕の新年の二日前、つまり〔西洋暦の〕一月二十五日に、我々は他の家（○四条烏丸の酒屋。）に移りました。

ヴィレラ等転居を余儀なくされる

この家では、話すときりがないほどに、我々を憎む悪者達に唆された大勢の少年達が、ひどく愚弄して、多くの石を投げたり、多量の土や砂をかけたりしました。しかしながら、我等の主の恩寵により、我々は来訪し聴聞を望むすべての人に説教を行ないつつ四月まで耐え忍び、そこでは一〇〇人ほどがキリスト教徒になりました。

受洗者一〇〇人

この頃、比叡山の主要な学僧のうちの一人が二度〔我々の許を〕訪れました。その両方の宗論において、彼は内心では当惑せずにはいられませんでしたが、口では説かれた道理に従おうとはしませんでした。

大徳寺の僧と宗論す

また、紫《Murasaque》（○紫野。大徳寺のこと。）という、瞑想（○座禅。）を行なう者達の中から五人の仏僧がやって来て、パードレにいくつか質問をしましたが、その中で、彼等は自分達を唆した悪魔の悪意をあからさまに示しました。しかし、彼（○ヴィレラ。）は我等の主イエス・キリストの恩寵により、彼等が恥じ入るような方法でそれに応えました。

天台宗の僧と宗論す

天台宗の僧はキリスト教の道理を認めるも受洗せず

また、天台宗《Tendaizu》（○エヴォラ版では「浄土宗 Zonduxú」となっている。）と呼ばれる宗派の学者二人も訪れ、自分達の宗派と我々の教えについて、大いに宗論を行ないました。しかし最後には我々の教えが真実であると認めました。その後、彼等のうちの一人が戻ってきて、我々の友人である様子を見せていくつかの質問をし、創造主と不滅の霊魂（○エヴォラ版では「来世 outra vida」となっている。）の在りようについて理解して、釈迦《Xaca》が教えた教義はプリマ・マテリア《la materia prima》（○第一質料ともいう。宇宙のすべての物質を形成する基本物質。）に基づくものであり、すなわちそれは無である、と告白しました。彼は、日本の全宗派は、すべてが釈迦《Xaqua》の著作に依拠しているがゆえに、真実の道から外れていることを、はっきりと理解しましたが、洗礼は受けませんでした。

比叡山の僧男色に拘り受洗せず

伊予《(Yyo)》の地の出身で比叡山に住む、日本の書物を読破したもう一人の学僧は、質問をするためにやって来て、創造主と不滅の霊魂が存在することを理解しました。〔しかし、〕この者は男色の罪を捨て去ることができず、貞潔に生活する自信がないゆえに洗礼を受けない、と語りました。

著名な禅僧ケンシュウ

三〇年間瞑想（○座禅。）に捧げたケンシュウ《(Quenxu)》（○『フロイス　日本史』第三巻、第八章には「ケッシュウ Quexxu」とある。）という仏僧は、瞑想に関して〔尋ねるため〕、ミヤコにいる二人の重立った学僧の許を訪ねました。この者たちは彼を認め、彼に自筆の書付を授けました（○印可状。）。そうした認可は、当地では〔ヨーロッパにおいて〕聖人に列するようなものです。そのため、認可の際、〔人びとは〕彼を椅子に座らせ、認可する学者達は彼を称賛します。それから間もなくして、彼は瞑想のための項目（○公案。）を他の人びとに授けました。

ケンシュウの公案

そして、自身の住院において一枚の紙に、刈り取られた農地を、そしてさらにそこに枯れ木を描かせました。さらにそこに二首の詩を書き、その後で彼を認可した学者二人に署名させました。一首には、「枯れ木よ《(a ti arbol cequo)》、誰がおまえを植えたのか《(quien te cenbró)》。私の始まりは無であったので《(ya que mi principio fue nada)》、無に帰する運命であることよ《(y en nada me he de tornar)》」とあり、もう一首には、「私の心は存在することも存在しないことも《(mi corazón que no tiene ser ni no ser)》ない。去ることもなく《(no va ni vien)》、戻ることもなく、留められもしない《(ni está detenido)》」とありました。

この仏僧はパードレの許に来て、自分が出生前には何であったか、今は何であるか、その死後には何になるのかについて、明白な知識を有している、それゆえ、暇つぶしのために何か新しいことを聴きに来たのであって、自分の救いのために必要なことを聴きに来たわけではない、と言いました。しかし、彼は大変傲慢だったにもかかわらず、我等の主の恩寵により、キリスト教徒になりました。大変模範的なキリスト教徒になったため、彼を理由に、多くの者達が〔キリスト教徒に〕になり、またなりつつあります。彼がキリスト教徒になったと聞く者達は皆、大変驚きます。

ケンシュウの受洗

(424ウ)

コスメ《(Cosme)》、この者は五、六年前に豊後でキリスト教徒になりましたが、我々は彼に当地で会いました。彼はいとも敬虔で模範的なキリスト教徒ですので、パードレ（○ヴィレラ。）が〔ミヤコに〕到着したと知るとすぐに、奈良《(Nara)》という、ミヤコの外の町である彼の故郷から、彼（○ヴィレラ。）に会いにやって来ました。彼は父母や俗世で有していたものを捨て去り、パードレが彼に命じること一切に従って、貞潔に我等の主イエス・キリストに奉仕しております。願わくは、彼の中に生じた、いと高き御方への称賛と〔その〕栄光が最後まで続くよう、我等の主が彼に恩寵を授け給わんことを。

奈良のキリスト教徒コスメ

四〇年間瞑想の行において鍛錬してきた別の仏僧もまた、キリスト教徒になりました。そし

ある禅僧の受洗

て彼はいとも敬虔なので、大変な高齢にもかかわらず、説教を聴くために二レグアの道のりを歩いてやって来ます。

一五人の仏僧の受洗

一五人ほどの仏僧達も、自分達の経典や信徒達、過去の生活すべてを棄てて、キリスト教徒になりました。ある者達は、我等の主デウスが命じる通りに、ただ一人の女性とのみ結婚する決心をしました。また別の者達は、純潔に生きる決心をしました。それは日本の仏僧達の間では大いに驚くべきことで、〔そのことから人びとは〕かくも深い盲目〔の状態〕から彼等を呼び寄せ給うた我等の主を讃美しております。

宣教師は災厄をもたらすという噂

このミヤコでは、我々が到着して間もない頃、ある者は我々を疫病神《(bagios)》と呼び、別の者は詐欺師《(raposas)》と呼んでおりました。その後、我々を悪魔憑き《(indemoniados)》とか、人間を食べる奴等と呼んでいました。それから、我々が滞在していた通り（〇ポルトガル国立図書館所蔵の古写本には「家 casa」とある。）の周辺で火事が起きた後には、〔人びとは、火事は〕我々が原因である、なぜなら我々は妖術師で、悪魔の教えを伝えにやって来たからである、と言いました。

各仏教宗派のキリスト教理解

しかし今では、真言宗《(Xingoui)》の者達は、我々が説いているのは彼等の説く大日《(Denichi)》のことであると言い、禅宗《(Jenxu)》の者達は〔それが〕彼等〔の教義〕にある方便《(Fonben)》のことで、瞑想することでその悟りに至ると言います。また、法華宗《(Toquexu)》（〇底本及びポルトガル国立図書館所蔵の古写本には「トケシュウ

「Toquexu」とあるが、科学学士院図書館所蔵の古写本には「ホケシュウ Foquexu」とあり、前後の文脈から法華宗を指すと判断した。）の者達は彼等の説く慈悲のことであると言い、浄土《Jondoxu》宗の者達は、〔それは〕阿弥陀《Amida》のことであると言います。神道《Xinto》の者達は彼等〔の教義〕にある苦行《coquio》のことであると言います。このように、今では皆が、我々が説くことは自分達が依拠していることである、と言っております。彼等はすでに、別の段階へ昇り、我々が説くことは天地の創造主の教えであると公言する準備ができていますので、その（○デウスの。）無限の慈悲において、彼等が彼（○デウス。）を知り、また熟知した後で彼を称え讃美するために、〔デウスが〕彼等に恩寵を与え給わんことを、我々は期待しております。アーメン。

播磨出身の法華宗の僧創造主を理解す

一人の仏僧が播磨《Farima》という地からやって来ました。その僧は魚や肉を食べないばかりでなく、小麦や大麦、米、黍といったものや、いかなる種類のひよこ豆も空豆も食べず、ただいくらかの野菜と樹果のみ〔を食べております〕。そして、法華経《Foquequio》という釈迦の経典を一〇万回、無償で教えるという誓いを立てました。これはすべて〔自分が〕救済《Chenchiqu》されるためのものでした。彼は我々に、一〇年ほど前、夢の中で、彼に救済の道を教えてくれる天竺から来たパードレ達に会った、と語りました。

天竺渡来のパードレ達

その夢を見た翌日、来世のことを説くために天竺から到来したパードレ達が山口にいるという話を聞いたのです。彼は創造主に関する事柄を聴いて、得心しました。彼は急いで、取るものも取り敢えずミヤコへやって来たので、〔パードレは〕まずは必要なものを準備して来るために、(425オ)いったん故郷へ戻るがよい、その上で、自身の誓いと間違った苦行を棄て、キリスト教徒になるがよい、と言いました。この仏僧に関しては、特筆すべきことなので書き認めます。

瞑想を行なう者達の司教に相当する者が、夜、密かに〔我々の〕家に、聴聞にやって来ました。また、別の説教師でもある学僧は、パードレと話をすると、日本の〔宗派の〕教義には、根本に関する事柄がない、と告白しました。

伊勢貞孝の家臣多数受洗す

また、伊勢殿《(Xendono)》（◯伊勢貞孝。）という公家《(Cungue)》（◯或いは公儀ヵ。実際には武家。）の家臣達が多数、キリスト教徒になりました。

ヴィレラ等三好長慶を訪問す

パードレ（◯ヴィレラ。）が当王国の二番目〔に力のある〕人物である三好殿《(Mioxindono)》（◯三好長慶。）に庇護を求めて、彼の家中の有力な貴人（◯三好家家臣。）の同伴で訪問しようとした時、彼（◯ヴィレラ。）がやって来るのを見た者達は、三好殿が、彼（◯ヴィレラ。）を捕らえるよう命じ、かの貴人が彼（◯ヴィレラ。）を捕らえて連行したものと〔思い〕、沸き立ちました。そしてその後で、ミヤコの執政官（◯松永久秀ヵ。）は、何人たりともパードレを決して粗略に扱ってはならないと公に布告させました。多くの者が、彼（◯パードレ。）を市外（◯洛外。）へ追放するようにと布告されたと言って騒ぎ、ほかにも偽の証言〔が出回りました〕。それらをお話しすれば決して終わることはないでしょう。

しかしながら、我々は、我等の主なるイエス・キリストにおいて、今日まで彼等（〇三好長慶等。）が一切の危害を我々に加えなかったのと同様に、これから先もそれ（〇危害。）を加えないことを期待しております。すべては神聖にしていと高き御方のさらなる栄光と、悪魔の混乱のためとなることでしょう。

坂東にヴィレラ達の情報伝わる

また、ミヤコ周辺にある他の地域でも、キリスト教徒が誕生しました。当地から二〇〇レグア〔の所〕にある、数多の仏僧達が勉学のために集まる坂東《(Bando)》にまで、我々のミヤコ到来の報がすでに伝わっております。

上州《(Joxu)》（〇上野国。）という地に、剣術の指南においてはとりわけ秀でた仏僧がおり、この者はこっそりと瞑想を教えるとのことです。それら（〇その教え。）においては、たとえある者がその父母を殺したとしても罪にはならない、というのも、人とは容易に悪事に傾倒するものだからである、と仄めかしているとのことです。多くの者が彼の弟子になっているそうです。

奥州の狼信仰

さらに、奥州《(Vonxu)》という別の地では、狼を崇め、多くの祈祷によって来世では自分達を狼にしてくれるよう請う宗派があります（〇狼信仰。）。このような惨状は、日本に存在する盲目〔的な無知〕から生じているように思われます。多くの者は、自分が生まれ出ずる前にこの世にあり、死後には草や虫、動物、あるいは人間として生まれ変わる（○輪廻転生。）という考えに固執しています。このため、この者達は他の動物達に恐れられている狼に生まれることを望むのです。

法華宗の信徒僧侶の生活を宣教師と比較して憤慨す

他の如何なる宗派の者達より信心深い［この市の（○科学学士院図書館所蔵の古写本により補う。）］法華宗徒達は、我々の信仰に関する事柄や、キリスト教徒達の生き方を聴くと、自分達の信仰の大半を失いました。そして、彼等が崇敬する釈迦と同等に信奉してきた一人の仏僧に大変憤慨して、〔次のように〕言いました―キリスト教徒のパードレはかくも禁欲的に生活し、世俗の信徒には唯一人の妻以外を娶ってはならないと主張している〔が〕、彼の仏僧は密かに女達を囲っている、さらに〔僧侶は〕彼等を教導することに金銭を取っている〔が〕、キリスト教徒のパードレはそうしたことはしない、そして〔その仏僧は〕俗人達に魚や肉を食べるなと教えながら、〔自分は〕密かに食している―と。それゆえ彼等は、その重立った仏僧を追い出し、模範的に暮らす貧しい仏僧をその僧院に置くことに決めたとのことです。

禅宗の僧侶の受洗の予定

瞑想に関して大変高名な三人が四、五日間継続して説教に参加しており、今から四、五［日（○科学学士院図書館所蔵の古写本により補う。）］後に洗礼を受ける予定です。もしこの者達がキリスト教徒になれば、すでにキリスト教徒になった者達にも、〔これからキリスト教徒に〕なる者達にも、大いに利することでしょう。

あなた方の聖なる祈祷において、とりわけ私のことを思い起こしてくださいますよう、そして慈悲により〔当地の〕キリスト教徒達のことも同様に〔思い起こしてくださいますよう〕、我等の主イエス・キリストの愛によりあなた方に切にお願いする以上のことは、申し上げません。なぜなら、私はそれを大いに必要としているからです。（425ウ）

一五六〇年六月二日、ミヤコにて作成。

あなた方の不肖者にしてイエス・キリストにおける兄弟　ロウレンソ

（○本書翰は、底本としたアジュダ図書館所蔵の古写本の表題ではアントニオ・デ・クアドロス宛となっているが、メディナ師によると、もともとは豊後府内のイエズス会員に宛てられたもので、それがゴア等へ転送されたとのことである。またエヴォラ版にも収載されるが、構成が相当異なる。なお、本文中のヴィレラ一行の動向等に関する注記は、主として『フロイス日本史』第三巻、第三章～第五章に拠った。）

一三二　一五六〇年十月二十日（〇永禄三年十月二日。）付、豊後発、コスメ・デ・トルレスのコチンにあるメルシオール・ヌーネス・バレト宛書翰

一五六〇年十月二十日に、パードレ・コスモ・デ・トルレス《Cosmo de Torres》（〇コスメ・デ・トルレス。）からコチン《Cochim》に居住するパードレ・メストレ・ベルシオール《Mestre Belchior》（〇メルシオール・ヌーネス・バレト。）に宛てた、日本《Japão》からの一通の写し（〇リスボン市所在アジュダ図書館所蔵、四九ノ四ノ五〇号、五二二丁表～五二三丁表。）。

我がパードレよ、我等の主イエス・キリスト《Jesu Christo》の恩寵、平安、愛、そして至聖にして無敵の十字架の徳が、つねに我等の魂と肉体のうちにあらんことを。アーメン。

（522ウ）我がいとも親愛なるパードレよ、たとえ私の手足すべてが舌に変わっても、尊師が当地域日本に住む我々すべてに施された多大な恩恵を、言い表すことはできないでしょう。とりわけ私に関して言えば、〔尊師が〕こちらにおられたあのわずかな期間に、私は尊師から多くの慈愛

バレト日本人信徒のために教義書を著す

を享受しました。〔そのうち〕第一にして〔最も（〇ポルトガル国立図書館所蔵の古写本により補う。）〕主要なものは、当地で我々に残してくださった、まことに有用な御著書です。これは日本語に翻訳され、我々が当地の異教徒の間でデウスの教えを説くのに役立っております。第二は、我々、特に私を慰めるために〔尊師が〕当地へ到来することで受けられた、計り知れないほどの苦難です。

バレト日本布教の方法を是正す

それにより私は、自身に対するいとも有益な数多の慰めだけでなく、ミサや〔聖〕務における、私にはとても理解が及ばなかった数多くの修正をも、享受しました。というのも、私はそれと知らぬうちに過ちを犯していたからです。それにもまして、かの地インディア《(India)》で世俗の事（〇日本布教の維持に関する財政的問題を指すか。）に関して、我々の面倒を見ようとなさいました。我等の主キリストが、現世においては数多の霊的な慰めを、来世においては天国の栄光を与え、あなた様に報い給わんことを。アーメン。

博多の破壊

ヴィレラ平戸を退去す

昨年八月（〇永禄二年六月二十八日〜七月二十八日。）、博多《(Facata)》が破壊され、パードレ・ガスパール・ヴィレラ《(Gaspar Vilela)》が平戸《(Firando)》から追放されたことにより、我々三人の司祭（〇トルレス、ヴィレラ、バルタザール・ガーゴ。）は全員、当地に来た目的に関する事柄を何もなし得ぬまま、豊後《(Bungo)》の当修院におりました。なぜなら、まさにその豊後及び周囲二〇乃至三〇レグアが戦争状態にあったからです。〔そこで、〕全員の合意により、パードレ・ガスパール・ヴィレラが、パードレ

ヴィレラ上方へ出発

としてではなくパードレ達の召使い《criado》に扮して（○第一二七号文書には「イルマンとして」とある。）ミヤコ《Meaco》地方へ行くこと、そしてロウレンソ《Lourenço》（○了斎。）を同伴させて、私宛に書状を送って来たあの仏僧（○比叡山の心海。）への返書が携行されることが決まりました。〔その書状とは〕尊師が当地におられた頃、〔人びとが〕語ることが真実か虚偽かを窺うために〔送られてきたものです。〕かくして我々はそれを決めると直ちに実行に移しました。

ヴィレラ道中で苦難に遭う

パードレ・ガスパール・ヴィレラは〔一五〕五九年八月末にここを出発しました（○第一二二号文書及び第一二二号文書Aには九月八日出発、第一二五号文書A及び第一二七号文書には九月二日出発とある。）。彼（○ヴィレラ。）がそこ（○ミヤコ。）から私に書き認めた諸書翰中に尊師がご覧になる通り、彼は道中やそこ（○ミヤコ。）で様々な苦難に遭いました。もし彼が尊師宛に書き送っていないとすれば、それは彼が当地にポルトガル人達のナヴィオ《navio》船があるかどうか分からなかったことによります。願わくは、来年は〔尊師が〕彼（○ヴィレラ。）の書翰をご覧になり、それによって、あれらの地域（○ミヤコ地方。）で我等の主デウスへの奉仕において上がっている多くの成果を〔ご覧にならんことを〕。

我等の主イエス・キリストにおいて〔尊師が〕我々に抱いておられる慈愛により、尊師よ、どうかあなたの祈祷や聖なる犠牲において、彼（○ヴィレラ。）のためにデウスにお祈りくだ

ミヤコでの布教が成功すれば日本布教は容易になる

さい。そして私のことも御心にお留め置きください。なぜなら、悪魔が諸悪の首座を有し、あらゆるものにまして、名誉を与えられ尊ばれている当地（〇ミヤコ地方を指す。）において、デウスの教えが弘まり始めれば、人びとが彼（〇悪魔。）に抱いている権威と信頼は失われ、その首《しるし》が墜落すれば、創造主にして我等の主の教えをすべての地方に弘めることは容易になるであろうと、私には思われるからです。

豊後のキリスト教徒

当豊後のキリスト教徒は非常にゆっくりと改宗しています（〇改宗者があまり増加していないことを指すか。）。これは私の脆弱さや不徳が原因であるように思われます。私を矯正すべく、我等の主が恩寵をお授けくださいますように。すでに〔キリスト教徒に〕なっている人びとは、毎日曜日、さらには祝祭日に、我等の主キリストの聖なる福音についてのミサと説教を聴く習慣を堅持しています。最後まで続けるべく、彼（〇主。）が我等に恩寵をお与えくださらんことを。アーメン。

インド副王はポルトガル人に平戸来航を禁ずべし

〔平戸の支配層が〕その地（〇平戸。）に暮らすキリスト教徒達に対して〔過去に〕行なった、そして〔現在も〕行なっている多くの恥ずべきことを理由に、もし、日本のこの地方（〇九州。）へ来るポルトガル人に対し、交易のために平戸の港へ赴くことを禁じる副王閣下《(Viso-Rey)》の訓令《(provisão)》が発せられたなら、当地にいる我々一同、大変喜ぶことでしょう。〔平戸の支配層は〕キリス

既婚のキリスト教徒平戸から豊後へ到来

ト教徒達にデウスの教えの棄教を迫り、それを潔しとしなければ、彼等をその地から追放しています。当年（〇一五六〇年。）、デウスの教えを棄てるよう迫られたため、九人乃至一〇人の既婚男性が、悪魔の家で裕福な生活を送るより、主の家で貧しい生活を送ることを望んで、妻子や父母、財産を棄て、〔平戸から〕当豊後へやってきました（〇『フロイス　日本史』第六巻、第一六章によると、この時豊後に来た者達のうち、重立った者は、ドミンゴス、ジョアン、マルティーニョ、アンセルモ、ジェロニモ、マノエル等であった。）。改宗してから二日のこれらの人びとが、デウスの栄誉のため、かくも決然と所持するものすべてを棄て、自分の命を死の危険に曝すのを目の当たりにして、我々は大変驚いています。我等の主イエス・キリストが、彼等がかくも深い思慮分別を維持できるよう、また私には〔彼等が〕私に示している模範を活かすことができるよう、恩寵を賜わらんことを。アーメン。

尊師よ、パードレ・バルタザール・ガーゴ《Baltesar Gago》があなた様に話す通り（〇ガーゴは本書翰を載せた船でインドに帰還した。）、大変必要なことですので、この〔副王による〕訓令が発されるよう、デウスの教えについて〔尊師が〕抱いておられる熱意をもって、できる限りのことをして（523オ）ください。我等の主イエス・キリストが、至聖なるご受難の功徳により、はるか遠く離れたこの地において、いかなる方法で我々から奉仕を受けるのがお望みか、我等に悟らせ給わんことを。

豊後の当修院にて。本日一五六〇年十月二十日。

老齢なるも、キリストにおいて尊師の従順ならざる息子より

コスモ・デ・トルレス（〇コスメ・デ・トルレス。）

一三三　一五六〇年十二月一日（〇永禄三年十一月十四日。）付、ゴア発、ゴンサロ・フェルナンデスのリスボンにあるロウレンソ及びディオゴ宛書翰

一五六〇年十二月一日に書かれた、会（〇イエズス会。）のイルマン・ゴンサロ《(Gonçalo)》・フェルナンデス《(Fernandez)》から、当〔一五〕六〇年にゴア《(Goa)》の聖パウロ《(São Paulo)》学院の衣装係（〇当時フェルナンデスは衣装係であった。）に〔書翰を〕書き送ってきた、リスボン《(Lixboa)》の学院のイエズス会の衣装係である、いとも親愛なるロウレンソ・デ・パイヴァ《(Lourenço de Paiva)》とディオゴ《(Diogo)》に宛てた〔書翰〕（〇リスボン市所在アジュダ図書館所蔵、四九ノ四ノ五〇号、三〇七丁表～三〇九丁裏。）。

イエス。

キリストの平安。

聖霊の恩寵と愛がつねに我等の魂と共にあり、絶えず恩恵と扶けとならんことを。アーメン。

従順〔の掟〕（〇イエズス会の上長または指揮系統を指す。）は、〔つねに〕実行してきたように、〔このたびも〕あなた方に対し、私に関する些細なことを報告するため、本書翰を認めるようにと命令を下しました。最初に、我等の主デウスのお扶けにより、当地域に関するいくらかの情報をお伝えします。それは、〔私が〕会（〇イエズス会。）に入る以前に起きたことや、その時から現在私が置かれている状況までのこと、そしてその他の〔当地で〕生じて私が知るに至ったこと等についてです。〔これらは〕主への讃美となることであり、また私がそれに値しないにもかかわらず、主がこの召命（〇イエズス会に入会し、宣教師として活動すること。）へと誘い給うたことにより、あなた方にお話しするのです。しかし、如何に彼（〇主。）が慈悲深くとも、〔イエズス〕会のパードレ達やイルマン達の少なからぬ援けを得ねばなりませんでした。どこで会っても、彼等は私が自分達の許へと至る（〇科学学士院図書館所蔵の古写本には「彼等の仲間となる」とある。）〔ことができる〕よう祈りを以て援けてくださり、〔その結果〕主は私を救ってくださいました。

親愛なる兄弟よ、私が日本《(Japão)》で平戸《(Firando)》と称する港にいた時、そこにはパードレ・ガスパール・ヴィレラ《(Gaspar Vilela)》がおり、我等の主への讃美となる多くのことが起こりました。パードレ・バルタザー《(Baltasar Gaguo)》

ル・ガーゴがいた別の諸港でも、パードレ・コスメ・デ・トルレス《Cosme de Torres》がその頃いた所（○豊後府内。）と同様、大いに我等の主への讃美となる、多くのことが起こりました。〔主は〕非常に憐れみ深く、すべてのことを心に留めてくださいます。

平戸の布教状況

子供が自ら改宗を望む

パードレ・ガスパール・ヴィレラはイルマン・ギリェルメ《Gierlherme》（○ギリェルメ・ペレイラ。）を街路に遣わし、〔ギリェルメが〕鐘を鳴らし、その言語（○日本語。）で教理を説くと、キリスト教徒達と共に、多くの異教徒の子供達が集まりました。教会堂へ到着すると、いとも幼い子がパードレに自分をキリスト教徒にしてくれるよう頼みました。〔彼が〕あまりに幼いために、また〔異教徒である〕父親のために、パードレは教理を学ぶように、その後でキリスト教徒にする、と彼（○その少年。）に言いました。すると彼は、キリスト教徒にしてくれるまで、そこから帰らないと彼（○ヴィレラ。）に言いました。そこでパードレは彼のいとも善き意志を理解し、彼をキリスト教徒にしました。彼はキリスト教徒になるとすぐに、父母に教えを説きました。主に讃美なるかな、〔その少年は〕、その父母、兄弟姉妹すべてをキリスト教徒にしました。

他にも同様に、主に感謝すべき事が起こりました。たとえば、その地の重立ったある異教徒が、病気になって何日も患い、あらゆる薬を用いても回復できませんでした。そこへ、一人の

聖水により病が治癒す（307ウ）

信心深いキリスト教徒が訪問し、自分の言うことを行なえば、すぐに健康になるであろう、そのこととは即ちキリスト教徒になることである、と言いました。そして、〔洗礼を〕受け、教会へ行き、聖水で己を満たすなら、病はすぐに消え去るであろう、と〔言いました〕。彼がそのようにしたところ、すぐに治りました。他の多くのキリスト教徒〔にとって〕の薬は聖水であり、彼等はこれ（〇聖水。）によって治りました。

三日間で六〇〇人が受洗す

ロウレンソと籠手田安経仏僧を論破す

　時が過ぎ、私が出発を期する頃になると、パードレ（〇ヴィレラ。）は、当地域（〇平戸。）に隣接したある島（〇生月島乃至度島。）に行き、三日間で六〇〇人がキリスト教徒になりました。主の教え〔の伝道〕がかくも大きく前進していると、悪魔は欺瞞を携えてやって来ました（〇科学学士院図書館所蔵の古写本には「悪魔は欺瞞で応じました」とある。）。すなわち、我々がシナへ出発するとすぐに一人の仏僧がやって来て、ポルトガル人の仏僧（〇宣教師。）は彼等（〇キリスト教徒。）を騙しているのだと言って、欺瞞や偽りを説き始めたのです。そしてパードレは彼（〇仏僧。）がこれらの欺瞞を説きつつ、一宇の異教の寺院にいることを知ると、そこへ一人のイルマン（〇ロウレンソ了斎。『フロイス　日本史』第六巻、第一六章参照。）を遣わしました。そして彼と共に、ドン・アントニオ《(Dom Antonyo)》という、国王（〇松浦隆信。）の右腕（〇科学学士院図書館所蔵の古写本には「国の二番目の人物」とある。）であるキリスト教

仏教徒が十字架を切り倒す

切り倒した者死亡す

徒（〇籠手田安経。生月と度島の領主。）が〔その仏僧の許へ〕行きました。そこで、イルマンは当然の道理をもって、〔その仏僧の〕言っていることが偽りであると彼に立証しました。それにより、異教徒達はキリスト教徒に対し、大勢が結束して立ち上がりました。この頃、その地の重立った者のうち三人の異教徒が集まって、小山の上にあった一基の十字架を切り倒しに向かいました。そして、それを切るとすぐに、結束していた者達の所へ行き、「お前が切った」、「しかしお前が切らせたのだ」と言って、三人揃って互いに口論し、十字架のあった所へ向かいました。翌朝、二人が死んでいるのが見つかり、もう一人は、悪魔が連れ去ったのか、もしくは彼に何か起こったのか、分かりませんでした。それから数日後、ある異教徒の青年が悪魔に憑かれ、自分は十字架を切った者であり、そのためにあの世で大変な拷問を受けていると言いました。異教徒達は、キリスト教徒が見ることのないように彼（〇青年。）を隠すことにしました。彼が殺されたのかどうか、もしくは彼の身の上に何か起こったのかは、分かりませんでした。

　こうしたことのため、その島（〇平戸島。）でキリスト教徒になった者達は偶像を取り去り、ある者達はそれを焼き、別の者達はそれを海中に投じましたので、異教徒達は国王《(Rey)》（〇松浦隆信。）の許に行き、パードレ（〇ヴィレラ。）を〔領〕外へ追放するよう〔求めました〕。ここ

異教徒とキリスト教徒武装して敵対す

に至り、異教徒達はキリスト教徒達は異教徒達に敵対して大いに結集し、全員が武装して、ある者達は一方に陣を張り、別の者達は別の陣を構えました。国王はどうしてよいか分からず、ドン・アントニオに助言を求めて使者を遣わしました。彼（〇隆信。）は一方の者達が自分を殺すかもしれないし、あるいは他方の者達も同じ事をするかもしれないと恐れ、パードレに、異教徒達は〔パードレが〕自分の領地にいることを望んでおらず、彼等が彼（〇パードレ。）を殺害することも自分は望んでいないので、他のパードレ達のいる所へ行くように、と伝える使者を遣わしました。

松浦隆信自領から宣教師を追放す

そこで、パードレ（〇ヴィレラ。）は〔パードレ・コスメ・デ・トルレスのいる（〇科学学士院図書館所蔵の古写本により補う。）〕豊後《Bungo》へ行かざるを得なくなり〔ました。パードレの豊後への出発により（〇同前。）〕、キリスト教徒達は大変悲しみ、パードレはそれ以上に〔悲しみつつ〕そこを発ちました。なぜなら、国王（〇隆信。）がキリスト教徒になるという期待をつねに抱いていたからです。というのも、〔国王は（〇科学学士院図書館所蔵の古写本により補う。）〕しばしば、私が同席していた際、異教徒達の教えが偽りであることをよく知っているがゆえに、自分は意志においてキリスト教徒であり、自身をキリスト教徒と考えている、とパードレに言っていたからです。我等の主キリストの教え〔の伝道〕がかくも大きく前進したと

ヴィレラ豊後へ向う

ころで、その業の障害となるため悪魔が欺瞞を携えてやって来るのを目にして、我々ポルトガル人は皆、大変不満でした。

平戸のキリスト教徒ポルトガル人を歓待す

キリスト教徒達がポルトガル人達に抱いていた愛情は非常に深かったので、ポルトガル人が誰かキリスト教徒の家に入ると、まるで自分の母親の家に入ったように思われるほどでした。このような苦難が起きる以前、私がまだそこ（〇平戸。）にいた頃のことですが、十字架の日に行列が作られました。それはあたかもポルトガル《Portugal》にいるかのようでした。キリスト教徒は皆、手に蝋燭を持ち、横笛とシャラメーラ《charamelas》（〇クラリネットの原型。）〔の演奏や〕、多くの大砲や鉄砲の〔祝砲〕を伴っていました。主デウスはその日を多大な歓喜をもって祝福されましたので、異教徒達も、全員がキリスト教徒になりたがっているかに見えるほど、大いに態度を変え、国王は祝福された十字架の所まで、我々を迎えに行きました。

（308オ）

ゴンサロ・フェルナンデスイエズス会入会を希望す

日本から出発した後、シナ《China》へ到着したところで、帰路の便を得て日本へ戻りました。主が私を召し給い、私は彼（〇主。）に仕えることを誓いました。パードレ・コスメ・デ・トルレスのいる所（〇豊後府内。）に到着するとすぐに、私は主に仕えると誓ったことを彼に伝えて、己の身の上を彼に説明しました（〇この一文、科学学士院図書館所蔵の古写本には欠けている。）。私は、パードレ・コスメ・デ・トルレスのいるこの地に（〇「この地に」、科学学士院くのことが起きました。

豊後の病院と慈善院

当地でパードレ・コスメ・デ・トルレスは、病院と、慈善院で働く兄弟達を整備しました。彼等（○慈善院の働き手達。）のうち、ある者達は貧者を、別の者達は病院にいる病人を世話しています。当地では、異教徒達は互いに愛情を持ち合わないので、そのこと（○病院や慈善院の事業。）は彼等を最も驚かせるもので、この世に貧者を治療したり、彼等に住まいや食物を与えたりする人が如何にして存在するのだろうか、と語り合うほどです。大勢がこの病院に来て快復しましたが、それは彼等に処方された薬以上に、我等の主デウスの恩恵によるものです。

飢饉の際の嬰児殺し

当地では、異教徒達は飢饉の際の習慣として、女性が子供を産むと、それを取り上げて「浜辺（○底本には「広場」とあるが、科学学士院図書館及びポルトガル国立図書館所蔵の古写本により訂す。）」へ連れて行き、その上に石を置きます。そうして波が来ると、その子を連れ去ります。彼等を養ってくれるわけではない者を、何のために育てなければならないのかと「言い」、それ（○嬰児殺し。）を正当化しています。

この時、病院にはいくつかの物が不足しており、私は現在滞在するこの「聖なる（○科学学士院図書館所蔵の古写本により補う。）」修院（○ゴアの聖パウロ学院。）へ、主に約束したことを果たすために来るところでしたから、そこへ至る許可を私に授けるよう、パードレ（○コスメ・デ・トルレス。）に請いました。病院はこのような欠乏状態にありましたので、必要な物を求めて、私はシナへ戻りました。そして、再び日本へ戻り、我々はパードレ・コスメ・デ・トルレスのいる所（○豊後府内。）へ行こうとしましたが、ひどい逆風でしたので〔そこへ行くことが〕できず、それまで如何なるポルトガル人も行ったことのない、まだ発見されていなかった所に行きました。

フェルナンデス必要物資のためにシナへ行く

行き着いた港で我々はパードレ達の情報を尋ね、直ちに最も近い所にいたパードレ・バルタザール・ガーゴに書翰を認め、そこで間もなく、彼（○バルタザール・ガーゴ。）が捕虜になっていることを知りました。というのも、彼がいたあの市（○博多。）は、豊後の国王（○大友義鎮。）のものであったため、彼の反逆者がそこへ襲来して占拠し、その上でパードレ・バルタザール・ガーゴを生け捕りにしたのです。かくして彼（○敵。）は、教会にあった殆どの物を奪い、ただ教会の装飾品のみが〔略奪を〕免れ、他の多くの資産が失われました。彼等は彼（○ガーゴ。）を丸裸にし、首を切るよう何度も命じました。しかし、彼が死んで奉仕することは、主のお望みではなかったので、彼等は彼（○ガーゴ。）を殺しませんでした。

ガーゴ博多で捕虜になる

ガーゴ死に瀕す

このような苦難のさなか、反逆者達のうちの一人の家臣である、一人のキリスト教徒（○カ

カトク・ジョアン宣教師を救う

トク・ジョアン。第一二二号文書では、ジョアンを、家臣ではなく、反乱者達に大変良く知られた人物としている。）が到着し、衆人を掻き分けてパードレを救い出し、自身の衣服を脱いでパードレに着せました。そして彼（○ジョアン。）は、自らを引受人として彼（○ガーゴ。）を引き取りました。そして、イルマン・ギリェルメ（○ギリェルメ・ペレイラ。）やそこにいたもう一人のポルトガル人の〔引受人にもなりました〕。

イルマン・ギリェルメは、少なからぬ金額で彼（○捕虜のポルトガル人。）を買い、彼（○ギリェルメ。）はすぐに彼自身ともう一人のポルトガル人の分を支払いました。そして、一人のキリスト教徒がもう一人のキリスト教徒と〔捕虜として〕残りました。我々の日本到着まで、状況はこのようで、三〇〇クルザードが彼等（○二人のキリスト教徒。）のために支払われようとしていました。我々が到着するやいなや、彼等はそれを知りましたので、金銭を取りに行くべく、そのポルトガル人をナウ船が停泊していた所へ遣わし、そのポルトガル人は間もなくナウ《(nao)》船を見つけました。そのポルトガル人が出発するとすぐに、パードレ（○ガーゴ。）はキリスト教徒達と協議して、パードレ・コスメ・デ・トルレスのいた所（○豊後府内。）へ逃れました。この頃、豊後国王（○大友義鎮。）は反逆者に向けて〔兵を〕送り、直ちにその地（○博多。）を奪回し、彼等（○反逆者。）の多くを殺し、他の者達は逃亡しました。

ギリェルメ身請のために金を払う

ポルトガル船の到来

大友義鎮による博多の奪還

（308ウ）

親愛なる兄弟よ、この平戸のキリスト教徒達の愛〔の話〕に戻ります。パードレ（〇ガーゴ。）のいるかの地（〇博多。）に敵がやって来たのを知るとすぐに、七、八人のキリスト教徒が集まって、パードレを運ぶために彼のいた所へ、一隻のパラオ《parao》船で向かいました。彼等は、パードレのいた所へ到着するや否や、彼に乗船するように言いました。そしてすぐに教会の装飾品を積み込みました。かくして、イルマン・ジェロニモ・フェルナンデス《Jeronimo Fernandez》（〇フアン・フェルナンデス。ポルトガル国立図書館所蔵の古写本では、ジェロニモ Jeronimo に抹消線が引かれ、ジョアン João に訂正されている。）もそれらと共に乗船しました。

平戸のキリスト教徒宣教師救出に到来す

この時、その地には同じく乗船したキリスト教徒達がおりました。時間が非常に限られている中、パードレ（〇ガーゴ。）はまだ教会におり〔ましたが〕、パラオ船の荷積みは完了していました。船中にいた人びとは大変怖がっており、パードレ（〇ガーゴ。）が少し遅れてしまったので、パラオ船は出発してしまいました。そこで、パードレはイルマン・ギリェルメやもう一人のポルトガル人と共に〔そこに〕留まりました。平戸のキリスト教徒達はそのことを知り、皆から施しを集めて、そこから生きながらえるための必需品をパードレに送りました。

ガーゴ船に乗り遅る

親愛なる兄弟よ、我々の到着についての話に戻ります。我々は到着した所から再び平戸に向かいました。そこでは主に大いに感謝すべきことがいくつか起こりました。この平戸の港にい

平戸宮ノ前事件の前段階

た時、一人のポルトガル人がある異教徒の日本人と争いになり、日本人は絹の反物一反をポルトガル人の頭に投げつけました。すると、ポルトガル人は彼（〇日本人。）を追って出て行き、顔に刀傷を負わせました。それに続いて、多くの異教徒達が集結して、多くの武器を携えてやって来て、ポルトガル人を皆殺しにしなければならない、と言いました。この衝突の際、キリスト教徒達が出てきて、近づいてみよ、ポルトガル人を殺すよりも先に、まずは自分達全員を殺すべきであると言い、ポルトガル人達には、それ（〇ポルトガル人と日本人の間に生じた衝突。）は今やキリスト教徒に関係することなので、外に出ないようにと言い、また、自分達は〔死ぬ〕準備ができていると言いました。

この時、すでに大変高齢の一人のキリスト教徒が、他のキリスト教徒達の家々を廻って、〔彼等も同志の〕キリスト教徒のために死にに行け、と言いました。すると瞬く間に大勢のキリスト教徒達が、我先に死ぬ覚悟で集まりました。異教徒達はこれを見て引き上げることに決め、すべて収まりました。このようなキリスト教徒の愛こそが、〔真実の〕愛であると言えましょう。

我々がこの港（〇平戸。）に到着する前にも、二つのことが起きました。それらは、我々が彼（〇主。）をさらに知ることができるよう、主が我等に御慈悲を垂れ、お示しくださったこ

キリスト教徒の下女信仰のため主人に殺さる

とです。キリスト教徒達は私に、この土地の身分ある一人の異教徒の下女であった、キリスト教徒の女性（〇マリアお仙。）の様子を話しました。〔すなわち、〕異教徒達はキリスト教徒達に災いを願うものなので、その主人は彼女（〇下女。）に、彼（〇主人。）は異教徒であるのに、彼女がキリスト教徒であるのは如何したことか、すぐさま異教徒に〔再び〕なるように、それに応じなければ彼女を殺すと言いました。すると彼女は、異教徒へ再改宗するために、自分はキリスト教徒になったのではない、と答えました。そこで（〇科学学士院図書館所蔵の古写本には「最後に」とある。）彼は、十字架を拝みに行ってはならない、さもなくば殺さねばならない、と彼女に命じました。〔しかし、〕彼女は主において堅固かつ完全でしたので、以前のように十字架〔の所〕へ行きました。そこで（〇科学学士院図書館所蔵の古写本には「主人はこれを知ると」とある。）、〔主人は〕彼女の道中に出て行き、異教徒になることを欲しなかったのであるから、死なねばならないと言い、彼女を殺しました。

一人のポルトガル人中国船で平戸に到着す

また（〇「また」、ポルトガル国立図書館所蔵の古写本には欠けており、科学学士院図書館所蔵の古写本には「もう一つは」とある。）、我々が到着する数日前に、一人のポルトガル人がシナ人達の船でこの港（〇平戸。）に来ました。彼は、かつて他国で囚われていましたが、助かるためにこのナヴィオ船に乗ったのです。〔船が〕この港に到着するや否や、その地にいた平戸の国王（○el Rey de Firando）他のシナ人達がナヴィオ船にやって来て、同じくシナ人であったその船長に、松浦隆信。）がパードレを〔領〕外へ放逐したところだというのに、いったい何故あのポルトガル人を連れて来たのか、もしポルトガル人を連れて来たことが知られれば、彼からナヴィオ船を没収し、彼等を殺すであろう、すぐさま彼等（○科学学士院図書館所蔵の古写本には「そのポルトガル人」とある。）を殺すように、と言いました。主に讃美、この時一人のキリスト教徒が到来し、ナヴィオ船を見て回り、ポルトガル人に出くわしました。そして、見つけるや否や彼〔の所〕に行き、如何にして何処から来たのかと尋ねました。

平戸のキリスト教徒ポルトガル人を匿う

ポルトガル人は、どのようにしてここへ来たのかや、かつて囚われていたことを彼に話しました。〔そのキリスト教徒は（○科学士院図書館所蔵の古写本により補う。）〕彼の手を取り、（309オ）衰弱してはならない、貴殿に食事が必要なうちは、私の許で〔食べ物に〕事欠くことはないであろう、と言いました。そして彼を自分の家に連れて帰り、我々が到着するまで必要な物を与えました。

また、ドン・アントニオ（○籠手田安経。）は、一人の異教徒の下男を有しておりました。その者に、彼や家中の者全員はキリスト教徒であるべきだが、その者はなぜそう（○キリスト教徒。）ではないのか、キリスト教徒になるように、と言いました。すると、その異教徒は、

籠手田安経改宗せぬ家臣を殺す

それにはどのような利点があるのか、キリスト教徒は異教徒より何をより多く得ているのか、と返答しました。ドン・アントニオは、彼が返答する様を見て、刀を取って彼の首を斬り落としました。この地では、領地を有する貴人には、ポルトガルと同様か、或いはそれ以上に利点があります。というのも、彼等の家臣は奴隷《negros》のようなものであり、もしある者が彼（○領主。）に〔直接〕視線を投げかけたなら、〔領主は〕その者を殺します。〔領主は〕そのために何ら罪に問われることはありません。

日本人の特徴

これらの人びと（○日本人。）は色白で、非常に見識があり、十分に礼儀正しく、衣服にも気を遣っています。少量をきれいに、木の棒（○箸。）を使って食べます。宿屋や商店があります。彼等の間では、その子供達は叱られず、育てるにあたっては大変愛情を注ぎます。あらゆるものを食べますが、仏僧だけは牛肉を食べません。奴隷になる人びともいます。彼等（○盗人。）に科せられる罰は死刑であるため、彼等（○日本人。）の間には盗人はいません。彼等は非常に実直です。もし誰かが何かを盗めば、それが如何に取るに足らないものでも、その者を直ちに殺します。

日本は寒冷にして飢饉多し

その地（○日本。）には、ポルトガルにあるものと同様の多くの〔種類の〕食料がありますが、非効率的に働くため、〔その量は〕僅かです。彼等の間では飢饉が多く、その地は大変寒冷です。ポルトガルと同様、キリスト教徒達は互いに非常に親密で、愛情を以て接しており、私がこの港に到着するや否や、直ちにキリスト教徒達は私が主への奉仕のためにシナへ行っていたことを知りました。彼等が私を呼ぶ名は、いつも「イルマン」でした。パードレがそこにいない間、私はつねに彼等を修院に迎え、キリスト教徒達は何度も自分の子供達をキリスト教徒にしてくれるよう、私に頼みました。必要に駆られ、私は彼等の多くをキリスト教徒にしました。異教徒であった一人の名誉ある男とその妻も同様に〔キリスト教徒に〕し、さらなる数の他の異教徒達もキリスト教徒にしました。

フェルナンデス平戸で数人に授洗す

一人のキリスト教徒が死に瀕しており、私（〇ゴンサロ・フェルナンデス。）はイルマンであるのだから、〔私が〕我等の主に彼のことを祈れば、直ちに病は治癒するであろうと言って、私を呼びに寄越しました。私が彼に七つの詩篇を唱えたところ、主に讃美、彼の篤い信仰により〔そのキリスト教徒は〕快復しました。その他大勢のキリスト教徒達も、病気になると、某かの薬をくれるように、〔そうすれば〕すぐに快復するだろう〔と言って〕私を呼びに寄越しました。

フェルナンデス平戸で病人を治す

今ひとたび、繰り返してあなた方にお話ししますが、私があまりに主に仕えると約束したためでありましょうか、おおよそ殆どの人びとが私を「イルマン」と呼ぶようになりました。そ

トルレスフエルナンデスをゴアの聖パウロ学院へ送る

の約束は、魂も肉体も主に捧げ、その他すべてのものを、主への奉仕に捧げるというものでした。私がその（○主の。）聖なる御旨を行なうことが出来るよう、あなた方の祈祷において、私のために祈ってくださるようお願いします。

私は病院に必要なものを用意するとすぐに、パードレ・コスメ・デ・トルレスに、私が現在居るこの［聖なる（○科学学士院図書館所蔵の古写本により補う。）］修院（○ゴアの聖パウロ学院。）に来る許可を請いました。彼（○主。）への聖なる奉仕として、その（○主の。）御旨を行なうことを、我等の主キリストはお喜びになることでしょう。

シナは豊かで改宗に適す

この日本を出発すると、私はすぐにシナへ至りました。そこはキリスト教徒への改宗〔事業〕を始めるのに、さらにはすべての人が〔キリスト教徒に〕なるのに、大変適した土地のようです（○科学学士院図書館所蔵の古写本には「そこはすべての者がキリスト教徒になるのに大変適した土地のようです」とある。）。この地は、あらゆる事柄において、発見された〔土地の〕中でも大変豊かな所の一つで、世界の如何なる地域にもこれ程のものはあり得ないまでに、（309ウ）多くの船があります。そこには大勢の人がおります。ある人びとが言うには、全キリスト教界に存在するよりも、もっと多くの人が［そこに（○ポルトガル国立図書館所蔵の古写本により補う。）］いるとのことです。シナ人は我々に、その国王《(Rey)》（○明皇帝。）はその地で二〇万人を

シナ人の慣習

動員し得ると話しました。〔シナ人は〕色白の人びとで、何でも食べます。各人が家に彼等の偶像を所有し、もし不愉快なことがあればそれを叩きます。〔そして〕次の日にはそれ（○偶像。）に許しを請い、一匹の豚をそれに供え、皆が集まってそれ（○豚。）を食べます。

フェルナンデスのゴアに於る生活

私はそこを発って、この聖なる修院（○聖パウロ学院。）に来ました。主に仕えると誓った日から、ここに到着するまでに二一箇月が過ぎました。私はこの修院に一五六〇年三月二十二日（○永禄三年二月二十六日。）に着きました。二〇日間の修練に入る前にこの修院に滞在し、それ（○修練。）を終えるとすぐに食事係となりましたが、怠慢であったため、食料貯蔵庫に配置換えされ、そこに数箇月間おりました。それから、現在私が居る衣類保管庫へ送られました（○衣装係になったことを指す。）。

当地ゴアの新しい情報については、一般〔書翰〕に綴りますので、あなた方には書き認めません。我等の主が我等に、その（○主への。）奉仕のうちに〔生涯を〕終えさせてくださいますように。アーメン。

このノヴィシャド《casa da noviçiaria》の修院より、本日一五六〇年十二月一日。

（○以下、追伸。）

親愛なる兄弟達よ、あなた方がこちらの地方に関する知らせを聴いて喜ぶに違いないと私には思われましたので、あなた方にこのことを書き認めようと思いました。それゆえ、少しばかり余計に冗長になります。たとえそう（○冗長に。）なるとしても（○「あなた方がこちらの」以下ここまで、科学学士院図書館所蔵の古写本には欠けている。）、当地の異教徒達が誤りから抜け出すよう、〔あなた方が〕我等の主に彼等のことをお祈りくださることで、彼等を救済するのがどれほど必要か、あなた方にお話しせざるを得ません。というのも、私がシャム《(Siam)》と呼ばれる土地にいた時、その国王が、少年達の血に浸かるために、殺させる目的で彼等を捕らえるよう命じるのを目撃し、そしてその母親達が、我が子が捕らえられるのに際し、悲嘆に暮れる様を見たからです。彼女達は、そこにいた我々ポルトガル人に助けを求め、子供達を我々の宿所に連れて来ました。そこにいれば安全で、彼等（○子供達。）を奪われることはないと思われたからでしょう。

シャムでの経験を語る

シャム王は自らの快楽の為に少年を殺す

当地では、異教徒達の間で多くのことが生じました。とりわけあなた方のうち一人一人に〔それらを〕個人的に書かねばならないとすれば、話すのに幾日も必要となるでしょう。というのも、私の職務ゆえに、さらなることをする（○多くのことを記す。）時間はないからです。（○「とりわけ」以下ここまで、科学学士院図書館所蔵の古写本には欠けている。）。お二人に宛てたこの〔書翰〕が、あたかも一人一人に個人的に宛てられたものであるかのように役立たんことを。

我等の主が、その愛によって我等に偉大なる殉教をさせ給わんことを。アーメン。

徳において〔イエズス〕会の最も小さき者

ゴンサロ・フェルナンデス

一三四　一五六〇年十二月一日（〇永禄三年十一月十四日。）付、ゴア発、ルイス・フロイスのポルトガルにあるイエズス会員宛書翰

一五六〇年十二月一日にイルマン・ルイス・フロイス《Luis Frois》が、ゴア《Goa》のコレジオ《Collegio》（〇聖パウロ学院。）からポルトガル《Portugal》等の会《Companhia》（〇イエズス会。）のイルマン達へ宛てて書き認めた一通の書翰の写し（〇リスボン市所在アジュダ図書館所蔵、四九ノ四ノ五〇号、二〇五丁表～二一三丁表。）。

イエス。

イエス・キリストの恩寵と愛が、我等への絶え間ない庇護と扶助のうちにあらんことを。アーメン。

（205ウ）そちらの王国《Reyno》（〇ポルトガル。）のパードレ達やイルマン達からの過去のすべて〔の書翰〕が、我々を熱狂させ喜びをもたらすものであったのと同様に、我々は当〔一五〕六〇年〔も〕、ヨーロッパの〔我々の〕会に関するあらゆる知らせを待ち望んでおります。これらのインディア《India》

〔ヨーロッパからの〕ナウ船《naos》が来ることのできる、当地では限られた期間の大半が過ぎましたので、一方では、それ（〇ヨーロッパからの書翰。）によって得られたであろう慰めを欠き、それ（〇書翰の欠如。）を残念に感じるのを禁じ得ませんでした。しかし他方では、それはすべてを治め、適切に整え給うデウスの思し召しに基づくことでしょうから、我々は自身を彼（〇デウス。）と調和させ、その御業において〔主が〕讃美されんよう、努めております。

ヨーロッパからの書翰を切望す

いとも親愛なる兄弟達よ、昨年我々が認めた最後の諸書翰の後、我等の主デウスが万物の創造主として、この彼（〇デウス。）の極めて小さき会の道具（〇イエズス会員達。）を通じて、その至高の御意志のため当地でなし給うたことについて、ここ（〇本書翰。）であなた方にご報告する作業が残っております。ゴアと同様、他の遠く離れた地方においても、我等の主なるデウスが、どれほどこの改宗事業を次第に拡大していかれたかや、会（〇イエズス会。）のパードレ達が、居住する地方におけるその働きから収穫した実りを、あなた方はそれら（〇昨年の諸書翰。）から、とりわけお知りになったことでしょう。

当一五六〇年、まさにデウスは、当インディア地方で、とりわけ二つの事柄において、彼の会（〇イエズス会。）の者達に対し、非常に大きく顕著な恩恵を施すことをお望みになったように思われます。それらの一つ一つが何にもまして渇望されていることですから、喜びは一層のものでした。〔すなわち〕第一に、不信心で〔カトリックの〕信仰や彼等の創造主であるデウスについて知ることに無関心である多くの魂（○人間を指す。）が減少したことです。第二に、苦難や迫害が与えられる中で、一人一人が自らの経験によって、デウスに抱く愛を確かめることのできる機会が提供されたことです。

布教の成功

第一の点に関しては、キリスト教界の進行と増大について私が書き認める別の書翰により、デウスに従う魂や、大変待ち望まれているその（○デウスの。）栄えある王国に関するこれらの新しい情報から、かつて比類がないほどに、本年が他〔の年〕にもまして豊かで肥沃であったことを、明白にご理解いただけることでしょう。第二の点に関しては、収監、鞭打ち、負傷、

布教に於る試練

貧困、嘲笑、唾棄、軽蔑、拘束、飢え、渇きを含む、いくつかの十字架の精華が、当年、我々の地に現れ始めました。このゴアのコレジオ（○聖パウロ学院。）に宛てて書き送られた諸書翰の写しから、あなた方はより詳細に理解されるでしょうが、我等の主デウスは、いとも親愛なる我等のパードレ達及びイルマン達のうちの数人を、それらに加わらせることをお望みになりました。

（206オ）

日本では、パードレ・バルタザール・ガーゴ(Baltesar Gaguo)が、何度か首のすぐ近くに刃物を突き付けられ、

平戸で一三〇〇人が改宗す

平戸で三つの教会が造らる

全裸にされました（〇博多での出来事を指す。第一二二号文書参照。）。彼とその同行者であるイルマン・ギリェルメ《(Gilerme)》（〇ギリェルメ・ペレイラ。）は、数日間ひどい窮乏と損害を経験しました。キリスト教徒達がイルマン・ギリェルメを引き取った後、パードレは少なからぬ苦難を経て逃げ落ちました。悪魔は、平戸《(Firando)》において人々の魂のうちに生じた成果によって傷つけられた気分になり、彼（〇悪魔。）を盲信する人びとを、この迫害へと突き動かしました。その地（〇平戸。）でパードレ・ガスパール・ヴィレラ《(Gaspar Vilela)》は、二箇月ほどのうちに、一三〇〇人の人びとをキリスト教徒にし、かつて悪魔がその神殿（〇仏教寺院。）で崇められていた所に、三つの教会を建てました。本年（〇一五六〇年。）そこ（〇日本。）から届いた、これら〔の書翰〕と共に送られる諸書翰によって、詳細にご覧になるとおり、彼（〇ヴィレラ。）は現在、その地（〇ミヤコ。）で大きな成果を上げる希望を抱いて、ミヤコ《(Meacho)》へと出発しました。

（〇中略。）

（213オ）

一五六〇年十二月一日、ゴアの当聖パウロ学院より。

パードレ・フランシスコ・ロドリゲス《(Francisco Rodriguez)》（当時の聖パウロ学院長。一五一五年ポルトガルのオデミラ生まれ。一五四八年イエズス会に入会後、一五五六年ゴアに到着し、一五六〇年末に、アントニオ・クアドロスの不在中、インド管区長を代行した。）の命によって。

万人の無益な僕

ルイス・フロイス

一三五　一五六〇年十二月六日（〇永禄三年十一月十九日。）付、ゴア発、ルイス・フロイスのポルトガルにあるイエズス会員宛書翰

イエス。

一五六〇年十二月六日に、［ゴア《(Goa)》より、（〇ポルトガル国立図書館所蔵の古写本により補う。）］イルマン・ルイス・フロイス《(Luis Frois)》が、リスボン《(Lixboa)》の聖アンタォン学院《(o Collegio de Santo Antão)》にある、いとも親愛なるアントニオ・モンセラッテ《(Antonio Monserrate)》（〇一五三五年カタロニアのビック生まれ。二〇歳の時イエズス会に入会、リスボンの聖アンタォン学院長を務めた後、一五七四年にインドへ渡った。）、ジョアン・バプティスタ《(João Baptista)》（〇ジョバンニ・バッティスタ・デ・モンテ。イタリアのフェラーラ出身。一五五五年イエズス会に入会。一五六〇年リスボンを出港し、翌年ゴアに到着。一五六二年、ゴアで司祭に叙せられた。一五六三年六月六日、大村の横瀬浦に到着。）、ヨアネス・アリアス《(Joanes Arias)》（〇フアン・デ・アリアス。一五三三年頃スペインのプラセンシア生まれ。一五五六年イエズス会に入会。リスボンで学んだ後、ポルトガルのブラガン

サに赴任。)、アンドレ・ゴンサルヴェス《(Andre Gonçalvez)》(◯一五三七年ポルトガルのフレイショ・デ・エスパーダ生まれ。一五五六年イエズス会に入会し、アゾーレス諸島のテルセイラ島に司祭として赴任。)、ドゥアルテ・ロドリゲス《(Duarte Rodriguez)》(◯ポルトガル国立図書館所蔵の古写本では、ロドリゲスの名に抹消線が引かれている。)に宛てて書き認めた一通の書翰の写し(◯リスボン市所在アジュダ図書館所蔵、四九ノ四ノ五〇号、二九五丁表~二九六丁表。)。

イエス、マリア。

キリストの平安。

イエスの恩寵と愛が、つねに我等への絶え間ない庇護と扶助のうちにあらんことを。アーメン。(◯中略。)

(295オ)

イルマン・アントニオ・デ・モンサラッテ《(Antonio de Monsaratte)》(◯モンセラッテ。)の慈愛は、とりわけ私を慰め、我々皆を大いに喜ばせました。その聖なる熱意と兄弟達に対する愛情から、彼は日本にいる我等の(◯イエズス会の。)パードレ達やイルマン達に宛てて、キリスト教界の情報をまと

モンセラッテの書翰リスボンよりインドに届く
(295ウ)

めて一通の書翰に認めました。本年、別のもの（〇書翰。）、とりわけ彼等（〇日本の宣教従事者達。）宛〔の書翰〕は、これ以外には来ないでしょう。我等の主デウスが、彼（〇モンセラッテ。）が彼等（〇日本の宣教従事者。）に与えた慈悲に報いてくださいますように。というのも、彼等はかくも遠い、それはその王国《reino》（〇ポルトガル。）から遠いという意味ではなく、我々（〇インドにいるイエズス会士達。）からも遠く離れた地域にいるからです。それゆえ、〔故国の〕会（〇イエズス会。）からの一通の書翰がその地の彼等の許へ届くと、彼等はそれを天から降されたもののように思うのです。彼等はそのような働き手であり、〔あなた方は〕あちらから到来する書翰によって、それを理解なさるでしょう。

インドから日本へ転送せらる

　我等の主の愛により、〔そのための（〇科学学士院図書館所蔵の古写本により補う。）〕時間がある時には、とりわけ日本、マルク《Malquo》（〇モルッカ。）、マラカ《Malaca》、プレステ・ジョアン《Preste João》（〇エチオピア。）、カフラリア《Cafraria》（〇アフリカ南東海岸、モザンビーク周辺。）のような、インディア《India》の大変遠く離れた地域にいる、これらのいとも親愛なるパードレ達に対し、彼等の苦難の際に彼等を勇気づけられるよう、またそれによってあなた方も当事者とならんために、書翰を記すことを忘れないでください。（〇中略。）

日本人シナ人ペグー人は野蛮ではなく改宗の見込あり

（296オ）

彼等（○後述のアジア人達。）の文字で記された、一つとして同じでない五〇〇冊（○メディナ編『日本史料集　一五五八―一五六二』は「五〇冊」とする。）以上の書物を所有する、あちらを巡った聖フランシスコ会《ordem de São Francisco》の一修道士が語るには、そこ（○省略した前段落の内容を受けて、野蛮な人種や民族ではなく、非常に文明化された人びとを指す。）に含まれるのは、日本人《japões》、シナ人《chinas》、そしてペグー人《pegus》であるとのことです。我等の主デウスが、その神聖なる恩寵を以て、これらの人びとの無知による暗闇の中で輝き給わんことを。そして、その教えを弘め、彼等の創造主にして救い主である方の福音をこれらの異教徒達に教えるため、我等を適切な道具となし給わんことを。（○中略。）

ゴアの当聖パウロ学院より、一五六〇年十二月六日。

イルマン・ルイス・デ・ゴイス《Luis de Gois》は、祈祷の際にパードレ・マルコ《Marco》（○マルコ・ヌーネス。底本では、いったん「マルコス・ヌーネス」と書かれた部分に抹消線が引かれ、「パードレ・マルコ」と書き改められている。この理由は、マルコ・ヌーネスが一五七二年にモロッコに渡った後、イエズス会を退会した事実と関係があると思われる。マルコ・ヌーネスは一五五五年にポルトガルからインドに渡り、聖パウロ学院でラテン語を教授した。一五六〇年初頭、インドの布教状況を報告するため、ポルトガルに帰国。）とイルマン・ジル・バレト《(Gil Barreto)》（○アエジディオ・バレト。インドでの仕事が合わず、マルコ・ヌーネスとともにポルトガルに帰国。）の犠牲について、そしてパードレが彼等に託したことを忘れぬよう、熱心に祈りを捧げています。

主において無益な僕にしてあなたの最小なる兄弟

ルイス・フロイス

一三六　一五六〇年十二月七日（〇永禄三年十一月二十日。）付、ゴア発、ルイス・フロイスのポルトガルにあるマルコ・ヌーネス宛書翰

一五六〇年十二月七日付、ゴア《Goa》のパードレ・ルイス・フロイス《Luis Frois》（〇フロイスの司祭叙階は一五六一年のことで、この時点ではまだイルマンだった。）からパードレ・マルコ《Marco》（〇マルコ・ヌーネス。）に宛てた一通の〔写し〕（〇リスボン市所在アジュダ図書館所蔵、四九ノ四ノ五〇号、六一三丁裏～六一四丁表。）。

我がいとも親愛なるパードレよ、インディア、あるいは他の地域における、極めて大きな欠乏に関する疑問（〇この部分はラテン語表記。*questam utrum sit maior necescitas in India vel in alijs regionibus*）を、〔尊師が〕そちらで取り除いてくださるかもしれないと思い至る時、私は大きな慰めを得ます。尊師は現在〔そちらに〕いらっしゃいますので、すでにこの地域について有している経験に鑑みて、本件に大変有効かつ確固たる論証を施してくださることと存じ

ます。そうでなければ、時が経つにつれ、益々さらに大きな欠乏が見つかることでしょう。

ポルトガルの船に乗組むイスラーム教徒ゴアでイスラーム教を弘めんとす

尊師は、ムハンマド《Mafamede》の信奉者達（〇イスラーム教徒。）が安穏としてはおらず、むしろ彼等のカシース《caciz》（〇宗教指導者。イスラーム教の聖職者。）達は、この機会を利用して偽りの宗派を弘めに行けるよう、ナウ船のラスカリン《lascarins》（〇アフリカ東部やインド出身の傭兵。）に変装していることを、提議することも忘れないでください。このような方法で、僅か数年のうちにこの地域で彼等の忌まわしい宗派に（〇「彼等の忌まわしい宗派に」、ポルトガル国立図書館所蔵の古写本には欠けている。）帰依した異教徒の数は、信じ難い〔ほど多数の〕ように思われます。私は、この地域において〔それらが〕我々に多くの利益をもたらすと信じています。これに関連して、非常に広範な（〇ポルトガル国立図書館所蔵の古写本には「多くの」とある。）問題がありましたが、すべて悲惨で哀れなことですので、尊師が時間を無駄にしないよう、それを〔語るのを〕止めます。

（614オ）

イエズス会員の捕虜

〔私は、当地で（〇科学学士院図書館及びポルトガル国立図書館所蔵の古写本により補う。）〕かつてないほどに喜ばしい会（〇イエズス会。）に関する知らせ〔を得ております（〇同前。）〕。この一年ほどのうちに我々〔の間〕で、五人が生け捕りにされました。バルタザール・ガーゴ《Baltazar Gago》とギリェルメ《Gilherme》（〇ギリェルメ・ペレイラ。）は日本で、ジョアン・デ・メスキータ《João de Mesquita》

（〇一五五六年にインドに到着。一五六〇年八月、フランシスコ・ドゥランと共に、インドのタミル・ナードゥにあるプナイカヤルで、ポルトガル人とムスリムの地方領主との間で起きた戦いで捕虜となった。）とドゥラン《(Durão)》（〇フランシスコ・ドゥラン。一五五一年リスボンでイエズス会に入会し、メルシオール・ヌーネス・バレトとインドに到着。タミル語に精通していたことで知られる。）はコモリン《(Comorim)》で、フルゲンシオ・フレイレ《(Fulgentio Freire)》は海峡（〇インド洋北西部のアデン湾と紅海の間にあるバブ・エル・マンデブ海峡か。）で〔捕らえられ〕まだそこにおり、彼がいつ脱出するのか、あるいはすでにコンスタンティノープル《(Constantinopla)》へと移されたのか、我々には分かりません（〇フレイレはトルコ軍に捕らえられてカイロへ連行された。）。これらの親愛なる者達各人がその囚われの期間に、イエスの御名において苦しんだことは（〇「使徒言行録」五章四一節。）、彼等の書翰から明らかとなるでしょう。

ヴィレラによる改宗

キリスト教界の拡大に関して。当地ゴア、ショラン《(Choram)》そしてディヴァル《(Divar)》では、当〔一五〕六〇年、二万人以上の人がキリスト教徒になるでしょう。日本《(Japão)》では、パードレ・ガスパール・ヴィレラ《(Gaspar Villela)》が、二、三箇月のうちに一三〇〇人を〔キリスト教徒に〕しました。コチン《(Cochim)》からはパードレ・ガスパール・ソエイロ《(Gaspar Soeiro)》が我々に、日曜日毎に五〇人が〔キリスト教徒に〕なり、日曜日が来るたびに、その数は増していくと書き送ってきました。ターナ《(Tana)》では、すでに一三〇〇人が揃っ

セイロンの王子ドン・アフォンソ

て（○「揃って」、ポルトガル国立図書館所蔵の古写本には欠けている。）正式な洗礼を受けつつあります。パードレ・トランカード《Trancado》（○科学学士院図書館及びポルトガル国立図書館所蔵の古写本にはプランクード《Prancudo》とあり、マルコス・プランクードを指す。）のいるダマン《Damão》では、最初の成果が上げられ、二〇〇〇人以上がすでに洗礼を受けています。ラコル《Racol》では、一〇〇人近く〔がキリスト教徒になりました〕。イニャンバネ《Inhambane》では、国王がすべての廷臣や、小邦の王である三人の族長達、イニャンバネの別の大領主の息子である一人の王子と共に〔キリスト教徒になりました〕。それら以外にも現在我々が期待しておりますのは、トリカナマーレ《Tricanamale》（○トリンコマリー。スリランカに所在。）の領主である、我等がドン・アフォンソ《Dom Afonso》（○トリンコマリーのドン・アフォンソ。トリンコマリーの王子で、一五五一年エンリケ・エンリケスによって受洗。セイロン島内の内戦でポルトガル人による軍事的支援を期待。ゴアの聖パウロ学院に学ぶ。一五六〇年頃、ポルトガル人によるセイロン島北部のジャフナ征服事業に参加。しかし、この遠征の失敗により、トリンコマリーへの帰還が困難となる。一五六八年マンガロールの攻囲に参加し、討死す。）の王国《reino》において、〔人々がキリスト教徒に〕なることです。これらの事業の一つ一つが、あなた《tu nosti》がお知りになるのに相応しいものでしょう（○この一文、ポルトガル国立図書館所蔵の古写本には欠けている。）。

尊師が退屈なさらないよう、様々なことについて、別の〔書翰〕を認めます。もしそちらへ四便全ての書翰が到着するようでしたら、その中（○四便を示す。）の書翰がイルマン達にも〔読めるように〕、尊師よ、どうかご手配ください。というのも、多くのことが多岐にわたっておりますので、そちらへ書き送るにあたっては、尊師がご存知である以上に、当地に関する大変特殊な話もあることをそちら（○ポルトガル。）でイルマン達が理解できるようにするためです。

アジアにいるイエズス会員はヨーロッパからの書翰を切望す

〔ゴアにいる〕我々一二人は現在、〔書翰を〕記すことに忙しく、このために皆非常に喜んで勉学を中断しています。尊師よ、どうか私がその（○パードレ・マルコの。）出発の前年にあなた宛にコチンへお送りした注意書きについても、思い起こしてください。〔その注意とは〕我々からの如何なる便りもそちら（○ポルトガル。）へ到着しない時は、〔遠地の者達が〕そこ（○書翰。）から得られる慰めのために、〔ポルトガルの〕イルマン達が、とりわけ遠く離れた地域、〔すなわち〕日本、マルク諸島《(Maluco)》、マラカ《(Malaca)》、カフラリア《(Cafraria)》（○アフリカ南東海岸、モザンビーク周辺。）、プレステ・ジョアン《(Preste João)》（○エチオピア。）そしてコモリン《(Comorim)》のようなところへ、〔書翰を〕書き送られたし、ということです。

この地は、デウスの御旨により取り戻され、霊的にも俗的にも統制を執るのに良き羊飼いを

ゴアに初代大司教到着す

得て、〔人々の〕魂は黄金期《(aetas aurea)》にあり、輝かしい状態です。ゴアへの大司教《(Arcebispo)》（〇ガスパール・デ・レオン・ペレイラ。初代ゴア大司教で、一五六〇年～一五六七年と一五七四年～一五七六年の二度、ゴアの大司教を務める。）入城のことをお知りになれば、尊師は大変お喜びになるでしょう（〇ペレイラは一五六〇年十二月一日にゴアへ到着。）。なぜなら、彼（〇大司教。）は、自身の持つカトリック的な厳粛さにより、錦の天蓋、巨人達（〇ゴアの権力者達を指すか。）、かつて見たこともないような道を埋め尽くす群衆に、一瞥もくれることはなかったからです。彼は、バラモン《(Bramenes)》教徒達や「額の白檀《(o sandalo da testa)》」（〇白檀と朱により、自身の属する宗派を表す文様を額に付けることから、ヒンドゥー教徒を指すと考えられる。）達に対し、厳格に処することを決めています（〇現地人に対する異端審問の導入を意味する。）。

ゴアの異端審問所

もし、我々が〔そう〕なさると信じている通り、我等の主デウスが彼に協力し、その神聖なる恩寵により彼を厚遇なさるのであれば、彼によってデウスへの奉仕と崇敬、その他諸々のことが増大すると、大いに期待されます。

ルイス・フロイス

一五六〇年十二月七日（〇ポルトガル国立図書館所蔵の古写本は年月日を欠いている。）

一三七　一五六〇年十二月八日（〇永禄三年十一月二十一日。）付、ゴア発、ルイス・フロイスのポルトガル及びヨーロッパにあるイエズス会員宛書翰

一五六〇年十二月八日付、インディア《India》発、パードレ・ルイス・フロイス《Luis Frois》より、キリストにおいていとも親愛なるリスボン《Lixboa》、コインブラ《Coimbra》、エヴォラ《Evora》のコレジオ《collegios》にあるパードレ達及びイルマン達、さらにはヨーロッパ《Europa》の諸地域にいるその他のあらゆるイエズス会員へ宛てた〔書翰の写し〕（〇リスボン市所在アジュダ図書館所蔵、四九ノ四ノ五〇号、二三四丁表～二四二丁裏。）。

我等の主にして救世主であるイエス・キリストの恩寵と永遠の愛が、つねに我等の魂のうちに宿らんことを。アーメン。（〇中略。）

（239オ）当地（〇ゴア。）で会（〇イエズス会。）に迎え入れられるため、今年日本《Japão》からやって来たイ

ゴンサロ・フェルナンデスの日本報告

ルマン・ゴンサロ・フェルナンデス《Gonçalo Fernandez》は、我々の〔会の〕パードレ達があれらの地域（〇日本。）で作り上げたキリスト教界について、すでに我々に知らされていた、デウスの大いなる栄光に関する他の多くの事柄の中でも特筆に値し、あなた方も大変喜ぶであろうことを我々に伝えました。その事が生じた平戸《Firando》と呼ばれるある町で、キリスト教徒達が彼に〔直接〕語ったことですから、日本からの書翰には記されていないでしょう。

平戸からの宣教師追放

そちらであなた方が書翰によってご覧のとおり、仏僧達は、我々のパードレ達に対してあの迫害を始めた後、彼等（〇パードレ達。）をあの公国《ducado》（〇平戸松浦領。）から追放させました。というのも、彼等（〇仏僧達。）は、多くの人が改宗するのを目にしたからです。その町の有力なキリスト教徒達のうち数人は、〔以下に〕述べるように、そのイルマン（〇ゴンサロ・フェルナンデス。）に語りました。〔すなわち、〕キリスト教徒達は教会もなく、彼等の面倒を見てくれるパードレ達もいないので、すでに教えられていた教義に従って、毎日、朝夕に、町の外にある一基の十字架の前で膝をつき、それを拝み、彼等の祈祷をそれに捧げ、デウスに対し

平戸のキリスト教徒十字架を信奉す

（239ウ）彼等に必要な物を〔与えてくれるよう〕請い願いに行く〔ということでした〕。

一人の高慢な異教徒がたまたま、ある慎ましいキリスト教徒の女奴隷《escrava》（〇マリアお仙。）を所有していました。彼は彼女と話し、彼女が十字架を拝みに行くのが不快で喜ばしくないだけ

平戸の女奴隷信仰のために殺さる

でなく、必ずやもう一度異教徒に立ち返らなければならない、と言いました。そのキリスト教徒達が言うには、意志の堅いその女奴隷は彼（〇主人。）に対し、自分はそれ（〇キリスト教。）を棄て、〔再び〕偶像（〇仏像。）を拝むために、主なるイエス・キリストの教えを信じたのではない、と返答したそうです。

主人は再び、二度と十字架を崇めてはならないと諭したはずである、と彼女を脅しました。幸いなるその女中は、それを意に介しませんでした。家にいて時間が余ると、彼女は他のキリスト教徒達と連れ立って、祈り崇めるために出かけました。主人は彼女を見張っていましたので、彼女が十字架から戻ってくる道中で待ち伏せし、短剣を身に帯び、それで彼女の頭を切り落としました。そして勇敢な彼女は、暴君の手による死を受け入れ、この勝利によって栄光の身となり、天使達の仲間に入り、天の国へと召されたのでした。（〇中略。）

（242ウ）

ゴア《(Goa)》の当聖パウロ学院より、一五六〇年十二月八日。

パードレ・フランシスコ・ロドリゲス《(Francisco Rodriguez)》の命により。

皆の役立たずの僕

ルイス・フロイス

一三八　一五六〇年十二月八日（〇永禄三年十一月二十一日。）付、ゴア発、メルシオール・ディアスのリスボンにあるアントニオ・デ・モンセラッテ宛書翰

一五六〇年十二月八日、ベルシオール・ディアス《Belchior Dias》（〇メルシオール・ディアス。）が、ゴア《Goa》から聖アンタォン《Santo Antão》〔学院〕にいるイルマン・アントニオ・デ・モンサラーテ《Antonio de Monsarate》（〇アントニオ・デ・モンセラッテ。）に宛てて書き認めた、一通の書翰の写し（〇リスボン市所在アジュダ図書館所蔵、四九ノ四ノ五〇号、三〇三丁表〜三〇四丁表。）。

イエス。

キリストの平安。

我等の贖い主イエス・キリストの恩寵と永遠の愛が、つねに我等の魂のうちに宿らんことを。

アーメン。

モンセラッテの書翰ゴアへ届く

いとも親愛なる兄弟よ。あなたからの書翰一通がこちらに届きました。それは、日本《(Japão)》にいる者達（○イエズス会員。）宛に来たものでした。〔しかし、〕私はかつてあちら（○日本。）にいたことがあり、主において早く〔再び日本に〕行けるよう望んでいるがゆえに、私以上に〔それを開封する〕権利がある者は当コレジオには現在いないこと、さらにはあの地（○日本。）から、あなたへ返信するにはさらなる時間がかかることから、私は彼等全員の代わりに、それ（○モンセラッテからの書翰。）を自分宛のものとして受け取りました。

私がかの（○日本の。）諸地域に有している多くの責務ゆえに、あなたの簡潔な書翰を読んで受け取った喜びはいとも大きかったので、〔書翰への返信のため〕私は賄い長《(soto-ministro)》という自分の〔本来の〕職務に充てるべきこの僅かな時間を割くことに決めました。それ（○賄い長の職務。）には、理解しなければならないことが多くありますので、それ以外にも私がするべきその他あらゆることは、それ（○職務。）においてするべき多くのことのための時間を奪うものとなっています。

ゴアのイエズス会施設には五〇〇人が生活

というのも、この我々の組織《(collegio)》（○原文の単語「コレジオ」は、必ずしもイエズス会の学院を意味せず、イエズス会員とそれに関係する人びとの集団を指す言葉として用いられる。）は一大集団だからです。そこでは毎日、四〇〇人から五〇〇人が生活し、このうちの多くは〔コレ

ショラン島の修院

ゴアは工事等で人が溢れる

ジオの〕門外、すなわち、病院や女性洗礼志願者達の修院におりますが、彼女達（〇女性洗礼志願者達。）だけでもしばしば四〇〇人を越えます。さらに、より遠くの他のそれら（〇島々。）は別にしても、ここから一レグアのところにあるショラン島《Chorão》（〇マンドヴィ川沿いにある島。一五六〇年、初代司教ドン・ジョアン・ヌーネス・バレトが、この島に修院を建設した。これは後に修練院となる。）やディヴァル島《Divar》（〇ゴアのマンドヴィ川の中洲にある島。かつてのヒンドゥー教の聖地。）、ラショル島《Rachol》、そしてこのコレジオ（〇聖パウロ学院。）には、七〇人のパードレとイルマンがおります。少年達、男性洗礼志願者、奉公人達、彼等のためだけでも、一、二〔のコレジオ〕が必要です。彼等のうち雑役奴隷だけでも、四〇人以上を数えます。さらには、新しい教会の〔建設〕工事や、このバビロン《Babilonia》（〇金や人が行き交う混沌とした土地の比喩。旧約聖書に登場するメソポタミアの古代都市。）で恒常的にある別のもの（〇工事。）のため〔の人びとが〕、彼等に加わります。私には、おおよそこのように（〇当地をバビロンと。）呼んでよいと思われます。なぜならここでは、一つの大きな町以上に、言語や物事の多様性が見られるからです。あまりに〔人の数が〕多いので、しばしば修院内で人が死んで埋葬されても、多くの人はそれを知りません。この迷宮〔のような所〕のために、どれほど多くの時間と注意が必要か、お察しください。

我がいとも親愛なる兄弟よ、私がこのことをお伝えするのは、この（○本書翰の。）中に〔書き認めることが〕短くなるとしたら、それをご考慮いただくためです。というのも、あなたが日本のことを思い起こしてくださることで私が受け取った喜びに報いることを、私は切に望んでいるからです。

日本のキリスト教繁栄には大友義鎮の改宗が不可欠

いとも親愛なる兄弟よ、あなたは〔書翰を〕書き認めるためにその（○日本の。）ことを思い起こしてくださったのですから、パードレ達やイルマン達と同様、キリスト教徒達や改宗されるべき異教徒達、とりわけ豊後の国王《Rey de Bungo》（○大友義鎮。）について、我等の主にお祈りすることをさらに心に留めてくださるよう、お願いいたします。なぜなら、それらの組織《collegios》（○日本における改宗事業を意味する。）が廃れないことが必要である以上に〔重要なことは〕なく、それは、神聖なるご威光を介して彼（○義鎮。）が改宗する時にのみ、〔可能であるからです〕。

（303ウ）

大友義鎮イエズス会に知行を与う

彼（○義鎮。）は我々（○イエズス会員。）の大いなる友人であり、パードレ達を厚遇しております。彼の家臣のうち、すでにキリスト教徒になった者同様に、〔これから〕なりたいと願う者達への好意として、彼等（○家臣達。）が望むだけそうさせます。ついには我々に、教会を建造するために自身の館と、我々が自活する手助けとしてレンダ《renda》（○知行地。）を与えております（○第一〇六号文書参照。）。〔彼は〕我々の修院では、彼の信じる教え（○仏教。）が禁じる食物を食べ、〔キリスト教を〕理解し、自分はその（〇日本の。）偶像を信じておらず、我々の教え（〇キリスト教。）こそが真理であると言い、自分の家臣達がキリスト教徒になるのを許しています。そして、彼（〇義鎮自身。）のためにデウスに祈るよう伝言します。〔今は〕彼が何を信仰しているのか、私は知りません。かの地で聖なる御名が行き渡るよう、我等の主デウスが悪魔へのこの鎖（〇繋がり。）を砕き給わんことを。なぜなら、その（〇デウスの。）恩寵により、そのための道具（〇在日本イエズス会員達。）がかくも多くあるからです。

義鎮キリスト教に好意を示す

もし日本の事情について知ることをお望みでしたら、そちらへは多くの書翰が行っており、その中でそれらについて、よくご理解いただけるでしょう。もし彼等（〇日本にいるイエズス会員達。）への愛情ゆえに、それら（〇書翰。）に満足できないようであれば、至福なるパードレ・メストレ・フランシスコ(Mestre Francisco)（〇ザビエル。）がそこ（〇日本。）へ行って以来の、過去の年々のそれ（〇書翰。）を参照してください。〔そうすれば、〕あなたは間違いなく大いに満足され、〔持ち得る〕すべての時間を、我等の主にそれ（〇日本のこと。）を祈るのに充てようとなさることと思います。

過去の日本からの書翰を読み返すべし

そしてもし、今それ（〇日本布教のための祈り。）をなさるなら（〇科学学士院図書館所蔵の古写本には「今それをなさらなければ」とある。）、〔デウスは〕さらにお喜びになるでしょう。それゆえ私には、この短い〔書翰〕で（〇「この短い〔書翰〕で」、科学学士院図書館所蔵の古写本では抹消されている。）、あなたにこれほど大きな事柄（〇日本に関する事柄。）について、僅かばかりの報告をする必要があるようには思われません。いとも親愛なる方よ、もし〔日本からの書翰が〕来ないならば、どうか〔こちらへ〕来て、それをご覧ください。

メルシオール・ディアス・バレトと共に日本へ渡るもインドへ戻る

私はパードレ・メストレ・ベルシオール《Mestre Belchior》（〇メルシオール・ヌーネス・バレト。）と共に、ここからあちら（〇日本。）へ行きました〔が〕、彼は多くの理由により、帰還する必要がありました。そして私には、帰還の理由であったと考える最大にして最重要なこと以外に、一つだけ〔そうするべき理由が〕ありました。

当地では、そこ（〇日本。）で大いに我等の主なるデウスに奉仕するという理由により、またそこ（〇日本。）にある数多の必要なことのために、皆がデウスに奉仕に向かうことを熱望しています。これ（〇インドへの送還の理由。）は私の罪業であり、もしあちら（〇日本。）へ戻りたければ、私はそれらを矯正する必要があります。私は甚だ脆弱ですので、大いに助けられなければ、自分の不注意や不徳の泥沼からは決して抜け出せないと承知しています。

したがって、我がいとも親愛なる方よ、願くは我等の主の愛、善良なるイエスの御名の栄誉、そしてあなたの〔書翰〕において示されているかの地（〇日本。）に対する愛により、この貧しき者（〇メルシオール・ディアスを指す。）のために、我等の主に祈らんと欲し給わんことを。すなわち、これ（〇本書翰。）があなたの許に届いた日から五日間、毎日私のために、栄光の祝祭へ向かう聖母マリアに対し、彼女の〔幼子〕慈悲深いイエスを通じて私の希望に恩寵を齎してくださるよう、いくらかの簡潔で敬虔な祈りをお捧げください。あなたの敬虔な祈りによって、その讃美となるのに相応しい果実が実ることでしょう。というのも、その光輝ある祝祭（〇聖母の栄光の祝祭は十二月十八日。）は今月、大司教パードレ（〇ジョアン・ヌーネス・バレト。エチオピア大司教。一五一〇年頃ポルトで生まれ、サラマンカで学んだ。一五四五年イエズス会に入会した後、アフリカに渡った。一五五六年エチオピアで大司教に任命された。）のプレステ（〇エチオピア。）への出立を我等の主が整え給わんことを期して、その旅立ちと重なって行なわれるからです。もし聖母が私を日本へ遣わしてくださるならば、私はそこ（〇日本。）にいる〔イエズス会の〕いとも親愛なる者達と共に、彼（〇大司教。）のことを思い起こすよう努めるつもりです。

エチオピア大司教バレト任地へ渡航す

ディアス日本への再派遣を希望す

在日イエズス会員はパードレ三名とイルマン五名

現在そこ（〇日本。）にいるのは、三人のパードレ、〔すなわち、〕上長としてコスメ・デ・トルレス《(Cosme de Torres)》、バルタザール・ガーゴ《(Baltasar Gago)》とガスパール・ヴィレラ《(Gaspar Vilela)》、そして五人のイルマン、すなわち、ドゥアルテ・ダ・シルヴァ《(Duarte da Silva)》（〇フランシスコ・ザビエルによって日本に派遣されたポルトガル人イエズス会士。一五五〇年頃ゴアでイエズス会に入会。一五五二年豊後に到着し、一五六四年肥後国高瀬で没す。）、ジョアン・フェルナンデス(João Fernandez)（〇フアン・フェルナンデス。）、ルイス・ダルメイダ(Luis d'Almeida)（〇ルイス・デ・アルメイダ。）、ルイ・ピレイラ(Rui Pireira)（〇ペレイラ。）、ギリェルメ(Guilherme)（〇ギリェルメ・ペレイラ。）及びロウレンソ(Lourenço)という日本人イルマン（〇ロウレンソ了斎。）で、この者は同じ日本人達の仏僧でした。彼は大変徳が高く、我等の主に対して大いに奉仕しております。私は嬉々として彼等の名を挙げました。というのも、もし一人一人があなたに書翰を認めれば、あなたはきっとお喜びになるでしょうから。

元仏僧のロウレンソ

ディアスゴアの学院で賄長を務む

アルボレーダ日本布教団を組織す

（304オ）

　現在、私は賄い長の職務に就いています。〔ゴアに〕来る予定のパードレ達やイルマン達がまだ到着しておりませんので、私は彼等についてよく知りません。それゆえ、私のこの僭越〔な行動〕（〇モンセラッテに返信すること。）について、ご斟酌ください。すでにコチン(Cochim)にいる二人、すなわちパードレ・アルボレーダ(Arboleda)（〇ペドロ・デ・アルボレーダ。一五三〇年代後半スペイン生まれ。一五六〇年リスボンからインドへ渡航し、日本布教を目指す一団を組織したが、悪天候に阻まれ断念。インドで布教活動に従事し、一五六五年サン・トメ・デ・メリアポールで没す。）と彼の同行者が、早く〔到来するよう〕我々は待ち望んでいます。パードレ・マヌエル・アルヴァレス(Manoel Alvarez)（〇一五二六年頃ポルトガル生まれ、一五四九年コインブラでイエズ

絵画に堪能なアルヴァレス日本を目指す

ス会に入会。日本渡航を計画したが、スマトラ島周辺で遭難し、インド帰港を余儀なくされた。一五七一年インドで没す。当時イエズス会には複数のマヌエル・アルヴァレスがいたが、彼は「画家」という愛称で区別された。）と同行者に関しては、彼等についても、彼等が乗って来る船についても、まだ知らせがありません。デウスが彼等を〔無事に〕お運びくださいますように。

ゴアの新規改宗者は二万人

インドでキリスト教徒増大す

イダルカン改宗の可能性

　お話しするべき多くのことについては、この〔書翰〕では申し上げず、全体書翰に委ねます。一点だけ申し上げますと、本年、この島（〇ゴア。）では、およそ二万人余りが〔キリスト教徒に〕なりました。私の受け持ちは少ないのですが、他の人びとが連れて来た際には、私はその者達を歓迎し、食事や寝床を整えました。時には、我々の鍋から食物を分かち合わねばならない人の数は、七〇〇人を超えました。不都合なことは多々ありましたが、彼等に寝床を与える際にも、我等のいとも親愛なる兄弟達は混乱に陥ることはありませんでした。このように、キリスト教徒になりたいという彼等の熱意はいや増しておりますので、間もなく当地では異教徒達の被り物《(toucas)》（〇ヒジャブやターバンを指すか。）が無くなることを、主において期待しております。そしてそれが完了した暁には、我々はイダルカン《(Idalcão)》（〇南インドのビジャープル王国の国王を指す。当時の国王は、アリ・アディル・シャー一世。）〔の改宗〕から始めるつもりです。

　何も語っていないのに、〔書翰が〕大変長くなりつつあるように思いますし、あなたは飽きているかもしれません。それゆえ、ご容赦を乞いつつ筆を擱きます。あなたの敬虔なる祈りに、大いに我が身を委ねます。そちらのコレジオ（〇リスボンの聖アンタォン学院。）の三人のイルマン達に、光輝なる童貞にして天の后（〇聖母マリア。）により深い信心を捧げるよう、そしてその御方に私のために祈るよう、さらに私のために各人が天使祝詞を一回唱えるようにお伝えくださるよう、我等の主の愛により、あなたにお願いいたします。

ゴアの当聖パウロ学院より。一五六〇年十二月八日、無原罪のマリアの祝日。(dia da Conversso da Gloriosa Virgem)

すべてのイエズス会員の卑しき兄弟にして下僕、

ベルシオール・ディアス

（〇メルシオール・ディアス。）

（〇メルシオール・ディアスは、一五五六年インドから来日。バレトと共にゴアに戻り、一五六二年司祭に叙せられた。一五七六年ポルトガルで没す。）

ルイス・フロイスの書翰

一三九　一五六〇年十二月十日（〇永禄三年十一月二十三日。）付、ゴア発、ルイス・フロイスのポルトガルにあるジル・バレト宛書翰

一五六〇年十二月十日に、イルマン・ルイス・フロイス《(Luis Frois)》がゴア《(Goa)》からイルマン・バレト《(Barreto)》（〇ヨゼフ・ヴィッキ師はジル・バレトに比定。）に書き認めた一通の書翰の写し（〇リスボン市所在アジュダ図書館所蔵、四九ノ四ノ五〇号、六一四丁裏〜六一五丁表。）。

ヴィレラの上京

(615オ)

（〇上略。）そちらでもご覧になるでしょうが、今年、日本から至福な知らせが届きました。ガスパール・ヴィレラ《(Gaspar Villella)》が一人の日本人イルマン（〇ロウレンソ了斎。）と共に、パードレ・メストレ・フランシスコ《(Mestre Francisco)》（〇ザビエル。）がかつて訪れたミヤコ《(Meaco)》へ向かいました。（〇下略。）

ルイス・フロイス

一四〇　一五六〇年十二月十二日（〇永禄三年十一月二十五日。）付、ゴア発、ルイス・フロイスのポルトガルにあるマルコ・ヌーネス宛書翰

一五六〇年十二月十二日に、イルマン・ルイス・フロイス(Luis Frois)がゴア(Goa)のコレジオ（〇聖パウロ学院。）からイエズス会のパードレ・マルコ・ヌーネス(Marco Nunes)に書き認めた一通の書翰の写し（〇リスボン市所在アジュダ図書館所蔵、四九ノ四ノ五〇号、三一二丁表～三一三丁表。）。

イエス。

キリストの平安。

我等の主イエス・キリストの恩寵と愛が、つねに絶え間ない好意と我等の扶けとならんことを。アーメン。

尊師がこの地（〇インディア。）をお発ちになる以前に、我々が緊急にお願いしたことに関

ヌーネスのヨーロッパ渡航

して、尊師が殆ど思し召しを示されなかったこと〔を思う〕につけ、私には尊師に〔書翰を〕認めるのを思いとどまるべき、様々な理由がありました。しかしすべては、ヨーロッパ《(Europa)》へ〔派遣される〕任務が尊師にもたらした、過剰〔な負担〕に原因があったのかもしれません。とはいえ、如何なる方法であれ、デウスが全きまでに讃美されんことを。

フロイスの職務は各地への書翰執筆

とりわけ私は、七通〔の書翰〕、すなわちポルトガル《(Portugal)》への四通、カフラリア《(Cafraria)》地方への一通、マラカ《(Malaqua)》とマルク《(Maluquo)》諸島へのもう一通、そして日本《(Japão)》へのさらなる一通を記すことに忙殺されているため、これ（○本書翰。）において長々と記すことはできないように思われます（○本書翰冒頭よりここまで、科学学士院図書館所蔵の古写本には「七通〔の書翰〕を記すことに忙殺されているため、これ（○本書翰。）において長々と記すことはできないでしょう。」とのみある。）たとえ〔ポルトガル〕王国に宛てて記すそれ（○書翰。）において、尊師に書き認めるにあたり、いくらかの詳細を省いたとしても、イルマン・バルタザール・ダ・コスタ《(Baltasar da Costa)》（○「ダ・コスタ」、ポルトガル国立図書館所蔵の古写本では抹消線が引かれている。）がそれらについて書く任務に就いており、〔彼の記述が〕あまりに詳細なために、ここ（○本書翰。）で私が述べるべきことは殆ど残っていません。（○中略。）

さて、シナ《(China)》、日本、シャム《(Sião)》、パタニ《(Patane)》、ジャオア《(Jaoa)》（○ジャワ。）、ペグー《(Peguu)》、ベンガル《(Bengala)》、マルタヴァン《(Martavão)》、レキオ《(Liquio)》（○琉球。）、スマトラ《(Samatra)》、ビスナーガ《(Bisnaga)》、カンブーザ《(Cambusa)》（○カンボジア。）、そしてこの辺りに広がるその他の地域についてお話しましょう。（○中略。）

宣教師派遣の必要性

そちらへは、これらの地域の多くの場所からその（○宣教師派遣の。）必要性を説く書翰が送られます。尊師よ、〔その必要性をそちらで〕率直かつ真摯に嘆願し、止めないでください。というのも、これらの地域の多くにとって、厨房で得られた謙虚さは、高く飛ぶ鷲（○「エレミア書」四九章二二節。）のなした理解よりも価値があるに違いないことを、尊師はよくご存じだからです。もしそうでないなら、日本にあるジョアン・フェルナンデス《(João Fernandez)》（○ファン・フェルナンデス。）、ルイス・ダルメイダ《(Luis d'Almeida)》（○ルイス・デ・アルメイダ。）、ドゥアルテ・ダ・シルヴァ《(Duarte da Silva)》からの書翰、バシャン《(Bachão)》（○バカン。マルク諸島の一地域。）の王国にあるフェルナン・ドゾウロ《(Fernão d'Ozouro)》（○フェルナン・デ・オゾリオ。）や、その他の、この新しい葡萄畑あるいは主の原始的な教会における、卓越した働き手達からの書翰が、尊師にそれを示すことでしょう。「叫び止めるな。何度も繰り返して叫べ《(Clama nec desinas iterum atque iterum clamare)》。」（○「イザヤ書」五八章一節からの引用。）―というのも、そちらが中心で、こちらは辺境、そちらは一つにまとまっていて不分離、こちらはあらゆるものが無数にあり、そちらは不可分で、こちらは無限であるからで、さらにはヨーロッパのあらゆるキリスト教界はシナの腹に収まると言われているからです（〇中略）。

アジアに創設するコレジオはヨーロッパのそれとは異なるべし

もし、シナや日本の王国、ペルシア《(Persia)》やアラビア《(Arabia)》、そしてプレステ・ジョアン《(Preste João)》の諸侯国に〔コレジオを〕創るとしても、それらがコルッシェ《(Coruche)》（〇サンタレン近郊の集落。イエズス会のコレジオが存在。）やセルナッシェ・ドス・アーリョス《(Sernache dos Alhos)》（〇コインブラ近郊の集落。イエズス会のコレジオが存在。）の入り口〔にあるコレジオ〕とは、いかに異なるものであらねばならないか、尊師はよくご存じでしょう（〇中略）。

（313オ）

ゴアのコレジオにいる諸民族

そちらにいる方々が我々に書き送って来たとおり、ローマ《(Roma)》にある多くの兄弟達が知っている多様な言語を当地では活用可能である、ということをどうか熟考ください。なぜなら当コレジオだけでも、カルデア《(caldeos)》（〇メソポタミア南東部。）人、ヘブライ《(hebraicos)》人、ギリシア《(gregos)》人、アルメニア《(armenios)》人、ゲニセロ《(geniceros)》人（〇アナトリア人。）、ロシオ《(rocios)》人（〇詳細不明。）、アラブ《(arabios)》人、パルシー《(parsios)》教徒、イスラーム《(mouros)》教徒、ユダヤ《(judeus)》教徒、バラモン《(bramenes)》教徒、ヨーガ《(jogs)》学派（〇ヒンドゥー教の古典ヨーガの沈思瞑想による修行を基本とする思想。）、アドヴァイタ《(abdutos)》学派（〇ヒンドゥー教の不二一元論者。ウパニシャッドの梵我一如思想を徹底したものであり、ブラフマンのみが実在するという説を支持。)、ファルターキ人《fartaquins》(〇ハドラマウト人。)、ヌビア《nobins》(〇ナイル川上流。)人、ホラーサーン《coraçanes》(〇中央アジアのアフガニスタン、タジキスタン、ウズベキスタン等の地方を指す。)人、ムガール人《mogores》、グジャラート人《guzarates》、デカン人《decains》、カンナラ人《canarins》、マラバール人《malavares》、シンハリ人《chingalas》、マレー人《malaios》、ペグー人《pegus》、ベンガル人《bengalas》、カフル人《cafres》、日本人《japões》、シナ人《chinas》、モルッカ人《maluquos》、パタニ人《patanes》、マカッサル人《macasares》、そしてその他多様な民族が集っているからです。このような者達を一つにまとめるのは、長大な期間が必要となるでしょう。そしてこれらの者達は、彼等を理解する者の助けを得られたなら、多くの者がその能力を向上させ、他の者にも利益となります。(〇中略。)

日本人やシナ人も含む

すべてのあなたの弟子達と、その他のそうではなかった者達は、尊師の献身と祈りに身を委ねます。

ゴア《Guoa》の当コレジオ(〇聖パウロ学院。)より。一五六〇年十二月十二日。

主においてあなたの兄弟にして下僕、

ルイス・フロイス

一四一　一五六〇年十二月十七日（○永禄三年十二月一日。）付、ゴア発、メルシオール・ディアスのリスボンにあるペドロ・アーネス宛書翰

メルシオール・ディアスの書翰

一五六〇年に、イルマン・メルシオール・ディアス《Melchior Dias》が、リスボン《Lisboa》のサン・ロケ《Sam Roque》にいるイエズス会の慈悲深きイルマン・ペドロ・アーネス《Pedro Anes》に宛てて書き認めた一通の書翰の写し。ペドロ・アーネスなる者は六〇歳を過ぎた老人である（○リスボン市所在アジュダ図書館所蔵、四九ノ四ノ五〇号、三〇〇丁表〜三〇一丁裏。）。

イエス、マリア。

我等の贖い主イエス・キリストの慈しみと愛が、絶えず我等の魂に宿らんことを。アーメン。

日本の味噌（300ウ）

日本の腐った（○発酵した。）穀粒である味噌《misso》で調理された蕪の葉や、マルク《Maluquo》（モルッカ。）のパン粉（○メディナ師によるとサゴヤシの粉。）、マラバール《Malavar》の小鯖と干し飯、ひいては我がいとも親愛なる兄弟達（○イエズス会員。）が、その極めて尊い血と共に多くの苦難を伴いつ

つ活動している、その他のあらゆる地域の〔食べ物〕を味わって、〔それが〕どれほど美味かを理解するため、〔主が〕その限りなき御慈悲により、早くあなたを連れて来給わんことを。その一方で、そこ（○イエズス会員が活動している地域。）では、悪魔がその欺瞞や堕落させるための虚偽を使って働きかけており、この反逆から、彼等（○イエズス会員。）のあらゆる苦難が生じております。

アジアのイエズス会員の苦難

しかし、詐欺師の犬は疲弊しており、蕪の葉がかくも美味であることや、腐った穀粒（○味噌。）がマジパンのよう〔に美味〕であるのを理解するに至るまで、忍耐を維持し得るはずはありません。確かに、それは〔マジパン〕より美味しいのです。それゆえ、それら（○味噌など。）に支えられた生活は、とりわけデウスの恩寵によって、〔人びと〕の魂をデウス〔の御許〕へと、迷える羊を羊飼い〔の許〕へと、悪魔によってかくも堕落した被造物を、その創造主にして彼等の主である方の愛情へと導くといった、いとも大きな慰めをもたらす事柄に用いられ、費やされます。それはかくも素晴らしく、彼（○デウス。）自身が、それらは〔自らの〕喜ぶところのものであると語る通り、それ（○苦しむこと。）によって大層慰めを得ます（○「フィリポの信徒への手紙」一章二八～二九節。）。

これらの地〔に来る〕には、〔自分は〕年を取りすぎたと言わないでください。なぜなら、それら〔の地〕には、食事にパンの堅い皮はなく、食べ物は歯茎を用いて咀嚼できるほどに適切で、胃中にあって瞑想を妨げることがないからです。

書翰の返信を求む

いとも親愛なる兄弟よ、私は何度も〔あなたに宛てて書翰を〕認めました。〔それは〕聖なる従順によって命じられたことである以外に、同時に私自身の関心からでありました。現在まで何年も〔待ち続けた〕挙句、私は〔あなたからの〕返信を拝見しておりませんが、他のことで慰められています。というのも、我々の大半は不完全であり、それを克服することはできないからです。私としては、あなたの時間は、それらのキリストにあって貧しい人びとへの施しを求めることに忙殺され、いとも聖なる鍛錬に割かれ、これ（○返信すること。）を殆ど有益でないものと見做しているものと推察しております。いとも親愛なる兄弟よ、もしそれが原因なら、あなたが当地にいたならば、正反対の意見を持つことになったとご理解ください。なぜなら当地域にいる我々は、まるで夜明けを待つように、一年中、そちらの地域から書翰が到来する日を待ち望んでいるからです。というのもそれ（○書翰が届く日。）には、我々が真実にして永遠の慰めのあるあの場所へ辿り着くための助けや拍車として送ることにした、この悲惨な生活において、慰めを〔得られると〕期待しているからです。

この望み（○書翰を得たいという望み。）は正当なものであると思われます。なぜなら、聖人達もそれ（〇書翰のやりとり。）を用い、互いの不在時には書翰で慰めを得ていたからです。〔聖人達でさえ、〕デウスからそのように慰めを得ていたのに、自身の多大な不徳ゆえに、デウスの慰めとはいかなるものか分からない罪深い私は、どれほど〔書翰で慰めを得られる〕でしょうか。我がいとも親愛なる御方よ、あなたが主から数多の慰めと慈しみを受けていらっしゃることを知り、あなたの書翰を通じて〔そうした慰めと慈しみが〕僅かながらも私に伝えられるという期待を抱いて、私は慰められております。

慰めの四規則

私には〔そうした方が〕状況がより改善されるように思われましたので、今までに何人かの個人に〔書翰を〕認め、私が〔受け取るのに〕相応しいものが齎されました。〔そこで〕今、共に私のために祈ってくださるよう、〔あなたから〕すべての者にお願いしていただくため、〔筆を〕執ることにしました。なぜなら、多くの慈愛を以てして、何事も慰めの四規則（〇聖バジリオ、聖ベント、聖アゴスティーニョ、聖フランシスコの各規則を指す。）を伴う慈悲へと突き動かされないことは、あり得ないからです。それゆえ、私が自分はそれに値しないこと（301オ）を十分承知している、我が主イエス・キリストの功徳により、私もそのうちの一人であろう罪深き者達のために、どうか皆、それ（〇祈り。）を実行してください。

いとも親愛なる兄弟よ、わが主の愛により、日本《(Japão)》やマルク《(Maluquo)》（〇モルッカ。）にいる者、とり

日本にいるイエズス会員への慰め

わけ日本にいる人びとのことを思い起こし、また〔他の人びとにそれを〕思い起こさせてください。というのも、〔日本にいる人びとには、〕そちら（〇ヨーロッパ。）からの書翰や祈祷によって慰められ励まされることが、大いに必要とされているからです。なぜなら〔そこは〕、我々が主において互いに訪問し合い、励まし合うことで、互いに毎日得ているような人間的な慰めからは、大変遠く離れた地だからです。そこには、デウスの恩恵による、純粋な労苦によって得られるもの以外には何もありません。そして時折、一通の書翰が届けば、大いに慰められます。

ヨーロッパから日本への書翰の必要性

彼等（〇日本にいるイエズス会員。）の間では、それら（〇ヨーロッパからの書翰。）は我々の間でよりも、はるかに有効に活用されますが、そちら（〇ヨーロッパ。）から彼等（〇日本にいるイエズス会員。）に書き送る習慣はありません。

日本で活動するイエズス会員の名

その遠く離れた地において〔日本で活動する者達の〕仲間でありたいと望む方々は、あちら（〇日本。）にいる者達の一人一人に〔書翰を〕認めることで、その慈悲をお示しください。そのために、ここに名前を挙げます。パードレ達〔は〕、バルタザール・ガーゴ(Baltasar Gago)、ガスパール・ヴィレラ(Gaspar Vilela)、上長であるコスメ・デ・トルレス(Cosme de Torres)、イルマン達〔は〕、ルイス・ダルメイダ(Luis d'Almeida)（〇ルイス・デ・アルメイダ。）、ジョアン・フェルナンデス(João Fernandez)（〇フアン・フェルナンデス。）、ルイ・ペレイラ(Rui Pireyra)、ドゥアルテ・ダ・シルヴァ(Duarte da Silva)、ギリェルメ(Guilherme)（〇ギリェルメ・ペレイラ。）〔です〕。大勢でお互いに慰め合う〔のには十分である〕とはお考えになりませんように。なぜなら、土地は広く、多くのキリスト教徒がおり、彼等は方々に散らばっているからです。

ディアス日本への再派遣を願う

私はそこ（○日本。）から、体調の悪化していたパードレ・メストレ・メルシオール（○メルシオール・ヌーネス・バレト。）と共に〔インドへ〕やって来ました。しかし、我等の主なるデウスの御旨により、その神聖なる愛のために骨を埋めるべく、〔インドの上長達が〕私を今すぐあちら（○日本。）へと再び派遣することを願っております。我々が直ちにあちらへ派遣されることを、その方（○デウス。）はお喜びになるでしょう。というのも、そこでは私よりすぐれた他の方々を大変必要としておりますが、主は心優しい御方ですから、私は彼（○主。）を信じて待望しております。主が我等皆に聖なる御心を感得せしめ、従順のうちにそれを果たさせてくださいますように。

(Mestre Melchior)

私のことをデウスにお祈りくださるよう、あなたに特にはお願いしません。というのも、このような全体的な要望〔を述べる〕に際し、〔個人的な願いを記すのは〕罪深いことだからです。しばしば私はあなたの多大な慈悲のことを忘れております。もしあなたが私の窮状をご覧になり、このあなたの不肖の兄弟のために、溜息をつくほどに心を動かされましたら、どうか一つだけあなたにお願いいたします。もし栄光なる童貞にして我等の天の后なる方（○聖母マリア。）に対し、非常に敬虔であるならば、持ち得る限りの信心を込めた祈祷により、私のことをその御方にお祈りください。

日本のキリスト教徒は模範的

主が日本で行なわれる御業の壮大さも、私が〔日本で〕見たことについても、書き認めません。なぜなら、そちらへ書翰が送られ、それによっていくらかの断片をご理解されるであろうからです。しかし、〔すべてを〕書くことは不可能でしょうから、〔そうした書翰に書かれているのは〕すべてではありません。あちらでは、多くのポルトガル人―私もそれに数えられますが（〇ポルトガル国立図書館所蔵の古写本には、「私は彼等のことを喜ばしく思っております」とある。）。―を実に羨ましがらせ得るような、多くの模範的なキリスト教徒達を見ました。〔彼等のうちの〕ある人びとはパードレ達を大いに助けており、一人一人が相応に、キリスト教徒が増えるよう、大いに努めております。

日本人の信仰は自分に勝る

とりわけ、妻子を棄て、イルマンの代わりに助手としてパードレ・バルタザール・ガーゴと共に豊後から平戸へ行った者や、パードレ達を大いに助ける他の同様の人びとを私は見ました。〔彼等は〕我等の主に関して大変よく感得し、大いに理解しており、我々にはそれがはっきりと分かりました。というのも、〔彼等のうちの〕数人が我々と食事をする際、食事の最中に皆が考えるようにと、我等の主に関して一つの論点が与えられると、〔食事が〕終わって各々が

（301ウ）

感得したことを述べるのが常であったからです。確かに感得や信仰において、彼等はつねに我々より、特に私より優っておりました。

数人の者が、六〇レグア〔離れた所〕からパードレ達を訪ねて来て、彼等（〇パードレ達。）に慰められたのを見ました。また、霊操を受けて大変よく感得した者も数人おります。

身分が高くとも謙虚な日本人

かつて私は、パードレ・コスメ・デ・トルレスに、彼等のうちの一人について尋ねました。彼が妻帯者で非常に身分の高い者でありながら、修院において行なうべき掃き掃除やいくつかの奉仕といった作業の際に実際に見せる謙虚さを見るにつけ、会（〇イエズス会。）の謙虚さは面目を失ってしまうのではないかと。これについて、さらに多くを申し上げることもできますが、〔そうすると話しが〕終わらないでしょう。

宣教師「デウスの」と呼ばる

しばしば道を歩いていると、子供達が、「デウスの人、デウスの人」という意味で、「デウスの、デウスの《(Deusno Deusno)》」と大声で何度も言いながら出てくることがありました。これらは、異教徒達が我々に言う侮辱〔の言葉〕です。いとも親愛なる兄弟よ、あなた方はここから、キリスト教徒達が我々に為す好意や慰めを理解なさることでしょう。

日本人信徒からの贈物

彼〔等（〇科学学士院図書館及びポルトガル国立図書館所蔵の古写本により補う。）〕は自身の持ち物をパードレ達に贈ることを、非常に誇りに思っております。大変な厚意と愛情から、八レグア〔離れた所〕から米や麦、その他の物を背負った人びとがやって来て、パードレ達を訪れ、贈り物を捧げるのを見ました。これをあなたに申し上げたのは、〔他の〕書翰でそちらに伝わっているかどうか、私には分からないからです。

日本人キリスト教徒宛の書翰送付を請う

日本人ポルトガル人の拠点インドを天竺と見做す

こうした日本人のうち何人かの名前を、あなたに申し上げましょう。というのも、そちらから何通かの書翰が彼等に送られるなら、彼等は大層喜ぶであろうからです。ひとつには、それらがあなたからのもので、それによって慰められ、励まされるであろうがゆえに、もうひとつには、それらが、そちら、即ち天国の近くにあると言われているチェンチコ《(Chenchico)》（〇天竺。）から来ることに因ります。〔日本人の〕名前は次の通りです。パウロ《(Paulo)》、トメ《(Tomé)》、ペドロ・フェレイラ《(Pedro Ferreyra)》、ジュスキーノ《(Jusquino)》（〇ジュスティーノ。）、ヴィセンテ《(Viçente)》、バスティアン《(Bastião)》、これらは豊後《(Bunguo)》の人です。山口《(Amãnguchy)》のトメ《(Tomé)》（〇内田トメ。）とベルシオール《(Belchior)》、朽網《(Cutami)》のルカス《(Lucas)》。

朽網のルカス

この者（〇ルカス。）は大変身分の高い者で、彼の土地（〇朽網。）には多くのキリスト教徒がおりますが、そこには我等の（〇イエズス会の。）パードレもイルマンもおりません。あまりに多くの人数には対応できないので、彼（〇ルカス。）は自分の家に礼拝室を設け、キリスト教徒達は祈祷を捧げるためにそこへ集まります。〔集まるのは〕主として主日と聖日、そしてパードレがそこ（〇朽網。）へ行く時のようですが、〔訪問したパードレは〕そこ（〇礼拝

山口のトメ

室。）でミサを行ない、泊めてもらいます。とりわけこの者と山口のトメに対しては、彼等に手紙を認めることを、面倒だとはお考えになりませんように。なぜなら、それが非常に有益となるように私には思われるからです。もし私がこれ以上〔の名前を〕記載したら、あまりの煩雑さに、誰宛にも手紙を書いていただけないことを危惧しますので、当年はこの人たちだけで十分です。

日本人の若者ベルシオール

日本人イルマンのロウレンソ

パードレ達に育てられた一人の若者が彼等と共に修院におります。ベルシオール《(Belchior)》という名で、とても上手に我々の言葉（○ポルトガル語。）を読み、書き、話すことができます。〔彼への書翰の〕宛名には、《パードレ達と共にいるベルシオール》とご記入ください。他にロウレンソ《(Lourenço)》（○ロウレンソ了斎。）という、もともと仏僧、つまり〔仏教における〕パードレだった者〔もおります〕。この人は彼等（○仏僧達。）の頽廃のすべてを知っていますので、多大な助けとなっています。〔彼は〕我等のイルマンであり、すでに誓願も立てています。どうか、我等の主が彼等や我等に、〔信仰の〕堅持と主への奉仕における死をお与えくださるよう、お祈りください。アーメン。

天使祝詞を一度、私のために唱えてくださるよう、〔あなたから〕我がいとも親愛なるパードレ・ディオゴ・ヴィエイラ《(Diogo Vieira)》とフランシスコ・アンリケス《(Francisco Anrriquez)》（○エンリケス。一五六一年、ポルトガル、インド、エチオピア、ブラジルを管轄する総プロクラドールに任命された。この職は、各管区の財務面をはじめ、往信等も統括した。）に請うてください。そしてあなたも、このあなたの兄弟（〇メルシオール・ディアス自身。）のことをお忘れにならないでください。我等の主デウスがすべての人と共にあらんことを。アーメン。

当聖パウロ学院《collegio de São Paulo》より。本日、一五六〇年の栄光なる処女にして我等の天后の待望の日《vespora da Virgem gloriosa Nossa Senhora》（〇十二月十八日、聖母の祝祭。）の前日。私はこの学院にあって賄い長の職を務めております。

不肖の兄弟

ベルシオール・ディアス（〇メルシオール・ディアス。）

一四二　一五六〇年十二月（〇永禄三年十一月十四日～同十二月十五日。）付、ゴア発、インド管区におけるイエズス会員名簿

一五六一年一月までの、インディア《(India)》の当地方にいるすべてのパードレ達及びイルマン達の一覧表（〇リスボン市所在アジュダ図書館所蔵、四九ノ四ノ五〇号、三三〇丁裏～三三二丁表。科学学士院図書館所蔵の古写本には、「当一五六一年に、ゴアの当聖パウロ学院《(Collegio de São Paulo)》にいるパードレ達及びイルマン達と、各地にいるその他の者達の一覧表」とある。またポルトガル国立図書館所蔵の古写本には、「一五六〇年の、ゴアの当学院のパードレ達とイルマン達及びその修練者達の一覧表」とある。）。

ゴア《(Goa)》の当聖パウロ学院にいるパードレ達及びイルマン達の一覧表。全員で六〇名（〇内訳から考えて七〇名の誤り。）、そのうち一四名は聖職者で、五六名〔は〕イルマン〔です〕。コレジオの寝室が狭く、彼等の休む場所がそこにはないため、彼等のうち、すでに修練期間を終え、

誓願も済ませた二二名のイルマン達、さらに三名の聖職者達は修練院におります。これらのほかに一九名の修道士見習いがおり、そのうち一二名は本一五六〇年に〔イエズス会に〕入りました。コレジオには、一覧表に見られる通り、一二名の聖職者と一六名のイルマンがおります（〇この段落、科学学士院図書館及びポルトガル国立図書館所蔵の古写本には欠けている。）。

本年のイエズス会入会者は一二名

（〇中略。）

在日本イエズス会員名簿

（332オ）

日本《Japam》に〔いる人びと〕（〇科学学士院図書館所蔵の古写本には単に「日本」とのみある。また、ポルトガル国立図書館所蔵の古写本には「日本で様々な地方を巡っているパードレ達及びイルマン達の一覧表。八〔名〕。」とある。）。

三一　パードレ・コスメ・デ・トルレス《Cosme de Torres》

三二　パードレ・バルタザール・ガーゴ《Baltasar Gaguo》

三三　パードレ・ガスパール・ヴィレラ《Gaspar Vilella》

三四　イルマン・ジョアン・フェルナンデス《João Fernandez》（〇ファン・フェルナンデス。）

三五　イルマン・ロウレンソ《Lourenço》（〇ロウレンソ了斎。）

三六　イルマン・ギリェルメ《Gilherme》（〇ギリェルメ・ペレイラ。）

三七　イルマン・ドゥアルテ・ダ・シルヴァ (Duarte da Silva)
三八　イルマン・ルイ・ピレイラ (Rui Pireyra)
三九　イルマン・ルイス・ダルメイダ (Luis d'Almeyda)（〇ルイス・デ・アルメイダ。）
（〇下略。）

（〇以上の一覧表の日本部分、科学学士院図書館及びポルトガル国立図書館所蔵の古写本では、行頭の番号及び配列が異なっている。具体的には、前者では五四トルレス、五五ガーゴ、五六ヴィレラ、五七フェルナンデス、五八シルヴァ、五九ギリェルメ、六〇ピレイラ、六一ダルメイダ、六二ロウレンソとなっている。また、後者では番号がすべて付されておらず、配列はトルレス、ガーゴ、ヴィレラ、フェルナンデス、シルヴァ、ダルメイダ、ピレイラの順になっており、ギリェルメの名はトルレスの脇に記されている。またロウレンソの名は欠けている。）

一四三　一五六一年一月十四日（〇永禄三年十二月二十九日。）付、ローマ発、ディエゴ・ライネスのインドにあるメルシオール・ヌーネス・バレト宛書翰（〇ホアン・ルイス・デ・メディナ編『日本史料集　一五五八―一五六二』所収、第三九号文書。）

イエス。

キリストにおいて大変尊敬すべきパードレ。キリストの平安等々。

尊師からの、インド《(India)》及びエチオピア《(Ethiopia)》の管区《(provincia)》で〔尊師が〕知る人物達についての情報を記した書翰（〇第一三〇号文書。）を受け取った。そしてその書翰では、依頼がなされた事柄に時宜に応じた効力を有する情報として有益なこと以外には、その他の返信は要求されていなかった。（〇中略。）

尊師の記す、その国王《(reyes)》（〇領主達。）が彼等（〇日本人。）の異教の祭祀のために求めてきた

日本人が異教の祭にキリスト教の信心具を求める際に貸出すことの是非

場合、彼等にある種のもの（〇聖具、聖画などを指すか。）を貸与することが、日本《(Japón)》にいる我等の〔会員〕に習慣となっているのを目にしたことについて、当地（〇ローマ。）の我々の意見は、それを穏便に断ることが可能な場合、聖具やその他類似の物は、いかなる用途であっても貸し出されてはならない、というものである。たとえそうできない（〇穏便に断れない。）場合でも、彼等の神々の名誉のためにそれらを与えることはできない等々と主張するべきである。

日本人の先祖供養の是非

あれらの管区の新キリスト教徒（〇この場合は、ヨーロッパの改宗キリスト教徒ではなく、海外布教によって他宗教からキリスト教に改宗した人びとを指す。）達が、異教徒として死んだ彼等の祖先の霊魂のために祈り、奉納を行なうのを許すこと〔に関して〕。もし彼等（〇祖先。）が救済されるかもしれないような状況にあれば、それらの死人のために祈り、捧げるべきであるが、彼等は〔すでに〕地獄にいるのだから、救済方法はないと理解しなければならないと、彼等（〇新キリスト教徒。）に勧告することで、そのような者達の意図は修正されねばならないであろう。

インド管区長は日本へ然るべき忠告を送るべし

これらのことを、尊師からの書翰への返答であるがゆえに、尊師に書き送る。しかしながら、日本にいる人びと（〇宣教師を指す。）は、インド管区の下にあるので、その管区長《(Provincial)》（〇インド管区長。）は彼等に忠告し得るであろうし、彼（〇インド管区長。）には、この章を〔日本へ〕送ることが許されるであろう。（〇中略。）

ローマ《(Roma)》より、一五六一年一月十四日。

一四四　一五六一年夏（○永禄四年六月十九日〜同八月一日。）付、ポルトガル発、ジェロニモ・ナダルの諸規則（○ホアン・ルイス・デ・メディナ編『日本史料集　一五五八―一五六二』所収、第四一号文書。）

ジェロニモ・ナダルの諸規則

リスボンに於て示された指針

パードレ・ナダル《NADAL》が、リスボン《LISBOA》においてお話しになったこと。

ポルトガル管区に於る修道士見習い育成の重要性

他のいかなる所にもまして、この管区《provincia》（○ポルトガル管区。）において非常に重要なのは、多くの修道士見習いを育成することである。というのも、彼等は、そこ（○ポルトガル管区。）だけのためではなく、同時に東洋全体、そしてこの王国《reino》（○ポルトガル。）から航海〔して赴く地域〕、〔すなわち〕インディア《India》、マラカ《Malaca》、マルコ《Maluco》（○モルッカ。）、シナ《China》、日本《Japón》、エチオ《Ethiopia》ピア、ギネア《Ginea》、ブラジル《Brasil》等と、あらゆる島々のためにも、育成されるものだからである。したがって、管区長《provincial》自身や、あらゆる上長《superiores》やそれ（○修道士見習いの育成。）に相応しい人びとは、あらゆる手段をもって修道士見習い《novicios》の獲得に、最大限の努力を払わなければならない。そして私は、デウスの恩寵により、前述の目的のため、素質のある者達を当地（○ポルトガル。）へ送るよう努めるつもりである。

修道士見習い確保のための寄付の必要性

そしてそのために、創設されたコレジオにおいて大勢の修道士見習いを確保できるよう、大変な努力をすることが必要であるし、そのためには、創設者達（〇王侯貴族を指す。）あるいは慈善家達に、それに関する極度の必要性を説いて、寄付金を求めることが肝要である。（〇中略。）

書翰郵送費用の支払い方法

当〔ポルトガル〕管区から送られる書翰に関してローマ《Roma》で支払われている郵送費用は、あらゆるコレジオと修院が、保持する人間の数により、〔イエズス会全体の中で占める〕割合《pro rata》に応じて支払うべきである。インディアとブラジルから送られるそれ（〇書翰。）は、それら〔の地域〕でいくら払われたのか知らされるべきで、二年おきもしくは必要と思われる時にそれ（〇費用。）を彼等（〇ローマ本部の会計係。）が支払う〔ことができる〕ように、経費が見積もられるべきである。（〇中略。）ローマあるいは他の管区から管区長に届く書翰〔の郵送費用〕もまた、その他〔の書翰〕に関してすでに述べられたように、割合に応じて支払われるべきである。（〇中略。）

書翰の保管と回覧

もし可能であるならば、管区長はあらゆる努力を以て、インディアスからの書翰の原本を保管することに努めるべきである。念のため《(in omnem eventum)》すべて〔の書翰〕を複写して一冊にまとめ、次の四箇月間に管区全体でそれらが読まれてその（○管区長の。）手に戻って来るようにし、彼はそれらを保管するべきである。

書翰の印刷

厳正に選別され、修正され、異端審問所《(Inquisición)》から承認された、インディアスからの書翰を印刷するよう、努められるべきである。もしそれ（○書翰集の印刷物。）がラテン語であるならばより望ましく、さもなければカスティーリャ語〔がよい〕。しかし、〔書翰集の印刷は〕あらゆる配慮がなされるよう注意されるべきで、そこ（○書翰。）で言われているのが特定の人物に関することであると分かるようなこと、例えば召還等のようなことは、削除されるべきである。

（○中略。）

インディアスへ送る書籍

インディアスへの〔送付の〕ために購入された書籍は再検討され、禁止されているものは目録に従って取り除かれ、その他のことも修正されるべきである。そして、この方法〔以外〕では、送られてはならない。万一修正されるべきそれら（○書翰。）を〔修正しないまま〕送る場合は、それは枢機卿《(Cardenal)》（○セバスチャン王の死後、一五七八年～一五八〇年の間ポルトガル王国を治めたエンリケを指す。）もしくは異端審問主審《Inquisidor Mayor》（〇当時は枢機卿が兼任。）の許可を得て、それら（〇書籍。）が使用される前にまずその地で修正が施されるようにという、同人（〇枢機卿もしくは異端審問主審。）の命令を伴うべきである。

コインブラに於て示された指針

パードレ・マエストロ・ナダル《MAESTRO NADAL》がコインブラ《COIMBRA》のコレジオにおいてお話しになったこと。

インディアからの書翰

インディアからの書翰。インディアから書翰が届いた時には、教化のためのものなので、修正されたものであっても、公に読まれることが適切である。パードレ達やイルマン達は、デウスに感謝すべきであるが、デウスを讃美せよ《te deum laudamus》、と口に出して言うべきではない。（〇中略。）

管区長への手引き

管区長への手引き

書翰の朗読

インディアから到着する書翰は、管区会議《congregatión》において、パードレ達やイルマン達が揃っている時に読まれるべきである。その他のあらゆる〔書翰〕は、第一と第二の食卓において読まれるべきである（〇メディナ師の解説によると、イエズス会員が揃って食事を摂る際には、一人が朗読する習慣があり、順番に給仕するためにグループ分けされ、第一、第二などとあった。）。これらの二回の食卓のうちいずれかに参加できない者がいる場合、彼等がそれらを読むよう、書翰を彼等に〔貸し〕与えてもよい。

（〇下略。）

（〇ヴィッキ師及びメディナ師は、ジェロニモ・ナダルが一五六一年七月三十一日〜同九月十日にリスボンに滞在したと指摘している。本書翰はその頃のものと考えられる。）

一四五　一五六一年八月十七日（○永禄四年七月七日。）付、堺発、ガスパール・ヴィレラのゴアにあるアントニオ・デ・クアドロス宛書翰

一五六一年八月十七日に、パードレ・ガスパール・ヴィレラ《Gaspar Vilela》からイエズス会のインド管区長《Provincial》パードレ・アントニオ・デ・クアドロス《Antonio de Quoadros》に宛てた、日本《Japão》からの一通の写し（○リスボン市所在アジュダ図書館所蔵、四九ノ四ノ五〇号、四二九丁表～四三五丁表。）。

親愛なる兄弟達よ、一五五九年に私は豊後《Bungo》からあなた方に、〔以下のようなことを〕書き送りました。聖なる従順の命令により、私はミヤコ《Meaco》への途上にあること、そこへは、パードレ・コスメ・デ・トルレス《Cosme de Torres》が、我等の主イエス・キリストの信仰をかの地で弘め得るかどうか試みるため、私を送ることにしたこと等です。それは、日本全土が宗教や信仰の事柄に関して、ミ（429ウ）ヤコに従っていることに因るものでした。その〔書翰を記した〕際、道中やそこ（○ミヤ

道中及びミヤコでの出来事を記す

コ。）で生じたことや、我等の主が御業として施されたことについて、あなた方に書き認めることを約束しましたので、すべての幸福の源である我等の主イエス・キリストが何にもまして讃美されんがため、そしてその（○主の。）栄光と名誉によって喜びを得られると私が知る、いとも親愛なるあなた方の喜びと慰めのために、今、それ（○書翰の執筆。）を行ないます。また、〔本書翰は〕あなた方の神聖な会話からはいとも遠く離れた、このあなた方の不肖なる兄弟（○ヴィレラ自身を指す。）のことを、あなた方の祈祷に際し、とりわけ思い出してくださるのに役立つことでしょう。

ロウレンソと共に豊後を発つ

前述の年（○一五五九年。）、私とロウレンソ《Lourenço》という名の一人の日本人は、豊後を出発しました。〔ロウレンソは〕徳に関しては我々の兄弟のようであり、良き通訳であり、日本の事柄に精通しております。我々はミヤコの方へ行く一隻の異教徒の船に搭乗しました（○豊後国沖の浜から乗船。『フロイス　日本史』第三巻、第三章参照。）。悪魔は、我等の主がそれ（○この旅。）によって得ることをお定めになったものを恐れているようで、この旅が成し遂げられぬよう、多くの妨害を仕掛けました。

無風のため進めず

まず、まだ一日分の行程も進んでいないのに風が止み、その結果我々は先に進むことが叶いませんでした。同乗していた異教徒達は無風なのを見て取ると、進むことができるように風を与えてくれるよう、彼等の偶像への喜捨を徴集することにしました。〔その異教徒達は〕乗船者達〔の所〕を回って、喜捨を寄越すようにと、私〔の所〕にやって来ました。私は彼等に、天地の創造主である真のデウスを崇め、彼（〇デウス。）を信じている、それゆえ彼等が祈願する者（〇偶像。）へは喜捨を与えないと言いましたので、〔異教徒達の〕全員が猛然と立ち上がって、私を取り囲みました。〔彼等は〕私が風を損ねた原因であり、私を船から放り出そうと話しました。

異教徒の喜捨要求を断る

その最中、私は我等の主に我が身を委ねました。すると主に讃美、それ（〇凪による船内の不和。）はとある午後のことでしたが、翌日には朝から〔主が〕我等に風を与えてくださいました。〔彼等は〕別の港に停泊することに決め、すでにその別の（〇科学学士院図書館所蔵の古写本には「最初の」とある。）〔港〕から数レグアの所におりましたが、〔そこで〕風が逆風になり、我々は四日間進むことができませんでした。ここで、〔異教徒達は〕ついに私がこのような悪天候の原因であると確信し、我等の主は〔結局〕それをお許しにはならなかったでしょうが、口頭でも身振りでも我等に危害を加えようとする様子を見せました。

一旦風が吹くも逆風となる

ある港に着くと、天候のため一〇日間〔そこに〕留まりました。〔異教徒達は〕そこで協議し、決して私を一緒に連れて行かないことで一致しました。そして、そのことを船長に請い、

同船してきた異教徒達より排斥せらる

私を下船させてその港に留めましたが、そこには私を運び得る船がほかに一隻もありませんでした。しかし我等の主は、私をその船長の許に戻し、どうにか私を連れて行くよう彼に頼むことを望まれ、〔船長は〕皆の意見に反して私を再び乗船させ、そこから一二レグア〔の所〕にある、他の船を見つけることができる別の港に連れて行きました。

あれ（〇乗ってきた船。）はそこから〔上方には〕行きませんので、先へ進む我々全員に、それら（〇港にあった船。）に乗り換える必要がありました。しかし、そこまで共にやって来た者達は、我々を連れていた間、自分達に利する天候にはまったく恵まれなかったので、我々を連れて行かないようにと助言しながら、〔その港に停泊していた〕すべての船を駆け巡りました。そのため、すべて〔の船〕は出発し、我々を置き去りにしました。しかし我等の主は、他の船がやって来て、乗客の不足に気づいて、我々を乗せるよう望み給いました。我々は如何なる危難〔に遭うこと〕もなく、順調に航海しました。我々を置き去りにした最初の船で行った者達はそれ（〇危難。）を被り、そのうち幾隻かは道中で往来していた海賊達に襲われました。

別の船で順調に航海す

（430オ）

ある港に着くと、我々は再び最初の同乗者達に出会いました。彼等はその地で再び、我々が行こうとしていた堺《(Saqual)》の市へ、我々を連れて行かないよう、船々の人びとを説得しました。〔し

堺に到着す

かし、〕我等の主に讃美、これらすべての妨害にもかかわらず、我々は至福なる伝道者《(bem-aventurado evangelista)》聖ルカス《São Lucas)》の日（〇十月十八日。）にそこ（〇堺。）へ到着し、そこで我々は〔聖ルカスを〕この市（〇堺。）の守護者としました。というのも、我等の主においてそこで御業がなされるに違いないと期待したからです。

堺はヴェネチアのような統治形態

この堺の市はとても大きく、多くの富裕な商人達がおります。ヴェネツィア《(Veneza)》のように、執政官達《(regedores)》によって治められる統治形態です。ここで数日間、先の苦難の疲れを癒すと、我々は主たる派遣先であったフィエノヤマ《(Fienoiama)》（〇比叡山。）に向けて出発することにしました。

堺を発ち比叡山に至る
比叡山の様子

堺の市を出発すると、我々は数日のうちに、ミヤコの手前六レグアの所にあるフィエノヤマ（〇比叡山。）に到着しました。この山は非常に大きく、それに接してそれ（〇比叡山。）に従属する国があります。その麓には非常に大きな湖（〇琵琶湖。）があります。というのも、長さはおよそ三〇レグアで、幅が七レグアあるからです。この大きさは、そこ（〇琵琶湖。）に流れ込む多くの川によって形成されています。そこには多くの魚がおり、湖岸には広大な土地があって、そこもまた山（〇比叡山。）に属しており、その山は多くの僧院で満ちております。というのも、現在そこにある〔僧院〕は五〇〇以上にのぼり、かつては三三〇〇あったと言いますが、この地にあった絶え間ない戦で破壊されたそうです。これらの僧院の宗教者達は様々

比叡山僧学問に傾注す

な宗派の仏僧で、彼等は他の種の人びとよりも傲慢さが勝っています。この山に住む大多数の人びとは、生来学問に傾注しており、もしキリスト教徒になって平和に過ごしたならば、彼等はそれ（○学問。）において知識を開花させることでしょう。

大泉坊等以外にデウスの言葉を聴く者なし

この山に到着すると、我々はそこでデウスの御言葉に耳が傾けられるかどうか試しましたが、これらの宗教者（○仏僧。）達であまりにあふれていましたので、数人の弟子と共にそれを聴きたがったジェボウ《(Jeboo)》（○科学学士院図書館所蔵の古写本にはDayjembo、ポルトガル国立図書館所蔵の古写本にはDaijemboとあり、大泉坊すなわち大泉坊乗慶を指す。）という名の［老年で（○科学学士院図書館及びポルトガル国立図書館所蔵の古写本により補う。）］すでに隠居している学者以外には、それ（○デウスの御言葉。）を聴く者はおりませんでした。［私が］［彼に（○科学学士院図書館所蔵の古写本より補う。）］万物の創造主である唯一のデウスがいかに在るかや、霊魂の不滅について話をすると、彼は私に近づき耳打ちして、日本の教えは反対のことを教えているが、私が話したこと、とりわけ理性的霊魂《(alma racional)》（○アリストテレスは『霊魂論』で、理性を霊魂（プシュケー）の最高の段階と位置づける。キリスト教神学においては、理性的霊魂はデウスから与えられたもので、その光によって真理に近づくことができるとされる。）の不滅に関することは、彼には大変適正なように思われる［と述べました（○科学学士

大泉坊危害を恐れキリスト教を受容せず

院図書館所蔵の古写本により補う。)〕。しかし、仏僧達が彼を殺すことを恐れたため、それ(○キリスト教。)を受け入れませんでした。我々と彼は互いに暇乞いをし、我々はミヤコへ向けて出発しました。

ミヤコに至り貸家に寄寓す

その山(○比叡山。)を出発した後、我々は短時間のうちにミヤコの市に到着しましたが、〔それは〕すでに冬の始めでした。市中のどこにも、我々を泊めてくれる者が見つかりませんでしたので、我々は見つけた小さな貸家に身を寄せました(○ヴィレラ達の京都での最初の住まいは、坂本の尼僧から紹介されたところだったが、文脈から二番目の住まいで四条通沿いの革棚町にあった山田の後家の家と思われる。『フロイス　日本史』第三巻、第五章参照。)。

ミヤコの様子

このミヤコの市は広大ですが、かつてほどではないということです。というのも、〔人びとが〕我々に話したところによると、長さ七レグアで、幅三レグアあったということだからです。〔ミヤコは〕四方がとても高い山に囲まれており、その麓には至るところに数多くの壮大な僧院や建物があり、度々受けた戦や火災〔の被害〕で市がひどく破壊されたことにより、それらも同様になってはおりましたが、それらが建てられた往時には、多くの荘園《(renda)》に恵まれておりました。住民達の言によると、今日見られるものは、往事の〔様子の〕夢であるということです。〔ミヤコは〕北方にあって雪も多く降りますし、戦で消費したようで薪が大変不足していますので、とても寒い土地です。食物に乏しいので、一般的な食べ物は蕪や大根、茄子、萵苣、豆です。宗教に関する事柄においても、教養に関することにおいても、大変進んでいると言われており、今なおそれを示しています。というのも、日本にある諸宗派が弘まったのは当地（〇ミヤコ。）と前述の山（〇比叡山。）からであり、その長達や高僧達は当地に住んでいるからです。(430ウ)

足利義輝を訪問し好意を得る

当市（〇ミヤコ。）に到着し、前述の家に泊まって、何度も我等の主に祈りを捧げると、まさにその主のうちにあって（〇啓示的に。）、当市でその教えを弘め始めるのが適当であるように思われました。そしてまず、我々がその後〔実際に〕得ることになったように、その好意を得るために、その地の領主（〇足利義輝。）を訪れました。ある日、家の中央で十字架を手に取って、そこにいた者や通り過ぎる者達すべてに、主なるデウスの教えを説き始めました。

ミヤコに於る布教

〔すると〕素晴らしいことに、すぐに大変多くの者達が集まってきました。ある者達は新しいことを聞きに、また別の者達は話したことを馬鹿にしたり、嘲笑するためにやって来たのです。これらの者達の中に〔混じって〕、多くの仏僧達がやって来ました。彼等が質問したことに対して〔私が〕彼等に十分に〔答えを〕与えると、彼等は、自分達の道理によってではそこで言われたことを辱め得ないと悟り、街中に噂を広めましたので、私が言ったことについて話さない家はありませんでした。ある者は〔私が〕説いていることは悪魔に関することだと言い、別の者は言っていることでは仏僧達に理があるとか、同様のことを言いました。

仏僧達からの誹謗中傷

仏僧達は狂人のように通りを歩き回り、公の場や他の場所で民衆を不安に陥らせました。彼等は〔私が〕説いたデウスの教えについて多くの罵詈雑言を述べ、人肉を食べるとか、死人の骨を〔私の〕家で見つけたなどと、私について多くの偽りの証言を行ないました。別の者達は、〔私は〕人のように見えるが、人の肉を纏った悪魔であるとか同様のことを言いました。

家主より退去を迫らる

〔彼等は〕私が宿泊していた通りにやって来て、すぐさま私を追放するようにそこの住人達を煽動し、私を泊めた者（○クンダノジュチョウという異教徒。）に対して、すぐに私を家の外に追い出さなければ人間ではないと［か、他の侮辱的なことを］言い［、彼（○家主。）はすぐさま家（○六角通沿いの玉蔵町にあったクンダノジュチョウの家。『フロイス　日本史』第三巻、第五章参照。）から出て行くよう私に伝言してき］ました（○この一文、［　］内は、科学学士院図書館及びポルトガル国立図書館所蔵の古写本より補う。）。どこへ行けばよいか分からなかったため、私は彼が望むほど早くは〔退去〕しませんでした。〔すると〕彼は私を殺すために抜き身の刀を持って私の許に来ました。それは、他人を殺した者は自身も死ぬか、もしくは裁きにより殺されねばならないというその地の慣習により、彼自身も死ぬ危険を冒して

他者を殺した者は自身も死ぬ慣習

おりました。他人に殺されるのは大変な不名誉ですので、自らの名誉のため、彼自身が自害することになります。

刀を突きつけられ死に瀕す

いとも親愛なる兄弟達よ、抜き身の刀の下にあって私がどのような状態であったことか、すでにお分かりのことでしょう。死について瞑想することと、死に瀕した人間となることでは大きな違いがあるということを、あなた方に告白します。かくも我が身に死が迫っているのが分かった時、少なからざる恐怖が私を襲ったことを、あなた方に告白します。しかし、私の滞在により、宗教に関することで日本の地がかくも拠り所としているミヤコの地において、デウスの教えが弘まることを看取し、私は、相談できる人もいなかったので、我が身を主に委ね、その御手にすべてを託すことにいたしました。

仏僧達の怒りに譲歩し移居す

ミヤコでキリスト教徒になった最初の人びとがその家で〔キリスト教徒に〕なった後、私は仏僧達の怒りに譲歩し、かつデウスの教えを弘めるのを止めないことを決意して、別〔の家〕（〇四条烏丸町の酒屋。『フロイス　日本史』第三巻、第九章参照。）に移りました。そこは壁もなければ、寒さを防ぐものもなく、季節は一月で雪も大変多く、我々はそこで大変難儀して過ごしました。

（431オ）

ここでは一五日と二〇日に、その親戚、友人、隣人達に対する気兼ねから、こっそりとではありましたが、主のお導きになるところに従い（〇ママ。）、すぐさま主は〔人びとを〕聖なる信仰へと導き始められました。というのも、もし我等の主の教えを受け入れたなら、〔彼等は〕それらの人びとを〔もはや〕人とは見做さず、むしろ下劣で卑しいものと見做したからです。

キリスト教を受容すれば人とは見做されず

改宗者の増加

　村々や山々からも多くの者達が、我等の聖なる信仰を聴き、受け入れようとやって来て、すでに我等の主が導き給うた者達（〇キリスト教徒達。）の数は増え始めていました。あらゆる苦難がありましたが、デウスがそれに値しないにもかかわらず私に授けてくださったいくらかの勇気によって、私は主の恩寵により、彼（〇主。）のために些かの恐怖もなく命を投げ出すべく、準備されているとつねに感じ〔ており〕ました。仏僧達に対し私は多大な勇気を奮い始め、〔私の〕いないところで述べる煽動、陰口、罵詈雑言は止めなかったものの、彼等は怒りを幾らか鎮めました。この家に私を泊めてくれた主人は酒を売っていたので、彼等（〇仏僧達。）は市中で、彼（〇家主。）は自分の家に私を泊めているから、彼がそこから私を追い出すまでは、何人も彼からそれ（〇酒。）を買わないようにと、触れ回らせました。そのため、彼（〇家主。）は私に何度もそこから出て行くよう請い、それを実行させるべく〔人を〕遣わしてきました。我々には身を寄せるところがありませんでしたので、懇願と切望により、彼は我々

仏僧達の誹謗により家主より退去を求めらる

を三箇月そこに泊めてくれました。かくも多くの魂が聖なる信仰へと向かうのを目にすることにより、我等の主が我々に授けてくださった慰めは多大であったものの、そこ（○酒屋を営む家主の家。）で我々は厳しい寒さや苦難、病に苦しみました。

足利義輝より書付を得る

夏が来た後、我々はこの地（○ミヤコ。）の領主（○足利義輝。）を再び訪れ、そこ（○ミヤコ。）に居住する許可を彼に求めました。それには、我々のことを悪く言う数人による数多の妨害がありましたが、我等の主に讃美、彼（○足利義輝。）はそれ（○許可。）を我々に、言葉でだけではなく、我々に悪事を為す或いは妨害する者は死罪に処すとの書付（○「室町家御内書案」所収、永禄三年付室町幕府奉行人松田盛秀・治部藤通連署奉書案。）によって与えてくれました。この許可により、我々の迫害者達はさらなる〔迫害〕を止め、キリスト教徒の数は増え始め、その数は、一宇の教会を造作する必要があるほどでした。かくして、そのために購入された一軒の大きな家（○四条坊門の姥柳通に所在。『フロイス 日本史』第三巻、第九章参照。）に、我等の主がこのミヤコにおいて整え給うた、最初の教会が設けられました。

ミヤコに於る最初の教会

この教会が成ると、さらに多くの異教徒達が我等の聖なる教えを聞きに集まり、多くの者がそれ（○キリスト教。）を受け入れました。他の者は、〔キリスト教に〕好印象を抱き、デウスは聖なるものであるなどとは言ったものの、さらにミヤコで普及して〔キリスト教徒が〕増加しないうちは、敢えて受け入れようとはしませんでした。このように〔宣教が〕続行したため、悪魔は我慢することができなかったようです。というのも、このように続いて一年になると、別の大きな迫害を我々に嗾けたからです。それは、仏僧達が偶像の檀家達や信徒達と結集して、我々をそこ（○ミヤコ。）から追放するために、その地を治めている領主（○松永久秀。）や、その他三人のそこの執政官達（○いわゆる三好三人衆。三好長逸、三好政生、岩成友通。）に、でき得る限りの賄賂を贈ると決めたことでした。こうして彼等はそれ（○贈賄。）を行ない、その地に滞在する許可を私に与えた主たる領主（○足利義輝。）が知らないうちに、その領主は執政官達と共に、［可能な限り（○科学学士院図書館及びポルトガル国立図書館所蔵の古写本により補う。）］汚名を着せて我々を追放することを決意しました。

仏僧等からの賄賂により松永久秀等宣教師の追放を決意す

しかし、我等の主はこうした労苦において、彼（○主。）へ奉仕しようとする者達を気にかけてくださいますので、ある異教徒の貴人で善良な男（○『フロイス　日本史』第三巻、第一○章によると今村殿 Ymamuradono で、今村慶満に比定される。）がそれ（○宣教師追放。）を知り、我々のためにその地の主たる君主（○義輝。）に話しました。そして迫害者がやって来る前の日の晩、彼（○慶満。）は我々に、市から出て、仏僧達の怒りが過ぎ去るまで彼の城（○勝竜寺城。『フロイス　日本史』第三巻、第一○章参照。）に滞在すべきように思われると、

今村慶満ミヤコを出て自身の城に滞在するよう勧む

伝えて来ました。
この伝言が我々に齎されると、我々が宿泊していた家にキリスト教徒達が集まってきました。彼等と相談したところ、その異教徒の貴人が語ったこと、〔すなわち〕迫害者達が追い出す前（431ウ）に我々が立ち去ることは、彼等には良策のように思われました。なぜなら、我々が放逐されれば、デウスの教えや、それを受け入れた人びとを辱め、信用を貶めることになるし、そう（○放逐される前に退去。）すれば、彼等への損害は少なくて済むと思われたからです。

ミヤコを退去し勝竜寺城に赴く

彼等のうち多くが我々と共に〔洛外へ〕出て、その夜我々の友人であるその貴人（○慶満。）の城（○勝竜寺城。）までの四レグアを我々に付き添いました。

密かにミヤコへ戻る

そこで三、四日秘かに身を潜めた後、私にはそこに隠れているのが良いことには思われませんでしたので、我々はキリスト教徒達と共にミヤコへ戻り、彼等の一人が自分の家に我々を匿いました。

宣教師の退去により騒動が生ず

そこで我々は、市で起こっていたことや、我々に関して話されていることを知らされました。我々が去ったことで、市では大きな騒ぎが起きました。というのも、ある者達は我々が不当に追い出されたのだと言い、別の者達は大変道理に適っていると〔言い〕、また別の者達は異なった意見〔を述べた〕からです。
キリスト教徒達は我々を慰めて、可能な限り手助けするため、密かに我々を訪れました。我等の主は、彼等の助言や援助を用いて、我々を助けることを欲し給いました。というのも、我々が立ち去るか、それともその地に留まるかについて、その期間内に検討することができるよう、四箇月の猶予を我々が乞うべきであると、彼等には思われたからです。〔実際に〕我々がそれを願い出ると、我等の主に讃美なるかな、それは認められ、我々がそこに永遠に居るための端緒となりました。四箇月間の猶予が認められると、我々は公衆の面前に現れ、すべてのキリスト教徒の歓喜と共に我々の最初の教会へと戻りました。我々が道理なく迫害されたことを知っていた異教徒達も大変満足しました。

四箇月の猶予を得る

我々の迫害者達は自分達がやるべきことを行なったと考え、この四箇月は認められましたが、我等の主に讃美なるかな、我々がその土地に永遠に居ることができるようにする働きかけがその期間になされました。というのも、その地の最も主要な支配者《(senhor)》（○足利義輝。）が、我々が被ったこと、彼が我々に既に与えていた許可に反して、僧侶達や執政官達が我々に対して行なったことを知り、〔何人も〕我々に対していかなる危害も加えぬよう、より真正な書付が我々に与えられたからです。これに加え、我々の側に立ち、我々を助けるようにと、我等の主が数人の異教徒の貴人を動かし給い、それによってかつて我々を迫害した者達は軟化して、今は我々を厚遇し、援けています。かくして、我々に悪事を為し、この地から追放するために悪魔

足利義輝更に書付を与う

が引き起こしたことは、我々やデウスの教えの利益となり、そしてそれ（○デウスの教え。）において我々は堅固かつ安全なものとなりました。

悪魔によるデウス崇拝の模倣

いとも親愛なる兄弟達よ、その地で実践される悪魔への崇拝に関して、私は様々なものを見ました。それによると、悪魔は、我等の主なるデウスに対して行なわれるべき、そして〔実際に〕行なわれている崇拝を模倣しようとしているように思われます。〔あなた方は〕主においてそれ（○悪魔崇拝に関する様々なこと。）を聞いて喜び、かくも多くの魂の蒙昧さをご覧になって、それら（○魂。）を照らし、多くの無知から救い出すべく、その創造主に、それらのために祈りを捧げてくださると信じています。

祇園祭の様子

聖にして母なる教会《(Santa Madre Igreja)》が祝うキリストの聖体祭《(A festa do Corpus Christi)》（○復活祭から六〇日後。）を、悪魔は当地で（432オ）模倣しようとしたように思われます。というのも、八月頃、当地では祇園《(Guivon)》と呼ばれる一つの祭りが、同様の名前を与えられた彼等が信奉する一人の男のために開催されるからです。〔人びとは〕それ（○祇園祭。）をこのような（○以下の。）方法で祝います。まず、通り（○町。）とその役人に、それぞれ〔の町が〕出すべき出し物が割り当てられます。祭りの日が来ると、早朝にそれぞれの行列で、〔通りへ〕出ます。そこでは、最初に一五乃至それ以上の、絹布や

山鉾

華美な細工品で覆われた豪華な車（○山鉾。）が出てきます。これらの車はとても高い柱を伴

っており、車の中で沢山の子供が歌ったり、太鼓や横笛を響かせながら行きます。それぞれの車は三〇乃至四〇人の人びとに曳かれ、それぞれの車の後ろを、紋をつけた人びとや役人が行きます。彼等は槍や小斧、穂先が見事に装飾された半槍に差し込まれた短刀になっている薙刀《(langinatas)》といった武器を携えています。かくして各車は役人やその兵士達を伴って次々と行きます。この子供達の〔乗った〕車が通過すると、多くの彩色された骨董品や、絹布で覆われたその他の美麗な品々で武装した兵士達の、別の〔車〕がやって来ます。こうして、順々に祭りの対象である偶像の寺院（〇祇園社。）に披露に向かい、これに午前が費やされます。

午後、〔人びとは〕同じ偶像（〇牛頭天王またはその垂迹である素戔嗚尊。）のものである大変大きな神輿を担いで出ます。多くの者達がそれを担ぎますが、彼等の神がそれ（〇神輿。）に乗って行くのだと言って、〔他の人が〕触れることができないようにします。人びとはこの神輿を多大な信心を以て崇めます。これら（〇神輿。）と共に、他の神輿が行きますが、これは偶像の妾のものであって、彼（〇偶像。）はそれ（〇妾。）を愛し、女中として同伴するのだと言われています。このように〔偶像とその妾の神輿が〕進むと、そこから火縄銃一撃ちの距離（〇約二〇〇メートル。）のところに別の〔神輿〕があり、それは偶像の正妻のものであると言われています。これ（〇正妻の神輿。）を担ぐ者達は、偶像の神輿が妾のそれと一緒にやって来るのを見るとすぐ、偶像の神輿を運ぶ者達から、彼（〇偶像。）が妾と共にやって来るという伝言を受け取り、四方八方に走り回ります。それは自分の夫が妾と共にやって来るのを見たことによる怒りで、彼女の気が狂った様子を表しています。ここで、人びとは彼女がいとも大きな苦しみにあるのを見て哀れみ始め、ある者達は涙を流し、別の者達は跪いて彼女を崇めました。かくして一方の神輿がもう一方の神輿に近づくと、すべて一緒に偶像の寺院に向かい、そこで行列は終わります。

盂蘭盆会

当地には盆(bõ)と呼ばれる別の祭（〇盂蘭盆会。）があり、キリスト教徒が死者の日(dias dos defuntos)に彼等の先祖の魂のために行なう儀礼や祈祷を、悪魔が模倣しようとしたように思われます。というのも、彼等の陰暦で〔我々の〕八月にあたる月の十五日（〇キリスト教で八月十五日は聖母被昇天の祝日。）にあるからです。それが十四日の午後に始まると、各人は通りの至る所に、出来る限り多くの、美しい絵が描かれ、火が灯された灯籠を置きます。そして、ある者は死者への信心から、ある者はそこ（〇通り。）にあるものを見るために、一晩中通りを訪ね歩きます。この

霊魂を迎え供物を捧ぐ

霊魂の日、その午後には、多くの人びとが先祖の霊魂を迎えるために市から出ます。彼等が霊魂に出会う所と考えているある場所へ到着すると、〔霊魂達は、〕彼等（〇霊魂達。）を迎えに来て、彼等に話しかける者達と一緒に行きます。ある者達は彼等に米を、また他の者達は素麺(aletria)

沢山の供物を捧げ、彼等（○霊魂。）に、「わざわざ（○ポルトガル国立図書館所蔵の古写本では「ちょうど良い時に」とある。）お越しくださいまして」、「来訪は嬉しいことです」、「ご無沙汰しております」、「貴方様方はお疲れになっているでしょう」、「おかけになって、少し召し上がりください」とか、その他類似の言葉をかけ、持参した物を地面に置きます。あたかもそれら（○霊魂。）が休息と食事を摂るのを待つ者のように、彼等はそこに一時間おります。〔これが〕終わると、家に来るようそれ（○霊魂。）に請い、〔霊魂を〕迎えるのに必要なものを準備するため、先に行きます。家に到着すると、この祭りが続く丸二日間に食べるための米と必要な物を備えた祭壇のように、食卓を準備します。

霊魂を送る

その日（○祭りの二日目。）が終わると、それはかなり遅くに終わるのですが、多くの人びとは、帰る霊魂が道中迷わないように照らしに行くのだと言って、松明や灯籠を持って野山に行きます。そこでそれら（○霊魂。）に暇乞いをすると、家に戻り、皆で多くの石を屋根の上へと放り投げます。彼等が言うには、万が一にも去ることを欲しない幾つかの霊魂が屋根の上にいるかもしれず、それらが立ち去るように〔石を〕放り投げるのである、というのも、たとえ彼等のうち何人かが、霊魂は大変小さく、もし道中雨に降られるようなことがあれば、幾つ

(432ウ)

を、別の者達は果物を、他に何も〔捧げることが〕できない者達は白湯を捧げます。

か〔の霊魂〕は死んでしまうと言って、それら（○留まっている霊魂。）を憐れんでも、もし〔そうした霊魂が〕居続ければ、彼等に災いを為すであろうから、とのことです。

日本人は霊的行事の催行に固執

すべての彼等の宗派が霊魂の不滅を否定することに立脚しているにもかかわらず、これらの祭りや他の類似の霊的な事柄（○行事や儀礼。）を催さねばならないという習慣に、彼等は大変固執していますので、彼等に他の事を納得させるのは不可能です。もし彼等に、何故この食物（○供物。）を霊魂に与えるのかと尋ねれば、彼等は、それら（○霊魂。）は彼等の天国（○仏教の極楽。）に行くのであり、そこまでは一万レグアあって、行程には三年かかり、道中で疲れると、再び道中へ戻れるように、かの助け（○供物。）を取りに来るのだと言います。この数日間、〔彼等は〕すべての墓をきれいに清めますが、大いに霊魂に配慮して、その際には仏僧達が活躍します。なぜなら、人びとはどれほど貧しくても、各々が先祖の霊魂に捧げものをし、これをしない者は同胞とは見做されないからです。兄弟達よ、ここに彼等が陥っている無知をご理解なさることでしょう。我等の主が彼等を光照らさんことを、あなた方の祈祷において我等の主にお求めください。

戦いの祭

別の祭りが三月に行なわれます。これは戦いの〔祭り〕です。というのも、夕食を終えると、望む者は皆、武器と描かれた偶像を背負って野原に出て、二隊に分かれ、まず若者が投石を始め、続いて弓や火縄銃、その後槍、最後に刀〔での戦い〕に至ります。この祭りでは多くの人が負傷し、つねに数人が亡くなります。しかし、この日は特権が認められていますので、それによって罰せられることはありません。その日はこれに費やされます。これらの人びと（〇日本人。）は生来好戦的で、そのため彼等の娯楽は戦《いくさ》に関係しており、名誉も〔戦に関係し〕、それら（〇戦。）に没頭しています。というのも、戦で最も多くの首を斬る兵士が、斬られた者の身分に応じて、最大の名誉を得るからです。

日本人は生来好戦的

（433オ）

宗教に関することにおいては、悪魔はカトリック教徒達のあいだにあるものを、大いに模倣しようとしたように思われます。なぜなら、〔彼等にも〕修道士や修道女の僧院があるからです。しかし、彼等には我等の主イエス・キリストの信仰という最も重要なものが欠如しておりますので、徳や純潔の一切を欠いております。というのも、ギポス《guipos》（〇時宗。）と呼ばれる、当地に存在する特定の教団では、その修道僧達と修道女達は、如何なる分け隔てもなく〔男女〕混ざり合って一緒にいるからです。彼等は、夜には全員一緒に彼等の時祷書を唱和し、仏僧は修院の一方の側に、尼僧はもう一方〔の側〕に戻ります。〔彼等が儀式を〕行なう、ある金曜日には、皆が読誦した後、仏僧達がひとつの合唱隊をなし、尼僧達が別の〔合唱隊〕をなして、ある歌を歌いながら、歌の途中で皆が入り混じって踊りながら出ていきます（〇踊り念

時宗

踊り念仏

仏。）。これらの僧院では、不道徳な行ないや堕胎、殺人といった、極めて重い罪が犯されており、悪魔はこの目的のためにそれらを整えたように思われます。いとも親愛なる方々よ、このような蒙昧さを彼等に悟らせ給うよう、我等の主にお祈りください（〇この段落から続く二段落は、科学学士院図書館所蔵の古写本では要約され、一三九頁の「いとも親愛なる兄弟達よ」の前に挿入されている。）。

五〇年前の大旱魃

釈迦の歯

当市において、これらの仏僧について、あなた方が聞けばお悦びになると思われる滑稽なことを、人びとは私に語りました。それは五〇年前、当地で何日も雨が降らない大旱魃があった際のことです。ある僧院の仏僧達はこれ（〇大旱魃。）を見て、彼等が聖遺物としていたある偶像の歯を携え、列をなして〔市中へ〕出ることを決めました。人びとはそれ（〇歯。）を確かに聖なる人のものであると言って崇拝し、当地で人びとは〔それを〕釈迦《Xaqua》という名で、日本の教えの一つを創ったとして、崇めています。こうして一同、その手に彼等の書物を持ち、食糧の入った頭陀袋を持ち、炎天下であったので頭には笠を被って出かけ、全員が順番に並んで、水のため野外で祈祷を捧げに行きました（〇底本ではこの部分の左側に「ここまで」と記されているが、意味をなさず、後世の読者による書き入れと判断される。）。そして彼等は別の仏僧達の僧院を過ぎる時、彼等（〇別の僧院の仏僧達。）に、雨乞いをしに行くため、自分達と共に行列をなして出て来るよう、言いに遣わしました。彼等は、その時は〔まだ〕雨が降る時期ではないので、行く必要はない、と彼等に答えました。

雨乞いをめぐる仏僧同士の賭け

彼等は再び〔人を〕遣わして、自分達は釈迦の歯を持って来ており、それ（○釈迦の歯。）において降雨があるに違いないと信じている、もしそれ（○雨。）がなければ、彼等は毎日彼等（○別の僧院の僧侶達。）の許へ修院を掃除しに来る義務を負うが、もしそれ（○雨。）があれば、彼等が毎日彼等（○通りかかった仏僧達。）の〔修院〕を掃除しに来ることにしよう、と伝えました。僧院の者達がその方針を受け容れると、行列の者達は聖遺物を持って野外に立ち去りました。我等の主がそうすることをお認めになったものか、あるいは雨の降る季節だったからなのか、その日、大量の雨が降りました。かくして、僧院の仏僧達は行列を行なった仏僧達の僧院を掃除しに行く義務を負うことになりました。そして今日もなお、この義務は続いております。

（433ウ）

ミヤコには大寺院多し

悪魔はまた、偽りの奇跡を以てこれらの人びと（○日本人。）を大いに欺いています。このミヤコには多くの大寺院があります。〔悪魔は〕傲慢なので、それらの場所（○大寺院。）においてさえ、〔悪魔が〕そうあることを望んでいるようです。というのも、それらは通常大変高い丘に建てられ、そこで〔悪魔は〕独自の姿で崇められ、独自の名前で呼ばれ、しばしばそこに姿を現すからです。彼はとりわけこの市近くにある大変高い山で崇敬されています。今では五棟（○エヴォラ版には「五〇〇棟」とある。）もありませんが、かつてそこには七〇〇〇棟の僧院があったと言われます。これらの中には大変豪奢な一棟〔があって〕、同所で〔悪魔は〕彼への喜捨を携えて集まる多くの人びとから極めて崇敬されています。というのも、戦を行なおうとする領主達は彼に祈って、金銭〔の奉納〕や御堂〔の建立〕などを大いに約束するからです。戦に勝てば神に対し（○ここではデウスDeusの語が用いられているが、日本の神々であることは明白である。）約束を果たすことを誇りとしておりますし、それ以外の一般の人びともすべて、危険や労苦、願い事において彼（○悪魔。）に身を委ね、助けを求めるからです。

これらすべての者達に、悪魔は夢の中に何度も現れ、彼（○悪魔。）を信仰すれば、彼等は解放されるであろう、もしそれ（○信心。）において無関心を示せば、彼等の願望に良からぬことが起こるであろうと、彼等に言い聞かせます。こうして、この種のことが少しでも起これば、〔彼等は〕悪魔によってそれが齎されたものと考えます。かくして〔悪魔は〕皆から大いに恐れられ、奉仕され、崇拝されます。というのも、〔悪魔は〕奉仕する者にはそれに報い、侮辱する者には罰を与えると、彼等は考えるからです。

空海

また〔日本人は〕、当地で弘法大師《(Combodaxi)》と呼ばれる一人の仏僧（〇空海。）によっても、大いに欺かれております。〔人びとが〕彼について話すことによれば、〔弘法大師は、彼が〕考案し教えた多くの重大な罪のために、悪魔が肉に宿ったか、そのまま姿を現したかのように思われます。

空海が平仮名を考案したとの説

彼は新しい文字（〇平仮名。）を考案し、それにより当地ではそれをシナ《(China)》から受け継いでいる別のもの（〇漢字。）と一緒に使います。

空海入定の所伝

〔弘法大師は〕多くの豪奢な寺院を建立させ、大変高齢になると、地下に穴か家を造らせました。そして、そこに入ると彼は、もはや今生にあることは望まない〔が〕、死ぬのではなく休息を欲するのである、これから一万年後、日本において一人の偉大な学者が立ち上がるであろう、その時彼（〇弘法大師。）は再びこの世に出現するであろう、と言いました。そして穴に蓋をさせて、そこに留まりました。〔彼が〕そうしてから、八〇〇年が経ったということです。そしてこの者は非常に熱心な信奉者を有し、彼等からまだ生きており、大勢の人びとの前に姿を現すと考えられています。

弘法大師信仰

〔人びとは、〕彼はその生涯で天の星々を落とすほどの偉大なことをなし、未来のことや類似のことを〔予〕言したと言います。〔人びとは〕彼〔のため〕に多くの寺院を設けており、毎日彼に祈りを捧げにそこへ行きますし、〔彼が〕穴に入った日（〇陰暦三月二十一日。）には、多くの巡礼者で〔賑わう〕一つの祭りを彼のために行ない、そこへ来る者は数え切れないほどです。

一向宗

人びとの大多数は一向宗に属す

他に三、四人の仏僧が様々な時代におり、〔彼等は〕偉大な学者であったと言われ、大いに崇敬されています。彼等のうちの一人（○親鸞。）は、没後三七〇年（○実際には約三〇〇年。）で、当地で一向宗(Icoxos)と呼ばれる宗派を創ったと言われます。これ（○一向宗。）は大変信奉（434オ）されており、人びとの大多数はそれ（○一向宗。）に属しております。〔門徒は〕つねに一人の仏僧を頭に頂いておりますが（○門主。）、〔その者は〕亡くなった者（○前門主。）の後を継ぎ、宗派の教導者の地位にあります。

門主は日本の富の大部分を有す

この者は公然と多くの妻を娶っており、また他にも嫌悪すべき罪を犯しておりますが、〔人びとは〕それを罪と思っておりません。〔人びとが〕彼に抱いている崇敬はあまりに大きく、彼を目にするだけで、〔人びとは〕多くの涙を流して、自分達の罪を赦すよう彼に請います。皆が彼に与える金銭は多額ですので、日本の富の大部分はこの仏僧の許にあります。毎年、彼（○門主。）のためにとても盛大な儀式が行なわれますが、それ（○儀式。）に参集する人びとがあまりに多く、堂の扉近くで入るのを待ち、〔扉が〕開かれるとそれぞれ猛然と入って行きますので、いつも多くの人びとが死にます。

こうした行為で亡くなる人は、至福者と見做されます。そのため、人びとの勢いによって〔そこで死のうとして（○科学学士院図書館及びポルトガル国立図書館所蔵の古写本により補う。）〕、わざと、扉〔の所〕で我が身を転倒させる者もおります。夜には〔門主が〕彼等（○門徒。）に説教を行ない、〔キリスト教における〕主の受難の木曜日のように、民衆は多くの涙を流します。そして朝になる前に〔音を〕鳴らして〔人びとに〕堂に入る合図をし、そして〔人びとは〕入ります。

法華宗

その頃、当地で日蓮《(Niquire)》と呼ばれる別の仏僧がおりましたが、没後三〇〇年になります。この者は、当地で法華宗《(Foquexãos)》と呼ばれる別の宗派を彼等（○日本人。）に説きました。大勢がそれに属しています。この仏僧は聖人であると見做されており、〔彼が〕自分の宗派を説いた時、首を斬られそうになり、斬ろうとした者達の目を眩まし、自ら光を放ったことや（○龍ノ口の法難。）、またその他類似の奇跡〔があったと、人びとは〕言っております。したがって、多くの者達が、

信用の為奇跡を求めらる

我々の説く主なるデウスの教えを信用するため、我々に奇跡を求めます。我等の主がそのこと（○日本人から信奉されること。）を思し召すのであれば、確かに〔そうした奇跡は〕この地に必要なことです。いとも親愛なる方々よ、もし〔主が〕そのことを思し召すのであれば、それら（○奇跡。）とその（○主の。）お扶けにより、多くの魂がひどい無知と蒙昧から抜け出せる

ように、これら及び同様の地域にいる幾許かのその下僕達（○宣教に従事する者達。）に、それら（○奇跡。）をお授けくださるよう、あなた方の聖なる犠牲と祈祷において、彼（○主。）にお祈りください。

トルレスの命により堺に赴く

いとも親愛なる兄弟達よ、これらはこの地で私が目にした多くの事柄のうちのいくつかです。そしてこれは、書翰を投じるまでに、ミヤコの市において説教と我等の聖なる信仰への改宗に関して生じたことです。パードレ・コスモ・デ・トルレス(Cosmo de Torres)は、我等の主がそこで開〔き始めて〕いたその信仰への扉に駆け付けるべく、私が現在いる堺の市へ行くよう、お命じになりました。あなた方に上述したように、その市は非常に大きく、すぐれた理解力を持つ人びとで満ちています。私が当地に到着して以降、異教徒達はデウスの教えを聴き始め、すでに自らの意志によって、それ（○デウスの教え。）を受け入れ始めております。そして私は、我等の主において、そこでは大いに成果が挙げられるであろうと期待し、そして〔実際に〕挙がりつつあります。

堺は平穏で難攻不落

もし〔成果が〕挙がれば、この市は人の多さ、裕福さ、そしてそれが位置する場所ゆえに、つねに平穏で難攻不落でありますので、日本中の大部分がそうなる（○キリスト教を受け入れる。）でしょう。また、ここに腰を据えれば、我々は、戦の時にはそこ（○堺。）に避難し、〔戦が〕終わった時にはそこから出ることが可能でしょう。

大明神
住吉祭

そこ（〇堺。）に着いた後、私はこの市で多くのことを目にしましたが、あまり冗長にならないように、ただ一つだけをお話しします。陰暦七月二十九日、この市の住民達は、当地で大明神《(Daymiojim)》と呼ばれる一人の男のために、ある祭りを催します。〔この者は〕とある昔の皇帝《(emperador)》の家臣で、六〇〇年前に没して聖人となったと言われています。彼を崇拝すること甚だしく、そのために大きな社殿を設けております（〇以下の描写は住吉祭に関するものと考えられるが、情報は正確ではない。）。

祭の行列

彼等の行なう祭りとは、〔次のようなものです。〕この日、夕食の後、〔人びとは〕〔銃（〇科学学士院図書館及びポルトガル国立図書館所蔵の古写本により補う。）〕一撃ち〔の距離〕より（434ウ）も長い一本の道を行きます。〔その道の〕一方の端からもう一方の端まで多くの横木が渡されており（〇柵が施されている状態。）、〔それは〕人びとが神輿の辺りを通れないように、また見ることができるようにするためです。それが完了すると、一レグア〔の所〕から大勢の人びとがやって来て、皆の前に、馬に乗り、太刀を手にした偶像が来ます。その後から、矢立と共に弓を携えた扈従が、この者の後には、やはり馬に乗り一羽の鷹を携えた別の者が来ます。この者達の後に、偶像に付き添う馬に乗った大勢の人びとが来て、さらには多くの人びとがそれに付き添って徒歩で行きます。

この者達は多くの紋章（〇旗印のことか。）を携え、皆が自身の武器や武具を身につけており、この徒歩の者達は皆、徒歩で歌い踊りながら、「千歳楽《xenzairacu》、万歳楽《mansairacu》」と唱えながら行きます。〔「千歳楽、万歳楽」は、〕我々の言葉では、一〇〇〇年の楽しみ、一万年の喜びを意味し、驚くほどの喜悦を以て〔唱えます〕。馬は広がって進みますので、間には二〇乃至三〇人分ほどの間隙ができますが、その祭りに加わることを大いに熱望して集まる多くの人びとのために、一〇〇人以上の者がそこ（〇間隙。）に入って進みます。

馬が通過すると、仏僧達が揃って白衣を着て、歌いながら来ます。この者達が通過すると、貴人達が総勢で馬に乗り、頭に尖り帽子（〇烏帽子。）を被って、道に入って来ます。そして五、六人の女妖術師（〇巫女。）が馬に乗って、装飾の施された白衣を身につけ、歌いながら来て、多くの女性達も彼女達に同行します。これらの後、武装した多くの兵士達が、この祭りを催す対象（〇祭神。）である偶像の乗った、最後尾を来る輿を後ほど迎えるために来ます。これらの輿は皆、金で塗られており、およそ一〇人がそれらを担ぎ、その後におよそ五〇人の者が来ます（〇ローマ・イエズス会文書館所蔵の古写本には「五〇〇人」とある。）。こうして互いに皆、多くの歌を唄いながら来ます。そして最後に全員で「一〇〇〇年の楽しみ、一〇〇万年の喜び」と繰り返します。人びとは、多くの賽銭やその他の物をそれ（〇神輿。）に投げて、これらすべての輿を崇めます。こうして〔輿が〕偶像の寺院に戻ると、この祭りは終わります。

いとも親愛なる方々よ、私は当市（〇堺。）において、これらの魂が陥っている多くの蒙昧に由来する、これ（〇堺の大祭。）やこれに類似するその他のことを目の当たりにしました。その（〇主の。）御旨により、間もなく、それら（〇魂。）がそこ（〇蒙昧。）から救い出されることで、我等の主はお喜びになることでしょう。

降誕祭までに一旦ミヤコへ戻ることを企図す

前述のように、私は現在この市におり、〔あと〕四箇月いるつもりです。そして主を喜ばせるため、降誕祭までには、我々はその聖なる誕生の祭をミヤコのキリスト教徒達と共に祝いに行くことにしましょう。そして彼等を訪問した後、こちらの不足を補い得る同僚達がそちらから我々の許にやって来ないうちは、来る三月までにはこの堺に戻るつもりです。いとも親愛なる方々よ、我等の主の愛により、いとも善き事業に従事しに来る準備をしてください。というのも、この地にデウスの教えを植え付け、弘めるのに適した時があるなら、それは今だと思われるからです。

日本語は理解しづらからず

その言語（〇日本語。）は、さほど理解しづらくはありません。なぜなら、少なくとも理解することにおいては、私は無精であるのに、その大半が分かるからです。そしてたとえ無精であったとしても、我々はすでに〔それ（○日本語。）で記された（○科学学士院図書館及びポルトガル国立図書館所蔵の古写本により補う。）〕デウスに関する事柄についての書物をたくさん持っており、それらを読むことで、聴聞を欲する人びとを満足させ〔られ〕ます。

更なる宣教師の日本到来を請う

必要なのは、我等の主がこの地で起きるのを認め給うことに耐えるだけの謙遜と忍耐です。善き意志を以てこの地で彼（○主。）に奉仕するために身を投じた者達に、彼（○主。）はその恩寵によりこれら（○謙遜と忍耐。）を授けてくださるでしょう。いとも親愛なる方々よ、ですから〔日本へ〕来てください。なぜなら、（435オ）あなた方の到来によって、この地で多くの成果が挙がると、私は主において期待しているからです。

いとも親愛なる方々よ、これ（○本書翰に記したこと。）が、そこ（○日本。）に関する、記すに値することです。〔如上の事柄以外に〕書き残したのは、あなた方の聖なる犠牲と祈祷において、創造主からかくも離れて当地にいる数多の霊魂や、あなた方のいとも親愛なる兄弟である私、そしてあなた方の聖なる会話からはいとも遠く離れたところにあるこれらの同僚達のことを、どうか主にお祈りいただきたいということです。

我等の主があなた方や皆の魂のうちにあり、その聖なる御旨を悟らせ、遂げさせ給わんことを。アーメン。

当〔地〕堺より。一五六一年八月十七日。

会（○イエズス会。）の無益な僕にして、あなた方の不肖の兄弟、　ガスパール・ヴィレラ

一四六　一五六一年九月三十日（○永禄四年八月二十一日。）付、エヴォラ発、フランシスコ・エンリケス及びアンドレス・デ・カルヴァーリョの『インディアとオリエントのその他の地域に関する情報』抜粋（○ホアン・ルイス・デ・メディナ編『日本史料集　一五五八—一五六二』所収、第四三号文書。）

フランシスコ・エンリケス及びアンドレス・デ・カルヴァーリョがまとめた情報

（○上略。）

日本諸島(Islas de Japão)

シナ(China)のさらに向こう側、北側に向かって、総称して日本と呼ばれる多くの島々がある。それらは非常に大きい。《パードレ達が活動するこの日本の島は、〔全長〕三〇〇レグアかそれ以上である（○本報告書の写本は二本あり、本文書の底本とした『日本史料集　一五五八—一五六二』において、メディナ師は両者を校合して、第二写本にのみある記述は［　］で括って挿入した。以下本書では、編纂者が補う〔　〕と明確に区別する目的で、第二写本からの校訂

日本人は好戦的

は《　》で括り挿入する。）。そして、大変機知に富み、好戦的な人びとが大勢住んでいる。《彼等は、あまりに好戦的であるので、習慣として、誰かを傷つけたり、殺したりしないのに、剣に手をかけることはない。そして、この二つ（○人を傷つけることと殺すこと。）のうち、どちらかをしないのに、それをする（○剣に手をかける。）者を、〔人びとは〕名誉を損なった（○底本には「直面した afrontado」とあるが、文意から「名誉を損なった afrentado」と考えられる。）と見做し、彼のことを軽視する。〔もし〕スペイン人達《(españoles)》が争って、〔その後〕すぐに再び友人になるのを見れば、〔日本人はそれを〕愚弄する〔であろう〕。彼等は火薬の類以外の、あらゆる種類の武器を所持している。》

航路の危険によりポルトガル人達は滅多に日本へ赴かず

《文字に関する一般的な教育があり》、国家《(republica)》の運営や彼等の異教の祭祀と儀礼には秩序がある。異なる僧服をまとった修道士や修道女の、多数かつ様々な修道院がある。これらの島々は随分前に発見され、そこには銀、絹、その他の利益になるものがあったが、嵐やシナの海賊達《(cosarios)》のために、航路が大変危険であったがゆえに、ポルトガル人達《(portugueses)》は滅多にそこへ行かなかった。

一隻のポルトガル人達の船が、そこ（○日本。）に滞留した《一五四七》年（○実際には一五四六年。）、豊後国主《(Duque de Bungo)》（○実際には薩摩の島津貴久。）の家臣で、その家中では重立った者の一人で、国主が評価し重宝していた人物で、アンジェロ《(Angero)》（○アンジローまたはヤジロー。）という名の者が、同じ家中の他の者を殺害した。彼が救済され得ることや、この罪悪について赦しを得ることを信じず、悲嘆に暮れていたので、その地に滞在していたポルトガル人達のうちの一人で、彼がそのことを相談した人物（○ジョルジュ・アルヴァレスのことか。）は、もしインディア《India》まで、マエストロ・フランシスコ《Maestro Francisco》と呼ばれる司祭（○フランシスコ・ザビエル。）を迎えに行き、彼が言うことを実行したら、〔アンジェロは〕その罪悪から赦されるであろう、と彼に話した。

アンジロー ザビエルとマラカに於て出会う

彼が可能な限り迅速に出発し、マラカ《Malaca》に到着すると、同じ頃、その地にマエストロ・フランシスコがマルク《Maluco》〔諸島〕から到着していた。彼（○アンジェロ。）は、彼（○ザビエル。）と話して励まされ、慰めを得た。そして二人は、別々の船であったが、ゴア《Goa》へと向かった。というのも、パードレ《padre》・マエストロ・フランシスコは、コモリン岬《el Cabo de Comorim》のパードレ達やキリスト教徒を訪れるために、その地に立ち寄りたかったが、彼（○アンジェロ。）を一緒に連れて行くより、〔ゴアの〕聖パウロ学院へ直接送った方が良いように、彼（○ザビエル。）には思われたからである。

彼等は殆ど同時期に、ゴアに到着した。アンジェロは連れていた自分の従者達（○二人の日本人で、ジョアンとアントニオ。）と共に、そのコレジオ（○聖パウロ学院。）に収容され、皆

アンジロー等ゴアに至り受洗す

キリスト教徒になることを決心した。そして彼等は僅かの期間のうちに、聖なる洗礼の水を受けるのに必要な事柄を知った。アンジェロのことを、人びとはパウロ《(Paulo)》と呼んだ（〇正式な洗礼名は、パウロ・デ・サンタ・フェ。）。

アンジロー霊操を授かる

〔パウロは〕非常に優秀で、我等の聖なる信仰に関する多くの知識を習得したので、その改宗から間もなく《それはすなわち、改宗から八箇月後の事であった》、パードレ・マエストロ・フランシスコは、彼に霊操《(los Exercicios)》を授けるよう命じた。それ（〇霊操。）は大いに彼等の助けとなり、それを終えるとすぐに、彼（〇パウロ。）は自分の〔従者達〕にそれを授けるよう、パードレ（〇ザビエル。）に願った。彼の上に示された〔デウスの〕顕示により、彼は六箇月の間に聖マテオの福音書（〇マタイによる福音書。）をすべて諳んじることができるようになり、より少ない期間で、ポルトガル語の読み書きが大変よくできるようになった。

ザビエル島津貴久に歓迎せらる

このパウロが彼の故郷（〇日本。）について与えた情報と、我等の主が彼（〇ザビエル。）にお示しになっていた、〔キリスト教〕信仰をそこに伝えるようにというお望みにより、パードレ・マエストロ・フランシスコは、そこへ行く決意をした。彼（〇パウロ。）を随行させたので、彼等は豊後国主（〇実際には薩摩の島津貴久。）から歓迎された。彼（〇貴久。）から、その領内で教えを説き、それを望む者達を改宗する許可が得られたので、パウロは自らの家族と親戚達から始めて、〔家族と親戚達〕全員とその他多くの者達を改宗した。〔その様子が〕非常に忠実であったので、パードレ・マエストロ・フランシスコは、彼に関し記す際、「その極めて忠実な伴侶にして兄弟のパウロ」と呼ぶほどであった。

日本宣教に従事するイエズス会員の構成

これが、日本における改宗の始まりであった。現在そこには、七乃至八人の〔イエズス〕会員がいる。うち三人は聖職者で、それ以外は平修道士である。彼等は、それぞれの地域で、信仰を受け容れた人びとを維持し、他の者達を改宗するために、様々な地域に分かれている。

大友義鎮の改宗にはポルトガル国王の働きかけが有益

彼等（○日本人。）とは友好的で安全な関係を築いている。すでに示された経験によると、彼の豊後国主（○大友義鎮。）、その者は大変な慈愛と喜捨を彼等（○日本のイエズス会員達。）に与えており、彼はキリスト教徒になる期待が大いにある。ポルトガル国王が彼に対し書翰を送ってその所為について彼に感謝し、我等の信仰を受け容れるように彼に働きかけることは、大変有益であると思われる。さらには、すでに何度か慣例として行われたように（○他の異教徒の王を改宗した際のことを指す。）何某かの贈り物を彼（○豊後国主。）に送るよう依頼することも可能かもしれない。

《この豊後国主以外に、他の多くの国主やその土地の国王も、パードレ達に対し、その信仰を説くための許可を与えた。そしてこれらすべての土地において、顕著な成果が挙げられた。

日本にいるキリスト教徒は、七、八〇〇〇人を超えていると思う。彼等の主君達がキリスト教徒達の習慣の一部を妨害するため、新たに改宗したこれらの者達のうち何人かは苦しんでいる。〔しかし〕一方では皆、信仰において堅固である。》

日本のイエズス会員には配慮と援助が必要

そこにいる〔イエズス〕会員達は、絶えず多大な労苦と危険に晒されている。我等の主に対して彼等のことを祈り、彼等個人宛に書翰を送り、祝別されたロザリオの珠ほどではなくとも、何かしらの物を彼等にいつも送るなどして、当地から彼等に対し特別な配慮がなされることや、デウスへの奉仕のために非常に困難かつ重要なあの事業を前に進めるのに、彼らを助ける数人の同志達を配して、彼等を援助することが必要と思われる。

ゴアから日本へは一年を要す

〔すでに〕述べた通り、天候の多様性（〇メディナ師の解説によると、各地で航海に必要な季節風が異なることを表す。）ゆえに、この地からの航海は困難で、非常に長大である。ゴアから出発して、あちら（〇日本。）へ到着するには、〔イエズス〕会の修院があるマラカに寄港したり、海上の苦難から逃れて休むことのできるシナ《China》やその他の地を経由して、およそ一年を要する。

その地に滞在する我々の〔会の〕者達は、〔ポルトガル〕国王の資産からの出費で、マラカから供給を受けている。《そこで活動する〔イエズス〕会の者達は、すでに信仰を弘め始めた

土地に、三つないし四つの、教会を伴った異なる修院を有している。》

（〇下略。）

（〇作者のフランシスコ・エンリケスはポルトガル及びその海外領におけるイエズス会の総プロクラドールの職にあった。アンドレス・デ・カルヴァーリョについては、詳細は不明。）

一四七　一五六一年十月一日（〇永禄四年八月二十二日。）付、日本発、ルイス・デ・アルメイダの、ゴアにあるアントニオ・デ・クアドロス宛書翰

一五六一年十月一日付の、日本のイルマン・ルイス・ダルメイダ《Luis D'Almeida》（〇ルイス・デ・アルメイダ。）からインド管区長《Provincial da India》パードレ・アントニオ・デ・クアドロス《Antonio de Quadros》に宛てた一通の写し（〇リスボン市所在アジュダ図書館所蔵、四九ノ四ノ五〇号、四四六丁表～四五三丁表。）。

我等の贖い主イエス・キリスト《Jesu Christo》の恩寵と永遠の愛が、つねに我等の魂のうちにありますように。アーメン。

キリストにおいていとも親愛なる兄弟達よ、主の葡萄園にある当地へ我等を扶けに来るという情熱的な希望と慈愛に満ちた、そちらから途絶えることなく我々に届く書翰の中で、キリストにおいて我々に示してくださる大いなる愛情に対し、我々は大変感謝しております。彼（〇

主。）が、その御旨により、あなた方にその恵みと恩寵を与えることで、我々の代わりにこの恩義に報いてくださいますように。なぜなら、〔報いるためには、〕我々はあまりに僅かしか、なし得ないからです。

しかし我々の方で、キリストにおいてあなた方が我々に抱いてくださる愛情に、そしてあなた方の〔書翰〕に示される、我々についての、また主への奉仕において当地で生じた事柄についての情報を知りたいという望みに背くことのないよう、私はイエスのご扶助を以て、そして聖なる従順の命令により、とりわけ本年生じたことをあなた方へ書き認めようと決意しました。そして、この一通によって、私が各々へ個別に書き認めなければならない責務を免除されたものと見做してくださるよう、皆にお願いします。それ（〇各々へ個別に書き認めること。）は、私の病気のためにできないだけでなく、必要でないと思うからです。というのも、キリストにおいて一つのことが我々全員に齎した慈愛は、各々にそれ（〇書翰。）を自分自身へのものとして受け取らしめるだろうからです。

本書翰により各人宛の執筆の免除を請う

去る一五六〔〇年（〇ローマ・イエズス会文書館、科学学士院図書館及びポルトガル国立図書館所蔵の古写本により補う。）〕の季節風で、パードレ・バルタザール・ガーゴ(Baltazar Gago)は当日本(Japão)から出発しました。難儀な天候によりインディア(India)へは行かず、シナ(China)で越冬することになりました。

ヴィレラより知らせ至る

ミヤコに於る改宗者ヴィレラの期待ほどは無し

それゆえ、〔そちらでは〕その年（〇一五六〇年。）、我々の書翰を得なかったことでしょう。パードレ（〇ガーゴ。）が出発した後、パードレ・ガスパール・ヴィレラ《(Gaspar Vilela)》からミヤコ《(Meaquo)》に関する知らせが到着しました。それは、仏僧達が彼（〇ヴィレラ。）に抱いていた憎悪がどうにか収まり、そのため〔人びとは〕再びあらためてデウスに関する事柄を聴き始め、数人がキリスト教徒になったというものでした。彼は現在までこの方法で、つねにキリスト教徒を増やしながら持ち堪えましたが、〔その数は〕彼が期待していたほどではありませんでした。それに交じって、とても名誉があり自然の摂理について理解している者達が数人改宗しました。

ミヤコのキリスト教徒達からの書翰至る

そこ（〇ミヤコ。）からキリスト教徒達の書翰数通が、豊後《(Bungo)》のキリスト教徒達へ届きました。その中に五、六葉の紙からなる一通が来ました。その書翰によって、当地（〇豊後。）のキリスト教徒達は皆、大いに慰められました。そして何度も書き写され、キリスト教徒のいるすべての所へ広まって、かくして異教徒達にも読まれました。書翰で扱われていたのは、一一以上もある日本のあらゆる宗派は、道理によってそれらでは誰も救済され得ないと証明されたことを表明する、というものでした。そして、その（〇書翰の。）中では、いかにデウスの教えが真実のものであるか賞賛し、すべての人びとがキリスト教徒にならないうちは、日本は決して平和にならないであろうと述べられていました。このことは、多数かつ明白な道理に拠っていました。

ヴィレラ堺に赴くとの報至る

六月（〇一五六一年六月。永禄四年四月十九日～五月十八日。）の初め、同じミヤコからの書翰が、我々に届きました。それは、パードレ（〇ヴィレラ。）が、その町では大いに収穫が期待されることを理由に、堺(Saquai)に行く途上にあるというものでした。というのも〔そこは〕自由〔都市〕で、日本にある〔都市の〕中では最大級のものの一つで、ミヤコから二日の道程にあるからでした。

日比屋了珪堺での伝道開始を願う

そして主たる理由は、堺の重立った人びとのうちの一人（〇日比屋了珪。『フロイス　日本史』第一巻、第一一章参照。）が、彼（〇ヴィレラ。）に一通の書翰を書き送り、デウスの教えを説教するため、自身の家を彼に提供したからでした。その者は、それ（〇堺での伝道開始。）に対する願いから、贈り物と共に、当豊後までパードレ・コスモ・デ・トルレス(Cosmo de Torres)（〇コスメ・デ・トルレス。）を訪問させるために、人を遣わしました。願わくは主なるデウスがこれらの異教徒のことを思い起こし、その聖なる信仰へと早く彼等を改宗させ給い、我々には真に彼に奉仕するための恩寵を与え給わんことを。

豊後にて改宗者増加す

現在の日本の主たるそれ（〇教会。）である豊後の教会に関しては、主の御慈悲により、すでに〔改宗〕したキリスト教徒達だけでなく、新たに〔改宗〕する人びとも、大いに増大しつ（446ウ）つあります。そして本当にこれらのキリスト教徒達の熱意は、書き尽くせないであろうほどに強いものでした。しかし、私が彼等に関してあなた方にお話しするいくつかの事柄によって、実際の一部を信じていただけるでしょう。

豊後の教会には鞭打ち行者多し

まず、その教会では、鞭打ち行を行なう者なしに夜が明けることがないように思われます。毎週金曜日、教会にいるすべての者達にとって、それ（○鞭打ち行。）は当然のことになっています。それ（○教会へ来ること。）が許されていないために来〔ることができ〕ない者達を除いて、家にある者達は各自の家で、仲間と共に鞭打ち行を行ないます。

豊後の教会のミサはいつも満員

毎日、雨であろうと雪であろうと、ミサと教理を聴聞するため、教会は午前の間、殆ど満員になります。〔教会の〕扉が開かれる時、〔教会の中へ〕入るために待っているキリスト教徒達がいないことは殆どないように思われます。主要な祝日には、人びとを収容できるように、差し掛けを教会の外に設ける必要があります。彼等は、主要な祝日や他のすべての聖母マリア《(Nossa Senhora)》の祝日、その他一五日毎、八日毎に告解するのを、大いに習慣としています。豊後の当教会において四旬節を見るのは、大いに主への讃美となり、それは毎年一層敬虔になって行きます。

豊後のキリスト教徒は救済を望み苦行を行う

当年、主（○聖体。）が収納されていた間（○聖木曜日のミサの終わりから聖金曜日の、聖体が安置所に納められる期間。一五六一年四月三日～四日。）、交代で鞭打ち苦行〔を行なう〕者がつねにおりましたが、それは人が多く、鞭の数が少なかったためです。彼等は、私がこれまで見た中で、最も厳格に鞭打ち行をする人びとです。というのも、全員が苦行を行なうことに熱心で、自らの救済を強く望んでいるからです。現在、消毒及びその〔傷の〕ために製された散薬によって、彼等の傷を治療するのに優れた者が一人おり、それによって彼等はすぐに良くなります。

およそ七〇人が、大いに涙を流しつつ、大変敬虔に、聖体拝領の秘跡《Sancto Sacramento》に与かりました。こちらの修院で読むことを学んでいる少年達は、聖体が収納されていた期間、全員が行列をなしてやって来て、それぞれ殉教〔の絵画〕を持って順番に並び、それぞれ自身の〔持つ〕殉教〔の絵画〕について、人びとに向けて話し始めました。〔話しぶりが〕大変敬虔でしたので、涙を抑える（〇底本には「数えるcontar」とあるが、ローマ・イエズス会文書館及び科学学士院図書館所蔵の古写本により修正。）ことのできる人はいませんでした。そしてそれが終わったあと、皆整列して、殉教〔の絵画〕を傍らに置き、皆でミゼレレ・メイ・デウス《Miserere mei Deus》を歌い唱えつつ、鞭打ち行を行ないました。この少年達の感得と信仰心を見て、心を動かされない冷淡な人はいないほどでした。鞭打ち行が終わると、彼等は殉教〔の絵画〕を持って、大変整然と帰りました。

夜が来ると、行列は多くの蝋燭を持って、我々の修院の下の地所にあるミゼリコルディア《misericordia》まで行きました（〇「我々の」以下ここまで、ローマ・イエズス会文書館所蔵の古写本には「ある地所にあるミゼリコルディアまで行きました」とある。）。現在同所には、石垣に囲まれた一基の美しい十字架が屹立しており、〔人びとは〕祈祷のため、少しの間そこに留まりました。教会には、聖櫃を護る武装した日本人達が残っていました。

復活祭

キリスト教徒達がこの日に抱いた悲哀に比例して、復活祭の日《(dia de Pascoa)》（〇一五六一年四月六日。）の朝には相当な喜びを抱きました。というのも、深い信仰心と喜びを以て復活祭が行なわれたからです。そこでは少年達が全員白衣を纏い、胸にとても美しい十字架を着け、たくさんの花でできた冠を被り、各々よく描かれ金色に塗られた殉教〔の絵画〕を持って、聖体の前に進みました。彼等（〇少年達。）が教会に到着し、人びとが静かになると、〔少年達〕各々が自身の〔持つ〕殉教〔の絵画〕について法話を説き、それは説教の代わりとなり、すべての人びとに大きな喜びを与えました。

降誕祭

降誕祭《(A festa do Natal)》もまた、大きな喜びと共に当地で挙行されます。そこでは、日本人キリスト教徒達は全員が、何日も前から準備した出し物を携えてやって来ます。そこ（〇出し物。）で彼等は、多くの聖書や教理に関する話を表現します。〔出し物は〕それらの〔聖書や教理等の〕話に加えて、彼等のやり方（〇日本風。）で、絶え間なく歌われる民謡《(canticos)》や謡曲《(trovas)》で構成されています。

日本人キリスト教徒パードレ達に服従す

彼等は皆、極めて素晴らしい態度でパードレ達に服従しており、それは〔次のようで〕あるほどです。六〇余歳（〇ポルトガル国立図書館所蔵の古写本には「六〇歳」とのみある。）になるミゼリコルディアの重立った兄弟（〇血縁に拠る兄弟ではなく、兄弟会fraternityとしてのミゼリコルディア会員を指す。）のうちの一人が、パードレの許可なく〔箱から（〇エヴォラ版により補う。）〕喜捨を取り出しました。パードレが彼に贖罪の苦行を行なうよう命じると、彼はすぐに半日の間、忠実にそれを行なおうとしました。〔その贖罪の際、〕彼には鞭を探しに行く必要がありませんでした。なぜなら、彼等（〇日本人キリスト教徒。）はロザリオを首に、そして鞭を胸に〔常に〕携えているからです。それは、ほんの小さな〔子供（〇ローマ・イエズス会文書館及び科学学士院図書館所蔵の古写本により補う。）〕ですら行なっていることで、六歳か七歳くらいになると、鞭打ち行を始めます。苦行をすることで得られる悦びに傾倒する様は、デウスを称賛するのに大いに役立っています。

日本人キリスト教徒常にロザリオと鞭を携う
（447オ）

年の頃二〇歳で、その土地の一人の名誉ある人物（〇「名誉ある」、ローマ・イエズス会文書館所蔵の古写本には欠けている。）の息子である一人の青年が、現在、修院におります（〇「現在修院におります」、エヴォラ版には欠けている。）。この者はデウスに奉仕することを強く希望しております。〔彼が〕教会において、赦しの秘跡について一人の女性に説いた時、〔彼女が〕彼の良心について彼に質問したことを、彼が幾分声を落として話していたため、パードレは〔それを〕見て、すぐに鞭打ち行を行なうよう彼（○青年。）に命じました。というのも、〔教会では（○エヴォラ版により補う。）〕女性達と大声で話す、という規則を守らなかったためです（○ローマ・イエズス会文書館所蔵の古写本には「女性達との会話の規則を守らなかったがゆえに」とあり、エヴォラ版には「教会で女性達と声を落として話していたがゆえに」とある。）。彼はまったく動じずに衆人の面前で衣服を脱ぎ、大いに鞭打ち行を行ないました。それにより、あまりに僅かな〔期間しか〕修院での日々〔を過ごしていない〕青年の中に、このような従順を見たことにおいて、パードレはとても満足しました。こうした事柄については、大いに言及すべきことが、毎日いくつか見うけられます。

修院の一青年の鞭打

教理〔の学習〕のためにやって来る少年達の中に、教理以外のことは何も話すことができない子供達がいます。それゆえ彼等はただひたすら、それ（○教理。）を誦唱しています。かくも遠く離れた地域の、これらの哀れな信者達から讃美され給う主が祝福されんことを。

教会に隣接する地所のキリスト教徒達の習慣

教会のある我々の〔地所〕に隣接するある地所には、一一乃至一二組の夫婦が住んでおり、その子供達や召使い達（○「召使い達」、底本には男性複数形 moços が用いられているが、ローマ・イエズス会文書館所蔵の古写本には女性複数形 moças が用いられている。）が一緒におります。アヴェ・マリア（○晩鐘。）が打たれると、全員十字架の前で跪いて教理を〔誦唱し〕始め、それは優に一時間続きます。彼等は大変忍耐力がありますので、今に至るまで一日も〔教理の誦唱をし〕損じたことがないほどです。これは、修院から彼等にそうするよう言ったことではなく、その父母達の言い付けのためです。彼等は大変敬虔なので、子供達に乳を与え（○食事を与える比喩。ローマ・イエズス会文書館所蔵の古写本には「食べ物を与え」とある。）、〔それと〕一緒に教理を教えます。

修院の少年達

当修院には、父母等がデウスに奉仕するために差し出した、数人の少年達がいます。これらの者達は、今後当地で大いに成果をあげる者達です。食事の時には［つねに（○ローマ・イエズス会文書館及び科学学士院図書館所蔵の古写本により補う。）］、この者達のうちの誰かが、暗記し学んでいる何らかの事柄を説きます。彼等はいとも敬虔で、とりわけ一三歳になる最年長の一人は、しばしば日本語でキリストの受難〔の節〕を読み、ある敬虔な一節に差し掛かると、すぐに皆の前で、まったく表情を変えず、涙を流し始めます。そうして他の日本人達は受難に関する問答を形成しますが、それは大変冷酷な心にも涙を催させるものです。

日本人会員こそが大事な役割を担う

これらの日本人達（○平修道士や同宿を指す。）こそが、現在大事な仕事を行なっている者達です。というのも、彼等は母国語として同じ言葉を話し、〔日本人は〕彼等〔が話すこと〕

を聞くのを大変好むからです。現在、修院にはこれらの者達のうち五人がおり、彼等に関して〔言えば〕、大変有徳です。一人（○同宿のダミアン。第一二二号文書参照。）はパードレ（○ガスパール・ヴィレラ。）と共にミヤコに、三人は豊後に、一人は後述するように私と共にこれらのキリスト教徒達の（○ローマ・イエズス会文書館所蔵の古写本には「日本の」とある。）所を巡り歩いております。したがって、キリストにおいて我がいとも親愛なる兄弟達よ、現地の者達は、説教において豊かな才能があることをお伝えします。

日本語に関しフアン・フェルナンデスに比肩する者無し

山口出身のベルシオール

日本へ来たイルマン達の中では、言語に関しては、何人たりともジョアン・フェルナンデス《(João Fernandez)》（○フアン・フェルナンデス。）には及ばず、〔今後〕どんなに大勢〔のイエズス会員達〕が来ようとも、彼〔に比肩する者〕があろうとは、私には思われません。しかし、私と共に〔各地を〕巡り歩いているこの青年（○山口出身のベルシオール。一五四〇年生まれ。一五五一年に山口でザビエルより受洗。）は、弁舌において大変才能があり、彼と話す人びとの心を奪います。彼は現在二二歳で、聖書の大部分を記憶しております。二〇を越えるすべての日本の教えも諳んじていて、そのすべてを大変快活に論破する様は、驚くべきものです。〔彼は〕自然の事柄（○自然神学。）をよく理解していますので、日本のあらゆる知識人を恥じ入らせております。願わくは、当地全域に〔信仰の〕火を灯すため、主が彼に恩寵を与え給わんことを。

トルレスの命によりキリスト教徒のいる各地を訪問す

〔一五〕六一年六月（○永禄四年四月十九日〜五月十八日。）の初め、パードレ（○コスメ・デ・トルレス。）は、パードレの不在のために慰める者のいない、キリスト教徒のいるいくつかの地域を訪問しに行くよう、私に命じました。〔訪問先は〕すなわち、博多《Facata》と二つの島（○生月島と度島。）、そして大勢のキリスト教徒達のいるその他の所です。パードレにこの訪問の

博多からの懇請あり

実施命令を出させたのは、博多から、キリスト教徒達が彼等を訪問するよう懇請してきたこと

末次興膳の申出

で、〔博多のキリスト教徒達の〕重立った者のうちの一人（○末次興膳。）は、彼の出資で素晴らしい教会を一つ造作し、そこに滞在するパードレ（○科学学士院図書館所蔵の古写本には「パードレ達」とある。）やイルマン達を扶養することを申し出てきました。かくして、主のご加護により、工事が着手され始めております。

博多に到着す

私が博多の市に到着すると、〔博多の〕キリスト教徒達は、その前日に私が来るのを知ったために、大いに喜んで、一レグアほどの距離を、またある人びとはさらに遠くから、私を迎えるために〔町の外へ〕出てきました。それは素晴らしいことでした。当市に私は一八日間留まり、この期間に七〇人ほどがキリスト教徒になりました。その中には、日本の宗派を大変よく

元大内氏帰依僧の改宗（447ウ）

理解していた二人の仏僧が含まれており、そのうちの一人は山口の国王《Rei de Amanguchi》（○大内義隆乃至同義長。ローマ・イエズス会文書館及び科学学士院図書館所蔵の古写本には「かつての山口の国王

Rei que fora de Manguche」とある。）の説教師で、老人で〔すが〕、年の割にはとても健康でした。この者が改宗したことに因り、他の多くの者がキリスト教徒になりました。

彼は一週間ずっと討論と質疑に明け暮れ、唯一の創造主や永久に存続する魂はいかに存在するのかや、堕ちた状態にあった人間のこと、人間は自らの力では立ち直ることはできなかったこと、〔人間が〕陥っていたその不幸から救われ得るために何が必要であったか、我々に相応しいものであった永遠の死から我等を解放するために、デウスの御計により、まさにその息子が受肉し、苦しみを受け、葬られたこと、いかにしてデウスゆえに我等は解放されたか、彼等の偶像である阿弥陀《(Amida)》や釈迦《(Xaqua)》のように単なる人間であったなら、我等を救うことはできなかったであろうこと等について真実の知識を得た後、あらゆることを自らの手で書き記しておりました。冗長にならないよう、私は〔本書翰には〕書き認めませんが、その他多くのこと同様、これらすべてのことは、道理によって彼に証明されました。そこで〔彼は〕すべてのことに納得して、理解を示し、受洗しました。彼と共に、すでに信仰に関する事柄を理解していた一八人ほどの人びと〔も受洗しました〕。

博多に於る二男性の回復と改宗

当市博多において、主は、二種類の大流行した病気から回復した人びとの間で、とりわけ二人の男性に健康を与えることを思し召されました。そのうちの一人は当市の妻帯者で、極めてひどい頭痛から、何度も自らの手で死のうとしました。〔しかし〕主は、彼に一三日ほどのうちに健康を与えるよう思し召されました。もう一人は青年で、ひどい癩病に全身を冒されていました。キリスト教徒達は自分達の有する献身と信仰心により、主のご加護で私（〇ルイス・デ・アルメイダ。）が彼に健康を与えることができるであろうと考えて、私の許へ彼を連れて来ました。しかし私は、診察してすぐに、彼にその病気に効く薬はないと告げました。そして、彼等（〇運んで来たキリスト教徒達。）が落胆しないよう、彼に大変簡単な薬を作るよう命じ、その日から三日後にまた来るように、その時再診しよう、と彼に言いました。彼に健康をお与えになった主デウスに讃美。というのも三日目の終わりに、彼はそのような病気には一度も罹ったことがないかのように、すっかり清められた〔姿〕でやって来たからです。私は、あれらのキリスト教徒達の篤い信仰と、私のうちに少ししかなかった徳に、恥じ入りました。そのためキリスト教徒達には、あの薬があの病気を治したとは思わないように、主が彼を信じる者達への愛により、彼を治し給うたのであると、言いました。彼はすぐにキリスト教徒にしてくれるよう求めたので、彼等が信仰に関する事柄を理解した後、頭痛が癒えたもう一人の既婚の男性と共に、彼を〔キリスト教徒に〕しました。

私は、出発の時であると感じたので、すぐに戻って来るという期待をキリスト教徒達に与え

博多よりキリスト教徒二人が同行

つつ、彼等に暇乞いをしましたが、二人の重立った妻帯者の男性は、私が博多に定住しに戻るまで、私に同行する支度をしました。彼等が行なったことは、真のキリスト教徒達としてのものであり、この彼等の決意を断念させるのは彼等にとって酷なことでした。そのため、私はその意見を認め、その旅の功徳を彼等から取り上げることは欲しませんでした。

度島へ赴く

私は、五〇〇人ほどのキリスト教徒のいる度島《(Tachachumaa)》と呼ばれる島に向けて、六月の終わりに博多を発ちました。この島は全長二レグアほどでしょうか、ドン・アントニオ《(Dom Antonio)》という名の、キリスト教徒である平戸の一領主（〇籠手田安経。生月と度島の領主。）のものです。当地で私は八人をキリスト教徒にしました。島中で〔キリスト教徒で〕なかったのは、この者達だけでした。キリストにおいて我がいとも親愛なる方々よ（〇ローマ・イエズス会文書館所蔵の古写本には「いとも親愛なる兄弟達よ」とある。）、もしあなた方が天使の島を見たことがあるならば、これ（〇度島。）がそれ（〇天使の島。）だと十分に信じることができましょう。すべての彼等（〇度島のキリスト教徒。）の慰めと喜びは、教会に来ることです。彼等が有しているそれ（〇教会。）は非常に美しく、その地に大変適したものです。

元仏僧パードレの代りを務む

彼等の大部分は、教理を知っております。そこ（〇度島。）には、パードレの代わりに指導者として、キリスト教徒になった一人の仏僧がおり、彼は模範的なキリスト教徒です。この者

度島に於る歓待

教会の在る所はレンダと喜捨多し

が人びとをよく教練する様は、驚嘆すべきものです。〔彼等は〕自分達のミゼリコルディアを有しており、そこに彼等は喜捨を行ないます。それに加え、彼が異教徒であった頃に住持を務めていた、かつて異教の寺院のものであった教会のレンダ《renda》（○知行。）から得られる収入により、キリスト教徒となった後の現在も、このキリスト教徒の仏僧自身が生活の糧を得〔られるのみならず〕、余剰分で貧しい人びとの生活を支えており、私がそこに滞在した期間中に見た限りでは、決して少なくはない数の、巡礼に集うすべてのキリスト教徒に食べさせることができます。

（448オ）

私がそこにいたすべての期間、それはおよそ一五日ほどでしたが、〔度島のキリスト教徒達は〕私や私と共にいた四乃至五人を、その（○平戸の。）国王が食べ得るような食事によって扶養しました。これはこの島（○度島。）だけでなく、もうひとつの生月島《Equiccuqi》（○ローマ・イエズス会文書館所蔵の古写本には「生月」とのみある。）でも、〔我々に供された食事は度島よりも〕ひときわ優れておりました。なぜなら、キリスト教徒が大勢いるために、教会がより多くのレンダを抱え、喜捨もより多いからです。〔他の〕教会のある所も同様です。そのために、兄弟会員達でミゼリコルディアを有し、調和の下、万事整えています。いとも親愛なる方々よ、このようでありますから、修院を出てキリスト教徒の間を巡回するのに、荷袋は必要ありません。というのも、あなた方がどこに到着しようとも、国王でもかくや〔というほどの〕、良き待遇を受けるからで、あなた方には何物も、船や馬や従者さえも必要ではないからです。そして、もしあなた方が必要としているものを、彼等が〔あなた方に〕与えないのであれば、その者は慈悲深いキリスト教徒達の名簿から除かれ、〔人びとは〕そのことで彼を侮辱するのです。

ポルトガル人度島へ来訪す

敬虔なポルトガル人達数人が、当修院を訪問するため、またこの島のキリスト教界の状況を見るため、平戸からこの島にやって来ました。親愛なる兄弟達よ、彼等（○島のキリスト教徒達。）がデウスに身を委ねるその秩序により、また、この祈りの家《(casa de oração)》（○底本は「心の家 casa de coração」。他諸写本により訂正。）に対し抱く大いなる尊敬と尊重（○「と尊重」、ローマ・イエズス会文書館所蔵の古写本には欠けている。）により、パードレ達の代わりにここを訪れる者に対して抱く多大な服従と愛により、そしてその他の多くの事柄により、彼等（○島のキリスト教徒達。）は自分達よりもずっと優れたキリスト教徒であると告白するほどに、彼等（○ポルトガル人達。）が啓発されたことを、私はあなた方にお伝えします。

日本の出来事を知れば悉く日本行を願わん

そうして、彼等は〔イエズス〕会の者達と親しい人びとでしたので、もし〔日本にいない〕パードレ達が日本で起きていることの五分の一でも知ったなら、皆がこちらへ〔来ることを〕願うであろうと私に言いました。私も同意します。というのも、いとも親愛なる方々よ、心の底から申し上げますが、この島の少年達の〔唱える〕教理をあなた方がただ一節でも聞いたならば、昨日には悪魔に身を捧げていた子供達にかくもの秩序と敬虔を見て、多くの涙を流すのを止めることはできないでしょう。

教理を学ぶ少年少女

　なぜなら教理〔の学習〕のために一〇〇名ほどの少年達と少女達が集まり、教会に入ると、そこで聖水を取り、跪き、祈祷を捧げる様は、敬虔な修道士達にしか見えないからです。そして各自、すぐに自身の場所へと向かいます。彼等をこうした配置につかせるには、一度言うだけで十分です。そこで二人の子供達が教理を唱え始めます。教理〔の誦唱〕を始めてから（〇この文ここまで、ローマ・イエズス会文書館所蔵写本には欠けている。）終えるまで、教理を唱える二人をはじめとして、〔誰も〕一瞬たりとも床から目を上げないと言っても、誰も信じますまい。というのも、私がこれに臨んだ幾度か、〔子供達が〕大変な暑さで皆苦難の汗を流しつつも、目も、足も、手もまったく動かさないのを見て、それはあたかも大変な瞑想行を実行中であるかに見えたからです。

　彼等はすべてのキリスト教の教理を知ることでは満足せず、同じ教理を唱えつつ、その呼祷を〔述べます（〇ローマ・イエズス会文書館及び科学学士院図書館所蔵の古写本により補う。）〕。なぜなら、「十字架の徴により《(Per signum crucis)》」が始まるとその呼祷を始め、「我等の敵から《(de enemicis nostris)》」も同様にします。こうして、彼等は一文毎に呼祷を伴いつつ、主の祈りやその他すべての教理に及んで行きます。そのため、この方法で教理を習得し終えた時には、彼等は〔まるで〕説教師〔のよう〕になります。

本書翰では日本の実情を伝えきれず

いとも親愛なる兄弟達よ、この〔本書翰の〕書きぶりが、実際と比較して、図らずもとても冷淡なものとなったと、あなた方にお伝えします。というのも、当地の人びとには、驚くべきほどに、多くの独自性と深い献身があるからです。いとも親愛なる兄弟達よ、ある敬虔なキリスト教徒が、彼等の主なるデウスの受難に思いを馳せながら、磔刑像の前で大変熱心に祈りを捧げ、多くの涙を流す以上のことがあるなら、おっしゃってください。というのも、我が兄弟達よ、私はあなた方にお伝えしますが、それ（○磔刑像。）を見て、多くの男性だけでなく女性達も、跪いて両手を掲げ、あたかもこの世を脱したかのように恍惚として、涙が彼等の頬を伝って地面に落ちるのを見たからです。そして、こうしたことがこの貧しい島々で見られるのであれば、豊後のように絶えず秘跡が用いられている所では、いかなることになるでしょうか。

(448ウ)

高徳のパードレ及びイルマンの到来を請う

いとも親愛なる方々よ、徳の高い何人かのパードレ達やイルマン達によってそれ（○日本のキリスト教界。）を救うことにご配慮くださるようお願いしますので、どうかあなた方は当地のキリスト教界を大いに憐れみ、聖なる思し召しに対して、多くの涙をお流しください。なぜなら、心からあなた方に申し上げますが、もし彼等（○徳の高いパードレ達やイルマン達。）〔の到来〕が遅れれば、彼等は当地にいる我々のうち〔その時まで〕生き〔残っ〕ている僅かな者にしか会えないであろうからです。というのも、この夏、我々のうち三人が大変な危難に晒されたからです。しかし主は、それで以てこの新しい植物（○日本のキリスト教界。）を維持し得る救済（○パードレ達。）がそちらから到来するまで、我々に生を与えることをお許しになります。

度島を発ち生月に赴く

この島（○度島。）に私が滞在してすでに数日が過ぎ、彼等（○度島のキリスト教徒達。）が毎日二度の説教と二度の教理を欠かさず受けた後、私は生月と呼ばれる島のキリスト教徒達を訪問することにしました。彼等はかねてより私の到来を甚だ熱望していたのです。私は博多へ向かう前に会いに戻ることを約束して、それらの（○度島の。）キリスト教徒達に別れを告げ、乗船しました。島（○生月島。）からおよそ一レグア〔の所〕に達すると、ある高所に据えられた、一基の十字架が見え始めました。それは砦にも見えるような石積みで囲われ、その囲いの中には、キリスト教徒達が埋葬されています。

この島には二五〇〇人おり、八〇〇人ほどがキリスト教徒です。我々がその地に到着すると、すでに多くの人びとが我々を待ち受けていました。というのも、我々が乗って来た船は、その

生月のキリスト教徒に歓迎せらる

前日に、〔生月島の〕キリスト教徒達によって艤装され、その島の重立った数人を乗せて送られてきたものだったからです。そこでは皆が大変親切に私を迎え入れ、彼等が習慣としているように十字架を拝みに行った後、我々は教会に向かいました。彼等が有するそれ（○教会。）は、大変大きく、美しいものです。彼等はそれを素晴らしく整えていましたので、それを見た者は大変気分が良くなりました。この修院には、後に私が目にしたように、六〇〇人以上を収容することができます。

当地で私は、〔一日に〕二度、すなわち早朝と夜に、〔彼等が〕説教を聴きに教会へ来るため、また、教理〔を学ぶ〕ために夕食の後つねに子供達を〔教会へ〕行かせるように、然るべき方法を整えました。このように整えられたのは、彼等が日中を自分達の仕事に充てるべき人びとだからです。こうして、多くの人びとがこぞって集まり（○ローマ・イエズス会文書館所蔵の古写本には「説教」とある。）、教会の大部分が女性達だけで一杯になるほどでした。男性達を収容し尽くすため、中庭に筵を並べ、〔男性達は〕そこで大変よく説教を聴きました。

生月の教会の様子

この修院は外からは見えないような、美しい木立の中の地所にあります。非常に清潔で慎ましい玄関があります。教会堂へ上る階段の近くには水槽があって、ここで人びとはそこ（○教会堂。）に入る前に足を洗います。これは儀式のためではなく、その修院中に敷き詰められた畳《(esteiras)》を汚さないようにするためであり、これが日本人達の慣習だからです。彼等はそれを汚さないように、つねに家屋には清潔な足で入ります。というのもそこは通常畳が敷かれており、極めて清潔だからです。この地所に沿って川が周囲を流れており、それゆえ〔そこは〕まるで城砦のようです。

小聖堂を訪問す

そのすぐ翌日、私は幾つかの小聖堂《(ermidas)》を訪れました。それらはかつて偶像の修院だったもので、その島の最良かつ最も清涼な場所に置かれています。というのも、彼等はこれらの土地を彼等の仏教寺院のために選ぶからです。この修院には、今はキリスト教徒になった従前の仏僧達が、（449オ）以前得ていたのと同様のレンダ（○俸禄。）を得ております。

新たな教会の造作を指示す

この島では、キリスト教徒達のいる場所は広範囲で、〔教会までの〕道中が長く険しいために、彼等は希望したすべての機会に教会へ来ることができないので、私は彼等に、そこでデウスに祈りを捧げるよう、また毎日その息子達に教理〔を学び〕に行かせることができるよう、一宇の教会を造作するよう指示しました。〔その場所は〕主たる教会まで一レグアほどの道程であり、彼等の息子達は殆ど〔教会へ〕行っていなかったからです。皆大変喜んでそれに着手しました。僅か数日のうちに、大勢の人びとの支援により、〔教会が〕完成しました。そこ

祭壇画等平戸より届く

（○教会。）へは、祭壇画や祭壇正面の飾り布、そしてその他の装飾品が、ポルトガル人達を通

じて、平戸から届けられました。五隻の〔ポルトガル人の〕ナヴィオ船が来航したので、こうした教会の品々を十分に携えて来たのです。そして、説教と教理のうちに数日間過ごし、そうなる準備をしていた者達をキリスト教徒にした後、私はキリスト教徒達の居る他の場所を訪問するため、彼等に別れを告げました。

生月を離れ獅子に赴く

私は生月島を離れ、キリスト教徒達の〔居る〕獅子《(Xixi)》と呼ばれる所へ、デウスの御言葉と共に彼等を訪問するだけでなく、そこにキリスト教徒達が造作し終えた新しい一宇の教会の中に、ひとつの礼拝堂を拵えるつもりで、出立しました。この工事のため、生月の人びとは七人の大工と他の必要な援助を提供しました。かくして我々は、キリスト教徒達の艤装された（〇「艤装された」、ローマ・イエズス会文書館所蔵の古写本には欠けている。）一隻のとても大きなパラオ船に乗って出発し、三（〇原文には「七」とあるが、文脈に基づきローマ・イエズス会文書館所蔵の古写本より訂正。）乃至四レグア以上はありませんでしたので、主のご加護により短時間で（〇「短時間で」、ローマ・イエズス会文書館所蔵の古写本には欠けている。）獅子に上陸しました。そこでは、人びとはすでに我々の到来を知っておりました。というのも、彼等の国王や領主を待ち受けるかのように、通りや道が清掃され、整えられていたからです。

獅子に至る

到着して手厚く（〇「手厚く」、科学学士院図書館所蔵の古写本には欠けている。）歓迎され

礼拝堂を設置す

た後、我々は来訪目的である工事（〇礼拝堂の設置。）に着手しました。というのも、彼等は日中に労働し、そして夜、朝には（〇ローマ・イエズス会文書館所蔵の古写本には「昼も夜も」とある。）説教を受けていたからです。その工事が終わり、ミサを挙げられるようにその聖堂が装飾されると（〇「装飾し」、科学学士院図書館所蔵の古写本には「整え」とある。）、その教会の世話をしてきた仏僧に、いかなる方法でキリスト教徒を教化するべきかや、〔いかなる方法で〕子供達に教理を教えるべきかが教えられ、その後我々は他のキリスト教徒達の〔居る〕場所へと旅立ちました。

獅子を発ち飯良に赴く

私は獅子を発って、飯良《(Ira)》と呼ばれる他のキリスト教徒達の集落へ向かいました。私が豊後へと向かうように命じられていた八月（〇一五六一年八月。永禄四年六月二十日〜七月二十一日。）の終わりまで、殆ど時間がなかったので、彼等を訪問し、いかにしてデウスに身を委ねるかという方法を示す以外には、〔何事も〕するつもりはありませんでした。その場所（〇飯良。）に到着すると、十字架に祈りを捧げた後、この地には教会がありませんでしたので、我々は一人のキリスト教徒の家に宿泊しました。そこにはすべてのキリスト教徒達がすぐに集まって、説教が彼等に行なわれ、それにより彼等は慰められました。

教会の造作を指示す

当所で我々は、すべてのキリスト教徒達が力を合わせて一宇の教会を造るよう指示しました。

というのも、〔飯良は〕広大な場所で、彼等の間には異教徒が一人もいなかったからです。この修院のために、平戸から祭壇画やすべての必要な装飾品が送られ、それによって皆（○飯良のキリスト教徒達。）は大変慰められました（○以下次々段落の終わりまで、エヴォラ版には欠けている。）。当地では、〔かつて〕パードレ・ガスパール・ヴィレラが十字架を立ち上げに来た時、彼等には彼を歓待する〔ために供する〕ものがなかったところ、その地に沿って流れる水を湛えた小川の中に、一コヴァド（○六六センチメートル。）の一匹の魚が見つかり、これによって彼等はパードレを盛大に歓待したというようなことがありました。彼等は我等の主がそのためにそれ（○魚。）をそこに齎し給うたのだと見做しました。というのも、その小川では他にそのような魚は、一度も見られたことがなかったからです。〔今度は〕我々を歓待するための良いものを求めて困窮しながらも、彼等が満足するようなものを見つけられずにいたところ、従僕の何某が、小川の源である一つの小池に非常に大きな魚がいた、というようなことを伝えにやって来ることを、我等の主なるデウスはお許しになりました。彼等はそれをデウスの手から授けられた者のように受け取り、それ（○大きな魚。）で我々を歓待しました。

かつてヴィレラを魚で歓待す

（449ウ）

今再び魚で歓待を受く

我等の主がパードレ（○ヴィレラ。）に一つお与えになり、今またそれ（○魚。）を私（○アルメイダ。）にお与えになった、というようなことを言って、〔彼等は〕すべての話を私に語り

魚はデウスよりの賜物

ました。これらの魚は、それぞれ一匹で（〇「一匹で」、ローマ・イエズス会文書館所蔵の古写本には欠けている。）七乃至八アラテル《(arates)》の重さがありました（〇一アラテルは四五九グラム。）。〔これらの魚は〕日本人達の間ではとても価値があり、塩水の中で生まれ、川を通じて入ってくるので淡水で捕まえます。しかし、それら（〇魚。）が捕まることは滅多にないので、これらのキリスト教徒達の心に多大な信心と信仰が灯され、それらは主への讃美となります。

飯良を離れ春日に赴く

デウスに身を委ねるために習得せねばならない方法を伝えた後、私は彼等（〇飯良のキリスト教徒達。）にしっかりと教理を守るよう指示しました。そして、そうなる準備ができていた人びとをキリスト教徒にすると、我々は暇乞いをし、キリスト教徒達の〔居る〕春日《(Casunga)》と呼ばれる別の場所へ向けて、彼等（〇飯良のキリスト教徒達。）が我々のために準備した一隻のパラオ《(paroo)》船に乗りました。

我々が出発した所から三レグアほどにある春日に着くと、そこでは〔人びとが〕すでに我々の到来を知っていました。というのも、十字架へと通じる道のりは、聖体の行列を待ち受けている時のようだったからです。祈りを捧げた後、我々はその地の一人の主要なキリスト教徒の家に宿泊しました。そこでは数回、彼等に講話が行なわれ、そこ（〇春日。）は皆、キリスト教徒で善良な人びとの地域なので、そこでデウスに身を委ねるべく、またパードレが来て彼等

のために ミサを挙げることができるよう、力を合わせて一軒の修院を設けるよう手配しました。皆が喜び、すぐに造作に取り掛かりました。その修院のための装飾品は、他の修院へと同様、平戸から我々がそこへ送りました。この修院（〇エヴォラ版には「教会」とある。）は、神聖な場所にあって、とても清涼で、海、山のとても美しい眺望に恵まれています。

祈りの家を設けしむ

かくして、私が記憶する限り当地で、あるいは他の所であったかもしれませんが、人びとは私に他の多くの話同様、二つの事柄を語りました。寓話のように思えることを書き記すよりも、話の主人公の信心深さゆえにさらに聴くに値すると考え、〔ここに〕そのうちの二つをあなた方に語りましょう。というのも私はそれらを信頼できる人から聞いたからです。

聴くに値う二つの話

ひとつ目は、すべての子供達を亡くした一人のキリスト教徒のことです。その妻が出産しようとしていたある時、彼の異教徒の親戚の一人が彼に、「お前がキリスト教徒であることを欲するがゆえに、お前の子供達は全員死ぬのだ、キリスト教〔の信仰〕を棄てよ」と言いました。そして、悪魔は彼にそれを良いことだと思い込ませ、〔そのキリスト教徒は〕十字架〔の所〕に行って、自身の短剣を抜き、キリスト教〔の信仰〕を棄てた者のように、それを十字架に突き刺しました。こうしたことを経て、彼の妻は、下顎がなく、胸が開いていて内臓の見える子供一人を産みました。それは、彼を大いに驚かせた出来事でした。〔人びとは〕私に、〔この者

子供を全員亡くしたキリスト教徒

堕胎後死んだキリスト教徒

は今や（〇エヴォラ版により補う。）］彼のいる所における、最良のキリスト教徒達のうち［の一人（〇ローマ・イエズス会文書館所蔵の古写本により補う。）］であると言っております。

もうひとつは、生月におけることで、一人の妊娠したキリスト教徒の女性がおり、そのこと（〇妊娠していること。）は多くのキリスト教徒達には明らかなことでしたが、彼女は堕胎するために薬を服用し、堕胎後、まさにその流産のために病を得て死にました。キリスト教徒達は、彼女が大罪で死んだと分かっていたので、彼女を十字架の地所に埋葬することを望まず、異教徒達のように、その地所の周辺に埋葬しました。それから数日後、一人のキリスト教徒の若者が病に罹り、死に瀕していた時、その女性が彼の許に現れて、「キリスト教徒達は、私の肉体を十字架の地所に埋葬することを欲しなかったが、私が彼等の想像する場所にいると思っては（450オ）ならない。なぜなら、私の死の前に、主は私の痛悔と涙をご覧になり、私の魂に慈悲を垂れ給うたからである」と言いました。その若者は、これをキリスト教徒達に言明し、後に快復しました。パードレ達やイルマン達の訪問がそれほど頻繁にできてはいないので、［その代わりに］こうした事柄は、それらのキリスト教徒達を、大いなる信仰を以て立ち上がらせています。我がいとも親愛なる方々よ、彼等がその信仰においてつねに堅くあるよう、彼等のため我等の主にお祈りください。

再び生月に赴く

籠手田安経松浦隆信への謁見を勧めず

私はこの場所から、ふたたび乗船して生月に向かいました。私が平戸へ行くことに関して、ドン・アントニオ（○籠手田安経。）からの返答をそこで待つためでした。というのも、あの船でパードレ達のために到来した品々に関連する諸事ゆえに、そして〔それを扱うべき〕然るべき人が〔平戸に〕いないために、平戸に行く必要が大いにあることを伝えて、私がその国王（○松浦隆信。）に謁見しに行くのが良いと思われるか、それとも謁見せずに私が取り扱うべきかを〔問うため〕、私は彼に〔人を〕遣わしたからです。彼は私に、国王には謁見せず、その地でできる限り秘密裏に取り扱うよう、言付けてきました。

生月を発ち平戸へ赴く

私は生月に到着しその伝言に接すると、再訪することを約束してキリスト教徒達一同に暇乞いをし、すぐその翌日、そこ（○平戸。）ですでに幾人もの人びとが信仰を棄ててしまったキリスト教徒達を主のお扶けにより奮い立たせるよう全力で努め、奮い立っている者達を説教により堅固にするという決意を以て、私は平戸へ向けて出発しました。

籠手田安経一家より歓待せらる

平戸に着くと、ナウ《(nao)》船の船長（○フェルナン・デ・ソウザ。一三乃至一七人のポルトガル人達と共に一五六一年に平戸で殺害されるが、本書翰にはそれに関する言及がない。このことからメディナ師は、この事件が本書翰の封緘された一五六一年十月以後に起きたと推定している。）を訪れた後、私はドン・アントニオ（○籠手田安経。）に会いに行きました。彼は多大な愛情と歓待を以て、一家を挙げて私を迎えました。皆、デウスに関する事柄を聴くための準備がすっかりできていたので、私はそこに殆ど真夜中までおりました。そこで彼（○ドン・アントニオ。）はその良心の徳のために知る必要のあることを多く質問し、模範的なキリスト教徒であることを示しました。すでに〔夜〕遅かったので、私はナウ船に帰り、翌朝、ナウ船の船長と、その船でそちら（○インド。）から齎された祭壇画を後甲板に掲げることを取り決めましたが、そうすると、それ（○祭壇画。）は大変見栄えがしました。

ナウ船に祭壇画を据う

これによって彼は大変満足し、いくつかの船室を解体し、美しい一広間とするよう命じ、その上で、その祭壇画を安置すべき場所に適切に据えました。すべてが調えられ、後甲板全体に筵が敷き詰められた後、私はそれをすべてのキリスト教徒達に知らせました。というのも、これらの地域のあらゆるキリスト教徒達が見ないうちは、この祭壇画を平戸から出してしまわないことが、我等の主への大いなる奉仕になる事柄であると、私には思われたからです。陸地ではそれを行ない得なかったため、〔祭壇画をキリスト教徒達に見せる場は〕船中に用意されました。

籠手田安経と一部勘解由の到来

祭壇画を見学し、祈りを捧げようとまずはじめにやって来たキリスト教徒達の中には、ドン・ジョアン《(Dom João)》（○一部勘解由。籠手田安昌の子で安経の弟。一部氏の養子となった。）が、彼等の多数の家臣と共におりました。それ（○祭壇画。）を見るとすぐに、彼等はいとも敬虔に跪き、十字を切りました。そして祈りを捧げた後、はじめにデウスのことを、その後に世俗のことについて（○「その後に世俗のことについて」、エヴォラ版には欠けている。この場合、交易を意味する。）船長に話しました。こうして、私は島々のキリスト教徒達に宛て、来たる日曜日にできる限り多くの者が〔平戸に〕その祭壇画を見に来るよう、そしてそこで説教があるだろう、と伝言を送りました。

キリスト教徒達を招く

この平戸の港に到着して二日目には、私は陸地において、あるキリスト教徒の家に宿泊しました。そこでは、キリスト教徒達が集まって説教を聴き始めました。これは、ある意味秘密のことでした。なぜなら、国王（○松浦隆信。）は〔それを〕公に行なうことを許可していなかったからです。こうして、私は何人かを彼等の家々に訪れ始め、彼等にはそこでデウスに関する事柄を説きました。いとも親愛なる兄弟達よ、それゆえ我々には、昼も夜もつねに従事するべきことがありました。主なるデウスに讃美、およそ一〇日間のうちに、棄教していた者達の殆どが、大いに涙を流しつつ、主と再び結ばれました。これらのうち幾人かは、必要となればイエスの御名のために死ぬであろうことを、私は存じております。（450ウ）

松浦隆信公然の宣教を許可せず

彼等の間には、子供達、兄弟達、両親、嫁・婿のような、最も近しい親類達にキリスト教徒にならないかと尋ねるほどの（○ローマ・イエズス会文書館及び科学学士院図書館所蔵の古写本には「勧めるほどの」とある。）、非常に大きな熱情があります。こうして彼等は夜に聴聞に来ますし、少数ですが何人かは日中に〔聴聞に来ます〕。そのため、私が平戸にいたおよそ二○日間に、五○人ほどがキリスト教徒になりました。その中にはドン・アントニオのような貴人が一人おり、その者は、キリスト教徒にならねばならないという望みのために、非常に短い期間で祈祷を覚えました。また同様に、同地の数軒の世帯も〔キリスト教徒に〕なりました。

　当地平戸には、キリスト教徒達が祈祷を行なうための教会がありませんでしたので、私は船長に、彼等がデウスに祈りを捧げるため、パードレ達の地所に一宇の教会を建てる許可を与えるよう、彼（○船長。）やポルトガル人達の方から国王（○松浦隆信。）に頼んでくれるよう、願いました。そこには九○人のポルトガル人達がおり、彼等の出発後、その建物をキリスト教徒達に残したがっていたからです。彼（○国王。）は評議が催されるだろうと彼等に返答しましたが、それは暗に「否」を意味しています。

松浦隆信教会建設を暗に許さず

　返答を知ると、私は我々の地所の内にある一人のキリスト教徒の家に一基の祭壇を設けようと決心し、かくして彼にそれを知らせました。この者は、深い慈善により、所有していた二軒(San-Christão)の隣り合った家屋のうち、より美しい方を教会とするため私に提供し、彼自身は守り人になる

密かに教会を設く

ことを望みました。そのため、〔人びとに〕知られることなく、我々は一宇の美しい教会をその地のために設けました。〔教会が〕仕上げられ、必要な物がすべて調えられましたが、殆どのポルトガル人は、あまりに人数が多かったためにこれについて全く知らず（○知らされず、の意味。）、〔その教会で〕我々は毎晩連祷と説教を行ないました。

ドン・アントニオはすぐさま、人手やそれ（○教会。）のために必要なものを提供すると言ってきました。しかし、イエスのお扶けにより、我々には助けが殆ど必要ではありませんでした。ですから、いとも親愛なる兄弟達よ、あなた方は主においてとても喜ばれることでしょう。というのも、我等の主に祈りを捧げに行く家を持ったことにより、平戸のキリスト教徒達は信仰において大いに堅くなり、大変慰められたからです。彼等の聖なる信仰が大いに増大して、彼等の間でそれ（○教会。）が維持されるよう、主にお祈りください。

多数が祭壇画を見に集う

そのすぐ次の日曜日、決定された通りに祭壇画が公開されると、島々や他の場所から大勢の人びとがナウ船《(nao)》にやって来ました。船長は、たくさんの花束と旗を付けた一枚の大天幕や、筵で敷き詰められた後甲板を整えさせました。〔その日は〕彼（○船長。）の信奉する至福なる聖ロウレンソ《(San Lourenço)》の日（○一五六一年八月十日。）でしたので、そのナウ船は大砲を数発放ちました。ナウ船がキリスト教徒達で満員になった後、私は彼等に説教をし、それはかなりの時間続きました。説教の後、彼等は居所が遠方にある人びとでしたので、船長は深い慈悲により、ナウ船のために有していたものでもてなし、こうして彼等は自分達のパラオ《(paros)》船で立ち去りました。祭壇画が公開されていた間中、それは私が立ち去らねばならなかった時までですが、方々からつねにキリスト教徒達を載せてやって来るパラオ船があったので、ナウ船内はその間中、あたかも聖木曜日の祝祭の時のようでした。

　八月の日々が過ぎ去り、その〔月の〕終わりには豊後へ向かうようにという従順〔の命令〕が私の所へ送られておりましたので、私はそれ（○祭壇画。）を博多に据え、そして自分はそこ（○博多。）から豊後へ向かうため、一隻のパラオ船に祭壇画を載せ、出発〔の準備〕を始（451オ）めました。すべて調えられ、船に載せられると、私は平戸の近くにある二つの島（○生月島と度島。）のキリスト教徒達に暇乞いに行くことにしました。かくして、土曜日の午後にそこへ行き、日曜日の午後に戻るつもりであることを彼等に知らせました。というのも、生月までは四レグア足らずで、度島までは三レグアほどもないからです。彼等にパラオ船を寄越すように言う必要はありませんでした。というのも、土曜日、夕食の時間になると、すでにパラオ船が艤装されて我々を待っていたからです。多くのポルトガル人達が私に、その（○生月と度島の。）キリスト教界を見に、あちらへ行きたいと懇願しました。しかし、その日は雨で、取引

生月島と度島に赴くことを決意す

ポルトガル人達の懇願

もあったので、信心深い者と冒険精神のある者以外は行きませんでした。

生月島へ赴く

我々は夕暮れに乗船し、生月島に行きました。そこでは人びとが、彼等の風習に従い、多くの松明を持って我々を迎えに来ました。それらは薪で出来ており、素晴らしくよく燃えます。彼等が我々を教会へ連れて行くと、そこにはすでに我々の到来を待っていた大勢の人びとがおりました。我々の到着後、少しの間説教があり、その後、〔子供達が〕教理を唱えるのをポルトガル人が見るために、多くの子供達が待機していました。それ（〇教理。）を唱える様子があまりに調和しているのを見て、皆、大変満足しました。すでに十分〔夜が〕更けていたので、私は彼等と別れました。

新造の教会へ向かう

翌日の日曜日、朝から多数のキリスト教徒達が押し寄せました。そして説教の後、随分前から準備ができていた一二乃至一三人を、〔キリスト教徒に〕しました。そして、九時頃であったか食事を摂り、我々は、この主たる教会からおよそ一レグアの所にキリスト教徒達が拵えた教会を見に行くため、船に乗りました。新鮮な風を伴って、我々がその場所に到着すると、そこにはすでに陸路で行った大勢のキリスト教徒達がおりました。我々が教会に入ると、場所のわりに、そこは大変荘厳でよく整えられておりました。人が大勢いたので、ポルトガル人達と私は聖堂に入りました。そして彼等に講話を一つ聞かせ、彼等は我々を米と多くの魚の佳肴で饗応するという彼等の慣習を行なった後、私は彼等に暇乞いをしました。

離別に臨み悲しむ

その離別の際、彼等は大いに悲しみを表しました。こうして我々は乗船しに行きましたが、その場所（〇生月島。）に留まる〔ことを欲する〕心情に苦しまない者は一人としておりませんでした。しかし、砂浜へ下りると、彼等は再び深く悲しみつつ私に別れを告げましたので、感動しない石の心〔を持つ者〕はおりませんでした。そこにいたポルトガル人達も同様に、涙を抑えることができませんでした。

いとも親愛なる方々よ、もしあなた方がここに居れば、彼等がそれに値しないわけではないのに、パードレもイルマンも共におらず、早々にそれ（〇パードレやイルマン。）を得る希望もないまま、八〇〇の魂がこの島に在るのをご覧になって、必ずや大いに悲嘆に暮れることでしょう。しかし、主がそのように差配されるのであって、大いなる神秘なくしてはあり得ません。いとも親愛なる方々よ、彼等をその恩寵のうちに保ち給わんことを、主にお祈りください。

生月を発ち度島へ赴く

我々は、度島のキリスト教徒達に別れを告げに行くことにして、正午に乗船しました。というのも、私は日曜日に彼等の所へ行くと約束をしていたからです。風は涼やかで、我々は二時間ほどのうちにその地（〇度島。）の近くまで行きました。

度島に至る

〔人びとは〕パラオ船を見ると、すぐに私がそれに乗って来たと認識しました。たちまちすべての少年少女達が、持っている最良の衣服を纏って集まり、我々を砂浜まで迎えにやって来ました。そして、大変喜んで、とても調和のとれた大きな声で教理を歌いながら、我々を十字架まで導き、〔共に〕そこへ行った我々全員に深い信心を催させました。堀を備えた大きな石垣で囲まれ、大変美しく整えられた十字架〔の所〕に到着すると、我々は祈祷を捧げました。そして〔往路と〕同様の子供達の教理〔の歌〕と共に教会へ到ると、そこはキリスト教徒達で一杯でした。そこでは彼等に対し、主がその弟子達に述べた言葉についての、敬虔な講話が行なわれました。そこで彼等は「もし（451ウ）汝等が互いに愛し合うならば、（○エヴォラ版により補う。）」汝等は私の弟子である（○「ヨハネによる福音書」一三章三五節。）等のことを知り、それによって一同大変慰められました。ある程度時間が過ぎ、私は彼等に〔辞去する〕許可を与えるよう請いましたが、彼等は大変意気消沈して私にそれを与えました。というのも、彼等は私がその晩そこに泊まることを欲していましたが、〔滞在可能なのが〕短時間だったために、彼等の懇願に同意することができなかったからです。

もしあなた方が〔日本で〕これを受けなければ、これほどまでに傷つく侮辱はないものである、軽食〔の供応〕を受ける彼等の慣習が終わると、風が十分ではなかったため、彼等は我々〔のため〕に、大変よく装備されたパラオ船を用意し、我々はそれに乗りに行きました。船までの道全体にわたって、それは砂浜に沿って結構な距離であったのですが、砂浜まで下りて来ない島民は一人もいなかったのではないかと思われます。彼等はいとも多くの涙と悲嘆に暮れながら私に別れを告げにやって来ましたので、深い哀れみを催さない者はおりませんでした。

悲しみつつ告別す

パラオ船に到着すると、そこで皆が私に、すぐに戻って来るよう、そして彼等のことを心を込めて我等の主に祈るよう請いながら、別れを告げました。いとも親愛なる方々よ、その実際の様子に比べれば、私は本当に〔本書翰に〕殆ど何も書いていないかのようです。

ポルトガル人達両島の人々の見事さを語る

ポルトガル人達は、彼等の悲しみと涙を見ると、彼等（〇度島のキリスト教徒達。）と共に泣き始めました。私が乗船すると、これらのキリスト教徒達の献身がよく表われたことでしたが、一人のキリスト教徒が身を屈め、私が両足を置いた場所に接吻しました。こうして他の多くの人びとが同じことを行ないました。

それに際し、これらのキリスト教徒達の大いなる信仰と献身を見て、ポルトガル人達は恥じ入りました。それゆえ、〔ポルトガル人達のうちの〕数人は私に、世界中で特筆すべき多くの物事を見てきたが、最も顕著で、彼等が行くあらゆる地域において広めるべきと思うのは、この日曜日に〔島々で〕見たことである、と言いました。いとも親愛なる方々よ、もし〔イエズス〕会のあるパードレがこれを見たならば、〔その者は〕これらの貧しき者達と共にその島で生命を全うさせ給えと、我等の主に請うたに違いないと、私はあなた方に申し上げます。

平戸に戻り籠手田安経邸に礼拝室を設く

平戸に着くや否や、私はドン・アントニオ(○籠手田安経。)の家に、とても荘厳な祭壇画を備えたある種の礼拝室を、その中で彼の息子達(○籠手田栄等。)が祈りを捧げるのに親しむように設けました。そして、すでに彼や妻、息子達及び家中の人びとに別れを告げる時でしたので、そして数人の貴人であるキリスト教徒達にも同様に(○別れを告げ。)しました。八月二十二日(○永禄四年七月十二日。)、逆風でパラオ船が出帆できなかったため、私は陸路で博多まで向かうことにしました。その〔パラオ船〕の中に、祭壇画の護衛として、その信仰心ゆえにつねに私に同伴していた博多の妻帯者であるキリスト教徒一人と、修院の者一人を、博多で私が彼等を待つつもりで残しました。

逆風の為陸路博多へ向かうことを決意す

私は、すでに説教を聴いてその(○改宗の。)ための準備ができていた人びとをキリスト教徒にしようと決めて、先に〔博多へ〕向かいました。この出発に際し、平戸のキリスト教徒達が、深く悲しみながら私に別れを告げに来て、小船まで私に同行し、ある者達は私が船長に暇乞いに行ったナウ船まで〔同行しました〕。

平戸を発ち博多に赴く

キリスト教徒達のパラオ船に乗った後、彼等は必要から私を平戸よりおよそ三レグア〔の所〕まで運ぶことになっており、同所で私は別のパラオ船に乗る予定でした。〔しかし〕風が

悪天候により引返して陸路を取る

激しく吹き、波が高かったため、我々はおよそ三時間のうちに半レグアも進みませんでした。風は益々強くなって行き、あわせて波も〔益々高くなり〕、我々は引き返して、陸路でその場所まで行けるだろうと皆意見が一致したので、そうしました。ところが帰途、平戸の近くで、その場所にある大きな潮の流れが強い風で大波を引き起こしており、あまりの高波により、我々は船尾の方へはじき飛ばされました。それは船尾のみならず、両舷側へも我々をはじき飛ばし、我々は殆ど死ぬところでした。〔しかし〕主なるデウスは、我々が相当苦労してもその場を切り抜けることをお望みになりました。あまりに強い風が我々を陸地へ押し上げましたので、我々は下船し、各人が可能な限りの資財を持って陸路を取りました。そして、我々は海から解放されたことを、少なからざる喜びを以てデウスに感謝しました。ここからその〔船を乗り換える予定だった〕場所まで二人のキリスト教徒が我々に同行し、そこから博多までは別の二人〔が同行しました〕。(452オ)

すでにかなり夜が更けてから、我々はその場所に到着しました。というのも、道中が険しかったことに加え、我々が渡ったいくつもの川〔があった〕からです。我々はすぐにその場所に宿を得て、早朝に一隻のパラオ船を我々のために用意するよう、宿主に請いました。というのも、我々は海路で七レグア進まなければならなかったからです。

小パラオ船に乗り海路を進む

翌日の早朝、我々五人は、辛うじて入ることのできる、一木で出来た小パラオ船（○丸木舟。）に乗り込みました。その〔五人の〕中には、デウスに奉仕する意志をもって豊後へ向かう一人の少年が含まれていました。このほかに漕ぎ手が二人おり、我々は全員で七人でしたので、船が必要でした。海は〔荒れ〕、逆風でしたが、道中雨が降り続いたため、〔荒れた〕海も〔逆〕風も無きが如きでした（○より悲惨な状況で、他のことが気にならなくなった状態を表す。）。

海賊と見られる船の接近

その場所に到着する二レグア手前で、重装備のパラオ船が一隻、全力で櫂を漕ぎながら我々に向かってやって来るのが見えました。〔我々の〕パラオ船の主は、それを見るや否や海賊だと言い、驚愕した一同は、命を守ろうと全力で陸へ向けて漕ぎ始めました。いとも親愛なる方よ、私は悲惨な下痢に襲われながら、可能な限り最善かつ最も密やかなこと〔を行なった〕とお考えください。私は靴や衣服を脱ぎ、日本の麻布でできたとても分厚い一枚の肌着以外は身につけませんでした。それはあまり望ましいことではなかったのですが、もし時が来れば他の者達と一緒に、泳いで逃げるためでした。

我々が殆ど着岸しかかったその時、そのパラオ船から平和的な人びとであるとの合図がありました。しかし、我々はそれを信じず、陸地に沿ってできる限り漕ぎました。そのパラオ船は自分達の進路に戻りましたので、我々は自身の〔進路に〕戻りました。

人を捕え農奴として売るのが海賊の習慣

したがって、我がいとも親愛なる方々よ、これらの航路を頻繁に動き回る者達は、他の地域から来る多くの海賊がいるため、いつ何時捕らわれ、ひどい飢餓と虐待に晒され、その後、その者に鍬を振るわせる者に売られる（〇農奴にされる。）ことか〔分かりません〕。というのも、これが当地の海賊の習慣だからです。しかし、我等の主なるイエス・キリストに讃美、その栄光と讃美のため、そのような日が我々の家に訪れんことを（〇苦しみを受けることで、より主の栄光に近づくことを願うという意味。）。

日没まで悪路を進む

その場所に到着すると、日没までまだ十分な時間が我々には残されていましたので、〔翌〕早朝に我々をさらに七レグア運んでくれるパラオ船に乗ることができるよう、我々は四レグアほど進むことにしました。というのも、この道はこのような方法で進むものだからです。この四レグアでは、道がとても険しく、ひどくぬかるんでいたため、馬で駆け〔られ〕ませんでした。そして道が予想以上に劣悪でしたので、私は膝の上まで浸かるようなぬかるみを歩くことを強いられました。私が得た慰めは、水を湛えた小川に行き当たった時のことで、そこには自分の体を洗うのに十分多量〔の水〕がありましたが、これにより私は、その時すでに一層血が混ざったものになってはおりましたが、下痢に苦しめられました。そしてこの日は一日中殆ど、雨が止みませんでした。そのため、我々はずぶ濡れになって疲れ切り、その場所に到着すると、そこで私は道中のひどい苦難を感じ始めました。というのも、死ぬかと思うほどに、下痢がひどくなっていたからです。

（452ウ）

下痢の悪化

翌日は、強風のために、またこちらの異教徒達の祝祭と定められた日だったために、敢えて行くことはしませんでした。私は、食欲は失せていましたが、衰弱しており、命を保持するために何か食べることを欲していました。米と塩漬けの魚もしくは腐った魚以外、ほかには何もありませんでしたので、そこが大きな〔集落〕であるがゆえにいくらかの卵があるかもしれないと思い至りました。というのも、各家では好んで一羽ずつの雄鶏と雌鶏を飼うものだからです。そこで私と共にあった一人のキリスト教徒がすぐに出かけて行き、いくつかの卵を持ち帰りました。彼等の祝祭であるゆえ〔鶏の飼い主は〕それを売りたがらなかったが、薬用であるなら無料で持って行くように〔と言い〕、こうして見つけたそれら（○卵。）をすべて持って来た、と彼は私に話しました。

卵を得る

いとも親愛なる方々よ、もし彼等（○現在異教徒の日本人。）がキリスト教徒達にもっと馴染めば、これらの人びとが大いに喜捨をし、大変親切にしてくれることを誰も否定しないと思われます。私は我等の主イエス・キリストにおいて、すべて〔の日本人が〕早急にキリスト教

全日本人が

早急にキリスト教徒になると期待

徒になるに違いないと期待しております。というのも、発見されたすべての人びとの中で、このような異教徒達はいなかったからです。我等の主に讃美、卵のおかげで、行程に戻るためのいくばくかの力が回復しました。話せば長くなりますので、博多〔に到着する〕までに切り抜けた苦難はお話ししません。

博多に至る

博多に着くとすぐに、私はたくさんの下痢の薬や、必要な食べ物、すなわち大変美味い米と粥が添えられた雌鶏の丸焼き、その土地の最良の酒を携えたキリスト教徒達の訪問を受けました。

豊後行きのみを望む

しかし、これらすべての贈り物によっても、私は、自身の病気の治療を得るか、兄弟達の間で死ぬために、豊後に行くこと以外望みませんでした。祭壇画を安置する所を整えましたので、それが到着するや否や、翌朝、〔豊後へ〕行くことにしました。

博多のキリスト教徒道中必要な物を調う

すぐに最も裕福なキリスト教徒達の家より、豊後まで我々に同行する二頭の馬と［二人の（〇ローマ・イエズス会文書館及び科学学士院図書館所蔵の古写本により補う。）］男、そして同様にそれらの馬に必要な物や、病人用の多くの物が私のために準備されました。それは大変愛情深く行なわれ、あたかもとりわけ大事な息子に対してそうするようでした。

いとも親愛なる兄弟達よ、もし私がこの支出を行なわなければならなかったとしたら、一五クルザード以下で済んだとはお考えになりませんように。というのも、およそ三箇月間に四、

アルメイダの旅はキリスト教徒達の出費に支えらる

五人に関し私が行なった支出をご覧ください。キリスト教徒達の出費がなかったら、どれほど費やしてしまったでしょう。いとも親愛なる方々よ、彼等がこれら一切の支払いを受け取ろうとする人びとであるとはお考えになりませんように。それに加えて、平戸で私の宿主との間に生じたことをお話ししましょう。私は四人の者と共に彼の家に二〇日間滞在しました。そこで彼は我々に食事と住まい、そしてそれ以外にも他のものを供しました。彼に報酬を送ろうとしたところ、彼はそれを送り返してきました。彼が言うには、デウスはそのようなことをお許しにはなりますまい、〔なぜなら〕私が彼の家に泊まりに来て、彼等の中にあったそれほどの〔大きな〕欠乏を補ってくださるという絶大な恩恵を〔主が〕彼に施されたのですから、ということでした。

平戸で宿主との間に生じた出来事

博多でも同様の出来事あり

(453オ)

同様のことは博多でも起こりました。私は一八日間そこに滞在し、清算を求めると、人びとは私に立腹しました。その家の主人が大変落胆して私に言うには、彼の持っている物は自身のものではなく、パードレ達の物である、また、彼が生きている間、彼の望みは博多にいるパードレ達とイルマン達を扶養することである、ということでした。今、自らの負担で教会を建てているのは、この者（〇末次興膳。）です。どうか彼のために、主にお祈りください。

私はかなりの苦難に見舞われながら博多を出発しましたが、〔この書翰が〕あまり冗長にな

豊後に至る

一箇月を病床に過ごす

らぬよう、〔それについては〕お話ししません。豊後に到着すると、我等のいとも親愛なるパードレ〔・コスメ・デ・トルレス（〇エヴォラ版により補う。）〕やイルマン達が私にかけてくれるいとも深い愛情に囲まれましたが、病はさらに私を襲い、そのため一箇月ほど〔寝たきりで（〇ローマ・イエズス会文書館及び科学学士院図書館所蔵の古写本により補う。）〕過ごしましたので、今はこの仕事をしつつ、とても衰弱しています。

キリストにおいていとも親愛なる兄弟達よ、私が守ることを約束した誓願の遵守によって、ただひたすら純真に、純潔及び真心を以って彼（〇デウス。）に奉仕するという恩寵を私にお与えくださるよう、心から我等の主イエス・キリストにお祈りください。

日本（〇エヴォラ版には「豊後」とある。）より、本日一五六一年十月一日。

主において不肖な僕にして兄弟（〇ローマ・イエズス会文書館及び科学学士院図書館所蔵の古写本では、この一文の前に、「パードレ・コスメ・デ・トルレスの命令により。」とある。）。

ルイス・ダルメイダ（〇ルイス・デ・アルメイダ。）

一四八　一五六一年十月八日（〇永禄四年八月二十九日。）付、豊後発、コスメ・デ・トルレスのゴアにあるアントニオ・デ・クアドロス宛書翰

コスメ・デ・トルレスの書翰

イエス。

一五六一年十月八日にパードレ・コスメ・デ・トルレス《(Cosme de Torres)》からインド管区長《(Provincial de la India)》パードレ・アントニオ・デ・クアドロス《(Antonio de Quadros)》に宛てた日本《(Japon)》からの一通の写し（〇リスボン市所在アジュダ図書館所蔵、四九ノ四ノ五〇号、四二六丁表～四二九丁表。）。

書翰の到来に感謝す

キリストにおいていとも尊敬すべきパードレよ、本年当地の我々の許へ届いた尊師やすべての我々の兄弟達からのそれら（〇書翰。）が、我々をどれほどの喜びと慰めに与らしめたか、私は言い表すことができません。〔それは、〕我等の主が我等の会（〇イエズス会。）に授けた大いなる増進を知ったからであり、それ（〇イエズス会。）を通じて、そちらやその他の地域のキリスト教界に齎した、大いなる躍進〔を知った〕からでもあります。我等の主なるデウス

が、その御恵みと御旨により、互いの拡大に着手なさいましたので、その至聖なる御名の名誉と栄光のため、それ（○各地のキリスト教。）を繁栄させ、前進させ給わんことを。

日本とその特質及び成果を本書翰に認む

　主において私がそれらの知らせによって受け取った多くの喜びから来る満足に関する原則として、それら（○書翰。）に対して大いなる感謝を捧げた後、そちら（○ゴア。）へ送られたそれ（○書翰。）のうち、最良のもの〔の一つ〕ではないかと思う、この日本《Japon》の地に関する良い〔知らせ〕を尊師に差し上げます。まず始めに、その地とその特質について、次いで上がっている成果や、過年よりも〔とりわけ〕本年の素晴らしい状況をお伝えします。我等の主なるデウスは、齎し給うあらゆることが、あらゆる者に褒め称えられんよう、思し召されます。

二度の収穫期あり

多くの銀鉱山あり

　始めに、その地（○日本。）とその特質については、過去の年々の他の〔諸書翰〕に多くの事柄が書き認められていますが、このたび幾らかお伝えします。第一に、この島（○九州。）と日本の地は、イスパニア《Espanha》と同じ気候と緯度です。幅は六〇レグアで、聞くところによると、長さは六〇〇レグアだということです。とても肥沃な土地で、一年に二度収穫期があります。（426ウ）というのも、五月には小麦、九月には米が実を結ぶからです。その地ではインド同様、夏に雨が降ります。多くの果物があり、その多くはイスパニアのものに似ています。そこには多くの銀の鉱山があります。

日本人は好戦的で名誉を好む

住人はとても好戦的で、名誉に関する諸点においては古代ローマ人ととてもよく似ており、したがって彼等が第一に愛好しているものはそれ（〇名誉。）です。その（〇名誉の。）ため、彼等の間では多くの戦があって、そのために大勢が死にますし、それを失ったように思われる時には大勢が自殺します。その（〇名誉の。）ために、窃盗や、他人の妻を娶ること、類似のことといった、多くの悪事や醜悪なことを思いとどまります。来世などないように思っているため、彼等はデウスを恐れませんが、その代りに先祖《sus padres》（〇原文は「個人的に sus partes」。リスボン市所在科学学士院図書館所蔵の古写本により訂す。）を崇めています。友人達には誠実です。

日本の三長

宗教の長天台座主

東堂

この地には三人の長、すなわち主要な大身がいます。その第一にして主要な者は、座主《Zaço》と言い（〇天台座主。）、宗教のそれ（〇長。）で、我々がキリスト教会について言う時の、ローマ教皇のような者です。というのも、創設された宗派を承認し、許可する権限は、彼にあるからです。もし彼が書いたものによって承認され、許可されたものでなければ、それら〔の宗派〕は信用されることも、尊敬されることもありません。また、こちらでそちらの司教に当たる東堂達《Tundos》を叙階する権限も、彼にあります（〇東堂は五山住持の呼称。実際には室町将軍が任命しており、天台座主は関与しなかった。）。その（〇東堂達の。）推薦は、一定の部分ではその地

東堂の叙階は座主が行うとの認識

の領主達のもの（〇権限。）ですが、彼等の叙階や聖別化《consagracion》（原文は「輪郭 configracion」。科学士院図書館所蔵の古写本により訂す。）は座主の書き物による必要があり、叙階された後は、それ（〇座主の書状。）によって、その地の有力な領主やその他の人びとは彼等（〇東堂達。）に敬意を抱きます。彼等は自分の教区の聖職者達を叙階することができます。そして彼は宗派の諸事とその仏僧を統括します。

宗教に関する采配や問題の決定も座主の役割

また、個々の東堂達から世俗の大身達への書状の作成といった、その宗教に関する重要なことに関する采配〔の権限〕もこの座主にあります。というのも、些細であまり重要でないことから、彼等の偶像へ巡礼で参る際、禁じられた期間に肉を食べることのような〔ことまで〕、それらのことを東堂達に割り当てる采配〔の権限〕は、その責任者に属するからです。この同じ者（〇座主。）には、宗教の事柄において生じる問題への決定権も属しており、重要な疑問が生じた時には、彼の許へ皆集まり、彼が決定することに従います。

座主は屡々世俗の領主と争う

これらの者は、シナ《China》では教養と知識による選挙で定まるのかもしれませんが、こちらでは世襲乃至〔役目を〕終えた者（〇前任者。）の推挙により定まり、それは概して高貴さや裕福さによります。〔座主は〕ここ日本《Japon》において、我々の間でのローマ《Roma》に相当するミヤコ《Meaco》にある、彼の修道院に住んでいます。多くの土地と俸禄を有し、しばしば世俗の領主達と争います。これが〔日本の〕宗教界の長に関する事柄です。

世俗の二長

世俗は二人の長《(cabeças)》、すなわち主要な大身に分割されております。それらのうち、一人は名誉〔の長〕、もう一人は権力、政治、司法〔の長〕で、これら二人の大身もまた、ミヤコに住んでいます。名誉の長は皇《(Voo)》と呼ばれており（〇天皇。）、世襲しています。この者は彼等の偶像の一つのようにいとも尊敬されています。人びとは彼をあまりに崇拝するので、彼は地面に足を着けることができず、もしそれ（〇足。）を〔地に〕着けるなら、彼はその職務と権威から放逐されます。そのため、彼の邸宅の囲いの内側から出かける必要がある時は、彼は輿に乗るか、高さ一パルモ（〇パルモは手幅尺で、一パルモは約二二センチメートル。）の木製の履き物を履きます。彼は自分の邸宅の囲いの外へは出ませんし、容易に目撃されることもありません。〔彼は〕通常、一方には刀を、もう一方には弓矢を持って座っています。彼の装束は、最初の、もっとも身体に近いものは黒色で、その上には赤いもの〔を着用します〕。さらにその上には、両手〔の部分〕に房飾りをつけた、ヴェールのような薄い絹製のものを纏い、頭には、司教のミトラのような、垂れ飾りのついた縁なし帽を被ります。その額は黒と白で塗られています。彼の食事は素焼きの土器に入っている必要があります。

名誉の長天皇

天皇は地に足を着けず

この者の職務と統括権は、名誉〔の称号〕に関することの範疇です。というのも、彼の所見

称号授与権

や、その人物の資質及び功績に応じて、それ（○名誉の称号。）を各人に与える権限は、彼のみにあるからです。したがって、彼の職務は、貴族達にそれに値するところに従って、称号（427オ）（○官職。）を授けることです。そのため彼は、各人の名誉と資質がどのようであるか、またどのような敬意と尊敬が持たれるべきかを知悉しています。

位階加増権

　またこの者には、称号において彼等に等級をつけ、各人に相応しいと思われる名誉の位階を加増する権限もあります。彼等に与えられるこれらの称号と等級は、彼等に与えられるある種の書付（○口宣案。）によって公のものとなります。署名をする際にそれらは、紋章や記章のようなものとなります。かくして大身達は、授与されたその称号と書付に応じて、自身の署名を変えます。当地豊後の領主(señor de Bungo)（○大友義鎮。）の身に生じたことですが、当地に我々が滞在して以来、かの皇によって加増されたその称号の階級に従って、三十四通りも〔の署名を〕見ました。

　したがって、日本のあらゆる大公(duques)や大身(señores)に対する名誉とそれにかかわる位階に関する事柄は彼に帰属し、彼からでなければ、誰もそれを得ることはできません。日本人は世界の他の何物よりもそれ（○名誉。）を望むことから、称号や〔授かることが〕同じく名誉となる彼の書付を得るために、毎年彼に贈られる進物は大変多く素晴らしいものですので、領地も収入もない

天皇は裕福

人であるにもかかわらず、〔皇は〕日本でもっとも裕福な者の一人か、もしくはもっとも裕福な者です。

大身からの贈物

〔大身達は〕彼の許に代理人を置き（○在京雑掌。）、毎年全員に彼を訪問するよう命じ、各々は大変金のかかるこれらの称号や等級を彼から得るため、金銭や反物の贈り物において、互いに相手より少しでも優位に立とうと働きかけます。これは、これらの称号によって、家臣達からたいそう重んじられ、畏敬されるためです。

退位の三事由

この皇は大変畏敬されており、また神聖視されていますが、三つの場合には、その地位を逐われ得ます。その第一は既述のように地面に足を着けた時、第二は誰かを殺した場合、第三かつ最後のものは、あまり大人しくない人の場合です。上述の場合の一つ一つにより、彼は職務と権威を奪われ得ますが、それらの何れによっても〔彼を〕殺すことはできません。

司法等の長公儀

第三かつ最後の長にして、俗世界の第二〔の長〕は、司法、権力、政治のそれで、公儀《(Quingue)》（○次段落に述べられている特徴から、室町将軍を指すと考えられる。）と呼ばれます。他にもそのような〔権力を〕持つ者が二人おり、一人をエンゲ《(Enge)》（○相当する語は不明。）、もう一人を御所《(Goxo)》と呼びますが、これら二つは首位の公儀（○または公家ヵ。）に従属しています（○この段落で述べられるトルレスの認識は、実際の室町幕府の権力構造とは相当異なっている。）。

この者（〇公儀。）は、権力と政治に関する事柄において、あらゆる日本の俗人の大身達を統括します。この者達の職務は、理があると思われる戦を行なうよう、より身分の低い者達に命じること、他の者達に領国の騒乱や対立について知らせるための許可を与えること、そしてそれらを鎮めることとです。また、領主達を鎮めることや、領国において逆らう者を罰することも〔職務です〕。このすべてを彼等は、この戦あるいはその他〔の戦〕をせよとか、この者達あるいはあの者達を和解させよとか、これこれの謀反人達を処罰せよとか、これこれの逆らう者達を制圧せよ〔など〕と、伝言によってより身分の低い大身達に命じて、彼等（〇身分の低い大身達。）を用いて行ないます。そしてもし彼に従わなければ、彼等の領地をその近隣の者達に与え、罰によりそれ（〇領地。）は召し上げられると公告します。これはこの者達の職務ですが、すべてにおいて従われているわけではありません。というのも、大身達を殺害する者は最良のものを得るからです。大半のことにおいて各人は、世俗の事柄においては自身の主人に、宗教の事柄においては自身の〔属する〕宗派の長や、その東堂あるいは各々の司教〔のような者〕に従います。

公儀の職務

他〔の書翰〕ですでに記されたように、宗派は一〇乃至一二あります。それらは外観的には種々多様ですが、内実においては一致しております。すなわち、尊び崇めるものにおいては異

日本の諸宗派は魂の不滅の否定に於て一致

なっておりますが、理性的霊魂の不滅を否定する点においては、〔一致しています〕。というのも、ある者達は太陽と月を崇拝し、またある者達は宗派を弘めた教養があり博学な人びとを、またある者達は戦の大将達《(capitanes)》やそれ（○戦。）で名を成した人びとを、またある者達は粗野な動物達を崇拝しているからで、このことは話すと冗長になります。

日本の諸信仰

その〔仏教の〕学者達は、こうした様々なものを崇拝することを彼等に教えておりますが、それでもその内心では、生と死以外何もないと思い込んでおり、人類も動物も植物も悉く、彼（427ウ）等が出てきたある場所へ戻るのであると言います。このため、およそ二五〇〇回の瞑想というのがあり、ある人がそれだけ瞑想したなら、件の無知（○魂の不滅の否定。）の中に完全に落ち着きます。というのも、あらゆることが、魂の不滅という考えを取り除くのに都合よく適応されているからです。

日本仏教に於る瞑想

それらの瞑想のうちの一つは、ある人の頭に、切り落とされた後、そなたは何者かと尋ね、彼がどう答えるか推察するというものです。また別の〔瞑想〕は、同じ風が、それが当たるものの差異に応じて、ある音や〔異なる〕似た音を出し、そして遂には消えるが、それはすなわち、それ（○風。）は何ものからも生まれ出ず、無に帰するのである、と〔いうものです〕。また、〔別の瞑想は、〕人間は三つの魂を持ち、順番にそれら各々を受け入れるのと同様、最後に入ったものが最初に出て、順番にその人から出て行く〔というものです〕。〔仏教の〕学者達はこれ（○その答え。）をごく秘密として保持しており、多額の金銭を彼等に与える人以外には、滅多にそれを明かしません。

釈迦信仰

賢人を崇める者達の中には、釈迦という名の一人の男を崇拝する者達がいます。彼等は彼（○釈迦。）が博学で国王の息子だったと言います。この者は当地の人びとのために多くの無知蒙昧な書物を残しました。そのため、彼を崇拝する者達は、法華経《(Foquequio)》と称する一冊の彼の書物を崇めており、この書物の功徳を以てせずば、何者も救われず、それ（○法華経。）を以てすれば、草木までもが救われるであろうと言います。書物の中身を吟味すると、すべては〔その書物が〕語るところの、あらゆるものが依拠すること（○法華経を崇めれば救済されるという教え。）ではないことを説くのに終始しています。

大日如来信仰

太陽と月を崇拝する人びとは大日《(Denix)》と呼ぶ偶像も崇めており、三つの頭と共に描かれ、それらは太陽、月そして元素の力であると言われています。この者達は悪魔の姿をしたものをも崇めており、多くの生贄や高価な捧げものをすると、しばしばそれが日に見える形で現れます。彼等は概して大妖術師で、我等の主デウスの教えの大敵です。

観音信仰

ほかに、観音《(Quanon)》と呼ばれる仏像乃至偶像があり、阿弥陀《(Amida)》の息子であったと言われ、彼もまた人びとが崇拝する別の賢人です。それ〔○観音。〕を崇拝し、この観音〔の教え〕に従う人びとは、数は少ないながらも、かなり敬虔で、それを大変愛し、常に祈りを捧げています。

瞑想

第五は、前述のような事柄について瞑想することを教える教えです。〔その瞑想は、〕前世は何だったのか、何に生まれ変わるべきかについて考えることに終始します。

これ〔○諸宗派。〕が、一般的に人びとが従っているものです。これ〔○以上の事柄。〕が、その土地〔自体〕と、性質に関する第一のことにあたります〔○本書翰第三段落参照。〕。

日本宣教の成果と状況

第二のものとして、我等の主がその〔○日本の。〕ために、当地でお授けになった成果と状況に関してですが、それは我等の会〔○イエズス会。〕がこの日本の地に来て以来、最大の助けとなっております。過去の年において、当地に存在した諸戦のために、我等の聖なる教えを、すでにそれが弘められ多くの者に受け容れられている場所以外のところへ弘めることが叶わなかったのみならず、これら〔の諸処〕においてすでに〔信者に〕なっていたキリスト教徒達を扶助しにそこへ赴くことさえできなかった経緯といったことが、書き認められました。

大友義鎮の戦勝による宣教進展への期待

当一五六一年、我等の主はその思し召しにより、我々の友人である豊後国主《(Rei)》〔○大友義鎮。〕に、その敵の大半に対するいとも大きな勝利をお授けになりましたので、それ〔○勝利。〕とそれから続く大いなる平和により、彼〔○義鎮。〕の領地において説教し、〔宣教を〕

進展させ、同領や他所にいるキリスト教徒達を扶助することができるだけでなく、すでに我等の主が示し始めておられるように、日本の他の地方にも〔キリスト教を〕弘めて敷衍することができるよう、我等の聖なる教えへの大いなる門戸が開かれました。

イエズス会員六人が八地域で宣教

我々が滞在する当地（○日本。）にあるイエズス会の会員は、六人です。この者達は八つの地域すなわち〔小〕管区で我等の聖なる教えを弘めております。これらの〔地域の〕うち、第

豊後

一のものは豊後の当〔地域〕であり、そこには我々の友人である国主が在居しています。当地は〔北緯〕三三度半、この島の北端の地域（○平戸周辺を指すか。）から、東方へ下ったところにあり、そこに我々は居住しております。そこには非常に多くの、かつ模範的なキリスト教徒がおり、常に新しく〔キリスト教徒になる者が〕生じ、その中には瞑想の〔宗派の〕学者達（428オ）が入っています。互いにどういう人びとであるのか、我等の主が彼等のうちにいかなる御業を行なわれるかを、尊師は当地豊後から書き送られる個別書翰を通して、理解なさることでしょう。

朽網

第二の地域は朽網《(Cutami)》のそれで、豊後国主の伯爵《(condado)》（○重臣。）領のようなもので、豊後から九レグアほど離れています。ここには二〇〇人以上のキリスト教徒がおり、彼等のうちの一人が自らの出費で大変美しい一宇の教会を造作しました。彼はそこ（○教会。）に誰か〔宣教師が〕

滞在することを希望していますが、人が不足しているので、それは配されておりません。少なくとも、イルマンが一人必要であったように思われます。〔同じことを〕語る他〔の書翰〕からも、どうか尊師はこの必要性をご理解くださいますように。

平戸島

我等の聖なる教えが弘められている第三の地域は平戸島《(Firando)》です。そこには、我等の主の御旨により、七乃至八のキリスト教徒達の集落があります。この島は当日本の島（○九州を指す。）のもう一方の端の一帯から西方にあり、当地豊後からは四五乃至五〇レグアの距離です。そこには二〇〇〇人のキリスト教徒がおり、昨年は戦のために彼等を訪問することが叶いませんでしたが、本年はそれが可能となり、その地の領主（○松浦隆信。）が豊後の国主（○大友義鎮。）に対して有する従属関係により、これより先は、危険なく行くことができるでしょう。

過ぐる七月、イルマンのルイス・ダルメイダ《(Luis d'Almeida)》（○ルイス・デ・アルメイダ。）は彼等（○平戸のキリスト教徒達。）の許を訪問し、〔キリスト教徒達は〕我等の主とその地に当時ナヴィオ船で到着したポルトガル人達の助けにより、本来それがあった場所に、キリスト教徒達の教会を再建しました。そこで生じたこれ以外のことや、その（○平戸の。）キリスト教徒達の成果や良き特質は、彼（○アルメイダ。）が、尊師に一通〔の書翰〕を書き認めますので（第一四七号文書参照。）、当書翰ではそれについて言及はしません。

博多

第四の地域は博多《Fataca》で、商人達の大変豊かな都市です。そこは平戸から内陸の道を通って、およそ二〇乃至二五レグアの距離です。この地に、すでに我々は一宇の教会を有し、その地のキリスト教徒（〇末次興膳。）がもう一宇造作するために寄付を差し出しました。その地にはキリスト教徒がおり、そこに立ち寄った時、イルマンのルイス・ダルメイダは、数日の間に六〇人以上に洗礼を施しました。もし病に罹らなければ、そこへ戻った暁には、より多くの者に洗礼を授けるところでした。

鹿児島

島津貴久は宣教師の来訪を歓迎するとの見解

第五の地域は、鹿児島《Cangaxima》のそれで、そこは我等の福者なるパードレ・メストレ・フランシスコ《Mestre Francisco》（〇ザビエル。）が最初に入港したところで、再びこの地にやって来た時、日本のキリスト教徒達から初めての収穫の初物《primeras primicias》（〇底本には「約束 promessas」とある。リスボン市所在科学学士院図書館所蔵の古写本等により訂す。）を受け取りました。この地は当島の最南端にあり、〔北緯〕三一度で、豊後からは六〇レグアかそれ以上の距離にあります。ここにもまたイルマン（〇フアン・フェルナンデス。）が訪れ、その地の領主（〇島津貴久。）から大変歓迎されました。彼（〇貴久。）は、その地にポルトガル人が行かないために、私に不満を書き送ってきており、もしそこへパードレが行くならば、歓迎されると思われます。この地は大きな領国で、そこでは我々のことはすでに知られており、そこにはキリスト教徒達がいます。彼等は、会

（○イエズス会。）の何某かを彼等の許へ派遣するよう〔願って〕書状を送ってきております。尊師よ、どうか我等の主の御慈愛により、彼等の願いが叶えられるよう、その者（○日本で働くイエズス会士。）を派遣してください。

山口

第六の地域は、より北の方角へ離れたところにある山口《Yamanguche》のそれです。そこは豊後から約五〇レグアの距離です。その地のキリスト教徒達は、諸戦によりここ数年手当を受けられませんでした。現在、この度の平和により、彼等は受容した信仰を堅持していると書き送ってきましたので、我々はそこへ行くでしょう。というのも、そこは異教徒達の改宗に、そしてすでにキリスト教徒になった者達の維持に、大変適しているからです。

ミヤコ

心海よりの書状

第七の地域は、ミヤコ《Meaco》のそれです。そこについて、私は尊師に宛てて、過去の数年、〔以下のように〕お伝えしました。この島から別の端へ向かって東方にあり、当豊後からは一〇〇レグア以上もあるミヤコより、私に宛てて、その地域の仏僧達のうちの重立った者（○心海。）が、一通の書状を書き送ってきました。その〔書状〕では、〔彼は〕デウスの教えを聴聞する（428ウ）ことを強く願っているが、非常に老齢であることに拠り、私（○トルレス。）がいる所へは行くことができない、それゆえ、もし私がそこへ行くか、もしくは〔何某かの者を〕送ってくれるならば、大変有難くそれ（○デウスの教え。）を聴くであろう、と伝えてきました。昨年私は尊師に宛てて、我々の同志にして兄弟であるパードレ・ガスパール・ヴィレラ《(Gaspar Vilela)》がその返信を携えてそこ（○ミヤコ。）へ向かったこと、そしてそれは、宗派の事柄においては、あらゆることがそこ（○ミヤコ。）に依存しているので、あの地で我々の教えを弘め得るかどうかを試してみるためであったことを、お伝えしました。

心海の死

道中の多大な苦難を乗り越えた後、パードレ（○ヴィレラ。）はその地へ到着し、その仏僧が死去したことを知りました。人びとが言うには、彼は亡くなる前に、私と我々と共にいる日本人が彼に書き送った我等の聖なる信仰に関する事柄を十分理解したと語り、それらのこと（○キリスト教についての理解。）を奉じて亡くなった、とのことです。

パードレ（○ヴィレラ。）が到着し、大いに苦労した後、我等の主はその御旨により、我等の聖なる信仰を弘めるための適正を見出すにとどまらず、その宣教が強く待ち望まれていたあれらの地域にそれを弘め、増大させ始めることをお望みになりました。彼（○ヴィレラ。）の諸書翰を通じて、尊師はより詳細に、そこで我等の主が御業を施されていることを理解なさるでしょう（○一四五号文書参照。）。

堺

第八にして最後の場所は、堺《(Cacay)》の市です。そこからミヤコまではほんの数レグア〔の距離〕です。大変豊かで多くの商人の市です。そこはヴェネツィア《(Venecia)》のような方法で統治されています。

そこから私宛に、贈り物と共に書状が送られてきました。それはデウスの御慈愛により、そこにいる彼等の許へ、デウスの教えを説くことができる者を派遣するよう願うものでした。〔私は（○科学学士院図書館所蔵の古写本により補う。）〕一人でおり、当地に滞在させるにも、あちらへ派遣するにも、〔他に〕一人も聖職者がおりませんでしたので、ミヤコにいるパードレ・ガスパール・ヴィレラに宛てて、尊師が我々の許に、そこへ向かうことができる同志を送ってくださるまでは、その地（○堺。）にあって、かくも素晴らしい不足を補うように、と伝えました。

ヴィレラに堺行を命ず

我等の主の御慈愛により、少なくとも六人、それが無理なら四人をお送りくださいますよう、あなたにお願いいたします。なぜなら、これらの八つの地域以外にも、我等の聖なる教えへの扉が大いに開かれようとしているからです。現在日本は平和な状態にありますので、我等の聖なる信仰を弘め得ないと思われるような所へも、決して行くことができないということはないからです。それというのも、あらゆる人びとは、キリスト教徒であれ、異教徒であれ、最終的にはこの地には偉大なキリスト教界ができるに違いない〔資質を〕見せ、その兆候を示しているからです。そうなるのは確実です。なぜなら、これまでも、日本のこれらの地域で我等の聖なる教えを広く弘めるのに何年もかかった後に、〔成果が〕生じたように、同じような他のこ(caeteris paribus)

宣教師の派遣を請う

日本宣教への期待

とが、ここから先に起こるからです。

それゆえ、尊師には我等の主の御慈愛により、同志を与えてくださるよう、もう一度お願いいたします。というのも私は、それら（〇宣教師。）の不足により、当地に我々が有する日本

日本人の活用

人で、我等の主なるデウスが最も交信する者を以て自助とし、このような良い機会を逃さないことを決意しているからです。そして、尊師が我々の許へ、我々を手伝ってくれるパードレや

新たな宣教師到来までの人員配置

イルマンを配してくださるまでは、時が来ればイルマンのジョアン・フェルナンデス《João Fernandes》をミヤコにいるパードレ・ガスパール・ヴィレラの許へ派遣し、〔現在〕彼（〇ヴィレラ。）と共にいる日本人（〇ロウレンソ了斎またはダミアン。）を博多へイルマン・ルイス（〇ルイス・デ・アルメイダ。）と共に送り、ギリエルモ《Guillermo》（〇ギリエルメ・ペレイラ。）には他の日本人を付して平戸のキリスト教徒達の許へ送り、私とイルマン・ドゥアルテ・ダ・シルヴァ《Duarte da Sylva》はこれらの豊後のキリスト教徒達に傾注すると決めております。

キリストにおいて尊敬すべきパードレよ、これ（〇以上の事柄。）が、〔日本で〕上がっている成果と、〔日本が〕それ（〇キリスト教布教。）に有している適性に関することです。キリスト教徒達のことや、彼等がどのようであるかについては、それを申し上げるにあたって、私は真実わが身を恥じ入ります。尊師はそれについて、兄弟達が書き送る書翰からご理解くださる

（429オ）

日本人キリスト教徒は極めて敬虔

ことでしょう。ただ一つ申し上げますのは、これまで敬虔な人びと、不実な人びとの土地を多く見て参りましたが、かくも道理を知るとそれに従い、その信心と苦行に身を捧げる人びとを見たことがありません。というのも彼等はそれ（〇苦行。）や至聖なる秘跡を受ける際、それに臨む彼等〔の態度〕は、改宗して間もないキリスト教徒というよりもむしろ修道士のようだからです。彼等は受け容れた信仰において非常に堅固です。

平戸のキリスト教徒財産を捨て豊後に来る

これに関して、一つだけ申し上げますのは、昨年、平戸のキリスト教徒達が、キリスト教徒であることにより迫害を受け、面目を失わされたことにより、そのうちの多くが財産を手放して、我等の主なるキリストと共にあって貧しい者たることを、それなくして富める者たることよりも望んで、当地豊後に住むためにやって来たことです。

祈りの合図を聞いて示す信心深さ

彼等の信仰の篤さについてもう一つ申し上げますと、当地に我々が有する鐘によって、習慣となっている時間に祈りを捧げる合図がなされた時、祈りのために跪く際に見せる信心深さは、道理によって敬虔にそれを行なうことを習慣としている成人した男女や若者のみならず、この習慣がないような子供達にさえも見られます。

一人のキリスト教徒が私に語ったことですが、過日、キリスト教徒である自分の幼い下女に、酒を売っているところへ僅かばかりのそれを買いに行かせた際、彼女がそれを量っていたところ、アヴェ・マリア（○アンジェラスまたはお告げの祈り。）を告げる鐘（○晩鐘。）が鳴り渡り、彼女はその時課を聞いて酒の瓶を手放し、祈るために跪き、主の祈りを五回、天使祝詞を五回唱え終わるまで立ち上がりませんでした。異教徒達はあまりに驚き、感化されて、子供にさえ良き習慣を教えるのであるから、キリスト教徒達の神ほどの他の神《Dios》はあるまい、と語りました。

ロザリオの珠への信心

これらすべてのキリスト教徒達の祝別されたロザリオ《contas》の珠に対して有する信心は、格別です。というのも、我々の兄弟達が当地の我々のために送ってくれた僅かなそれら（○ロザリオの珠。）を、共有の場所に安置しておくと、彼等はそれらに対する祈りを決して止めない程だからです。もし偶々ある人が〔ロザリオの珠を〕数個持っていれば、常に掌中に携えて持ち歩きます。これらのキリスト教徒達のある者に贈り得る最大の施しは、祝別されたロザリオをその者に与えることです。

ロザリオの送付を請う

尊師よ、どうか我等の主の御慈愛によって、我々に〔ロザリオを〕いくつか送り給いますように。というのも、それが大変尊ばれている当地において、それらは大変有益に活用されるように思われるからです。なぜなら、そちらから我々の許へ到来するあらゆる物の中で、最も尊ばれるのは、それら（○ロザリオ。）と我々の兄弟達であるからです。

尊師よ、どうか我等の主の御慈愛によって、〔それらを〕お送りください。というのも、〔それらは〕マルク人《(Malucos)》やブラジル人《(Brasiles)》ではない当地の人びとに、かくも必要であるからです。我等の主なるデウスが尊師に対し、当地に存在するそれらの不足と、必ずやそれが実行されるようにとの〔デウスの〕至聖なる思し召しを悟らせ給わんことを。

宣教師の派遣を請う

キリストにおいて尊敬すべき方よ、記すに値するような多くの特異なことが〔他にも〕生じておりますが、これ（〇本書翰に記された事柄。）が尊師に宛てて、当地〔の状況〕や、その特質、そのキリスト教界、当地の人びとについてお知らせするのに思い浮かんだことです。〔この書翰が〕そちらの地域（〇インド。）同様、ヨーロッパにある我々の兄弟達を大いに喜ばせるものであると信じております。尊師よ、どうかそれ（〇日本での宣教。）を行なう人材を我々の許へ送ってください。〔それは〕必ずや、それ（〇宣教。）に栄誉を与えてくださる我等の主のためとなります。あの方が、常にあなたの、そして皆の魂のうちに在らんことを。アーメン。

当豊後より、一五六一年十月八日。

主における尊師の僕より　コスメ・デ・トルレス

一四九　一五六一年十月八日（○永禄四年八月二十九日。）付、豊後発、コスメ・デ・トルレスのローマにあるディエゴ・ライネス宛書翰（○ルイス・デ・メディナ編『日本史料集　一五五八―一五六二』所収、第四七号文書。）

イエス。マリア。

いとも尊敬すべき我等の師父よ。

我等の主イエス・キリストの恩寵、平安、そして慈愛が、つねに我等への好意と扶けのうちに在らんことを。アーメン。

過去の年々の書翰により猊下（○イエズス会総長であるライネスを指す。）もご存知のように、天に在すパードレ・メストレ・フランシスコ《(Mestre Francisco)》（○ザビエル。）は、一一年前イルマン・ジョアン・フェルナンデス《(Joan Fernandez)》（○ファン・フェルナンデス。）と私（○コスメ・デ・トルレス。）をこの日本《(Japán)》の地に残されました。その（○日本の。）特徴は、何度も詳細に書き認めましたので、今は簡単に触れるにとどめます。

日本はイスパニアと類似

日本はイスパニア《España》と同じくらい寒く、同じ緯度に位置しており、多くの点で類似しています。すなわち、イスパニアに存在する多くの果物があります。一年に二度穀粒が実り、五月には小麦、九月には米が〔実ります〕。インド《India》同様に、雨〔季〕は夏にあります。

日本人は好戦的で名誉を重んず

この地の住民は好戦的です。彼等が最も重んじるのは名誉であり、それが失われたと思われた時、この（○名誉の。）ために死んだり、さらには大勢が自殺したりします。そしてその（○名誉の。）ために多くの罪深いことや見苦しいことを行なわず、先祖を崇め、友に忠実です。

天皇

この地には、三人の主要な人物がおります。一人は名誉の長《cabeça》（○天皇。）で、すべての者がこの者を崇めております。この者は大領主達に名声（○位。）を与える以上には何ものも持っていませんが、その（○位階授与の。）ために、〔大領主達は〕彼に多額の金銭を贈ります。この者は地面に足を着けることができず、万が一、地面に足を着けてしまうと、その権威を奪われます。

皇位は世襲せらる

この地位は世襲で継がれます。その家臣はすべての日本人から大変崇敬されており、武器を持たない剃髪した人びとです。

室町将軍

第二の人物は、封建領主《hidalguia》の長です（○室町将軍。）。この者はあまり崇敬されていません。なぜなら、日本の領主達は、多大な権力を持つと、自分の領地で絶対君主となるからです。それでも、この人物は、当地の第一の領主としての名声を保っています。

天台座主

第三の長は、宗派のそれ（〇天台座主。）で、この者も、それら（〇宗派。）の間に存在する疑問を彼に尋ねる時以外、他の事柄においては崇敬されていません。この（〇教義に通じていることの。）ため、〔人びとは〕彼に若干の敬意を抱いております。というのも、すべからく各人は、十か十二あるその宗派の長に従っているからです。その主要な教えは、生まれることと死ぬこと以外はなく、この点においてすべて〔の宗派〕が内実では一致しているように思われますが、外見的には他のことを教え、その中で彼等はイエス・キリストの教えに大変似通ったものであろうとしています。

日本人は理性的

〔日本人は〕よく理性に従う人びとで、祈祷に熱心で、大変敬虔です。デウスの事柄を理解した後は、カナン《(Caña)》人の女（〇「マタイによる福音書」で、カナン人は、キリストの教えを信じない異邦人を代表する民族。）のようではありません。それゆえ、もしこの地に多くの〔イエズス〕会のパードレ達がいることになれば、多くのキリスト教徒が生じるであろうという大きな期待が持たれています。

ここ一〇乃至一二年の間、我々が滞在したところには常に戦があり、それはデウスの教えを説くのに大変大きな障害です。しかしながら、各地でおよそ四〇〇〇乃至五〇〇〇人がキリスト教徒になりました。そのうち二つには住民しかおりませんが（〇常駐する教導者が不在の

宣教師の派遣を請う

意。）、七、八の教会が設立されました。それゆえ、マグダラのマリアがイエス・キリストに対して言った「あなたの友人が病んでいます」(Amicus tuus infirmatur)（〇「ヨハネによる福音書」一一章三〜四節。「主よあなたの愛する人が病気です *Ecce que mamas infirmatur*」。）以外のことを言いたくはありません。

三誓願を命ぜらるも遂行できず

本年、我等の管区長（〇インド管区長アントニオ・クアドロス。）が私に書き送ってきたところでは、総長に代わって(vice prepositi jeneralis)パードレ・バルタザール・ガーゴ(Baltasar Gago)乃至パードレ・ガスパール・ヴィレラ(Gaspar Vilela)、または他のいずれかのパードレの手で、三誓願（〇清貧、貞潔、従順の誓願。）を立てるよう猊下が私にお命じになったとのことです。現在、豊後(Bungo)の当地方には私しかおりませんので、〔猊下が〕私にお命じになったことを成し遂げることができませんでした。なぜなら、パードレ・ガスパール・ヴィレラのいるミヤコ(Miaco)は、ここから二〇〇レグア以上も離れているからです。

こちらにやって来る最初のパードレによってそれを行ない、また聖なる従順によって命じられるままに、猊下に誓願をお送りいたします。それにより、我等の贖い主イエス・キリストに、その聖なるご受難による恩恵を通して、生きながら死ぬ恩寵を私に与え給い、またその（〇恩寵の。）うちに生涯を終えさせてくださるよう願います。

豊後の当修院より、一五六一年十月八日。

尊師の無益な僕にして、イエス・キリストにおいて不肖の息子より

コスメ・デ・トルレス(Cosme de Torres)

日本關係海外史料　イエズス会日本書翰集　原譯文編之四

2018(平成30)年3月30日　発行

本体価格 14,700円

編纂・発行　東京大学史料編纂所

発　　売　一般財団法人　東京大学出版会

電　話　03(6407)1069

FAX　03(6407)1991

振　替　00160-6-59964

印刷・製本　株式会社平文社

ISBN 978-4-13-092744-4 C3321 Printed in Japan

東京大學史料編纂所編纂

日本關係海外史料

イエズス会日本書翰集

原譯文編之四

自永禄二年十二月　至永禄四年八月

平成三十年

東京大學史料編纂所刊行

NIHON KANKEI KAIGAI SHIRYO :
HISTORICAL DOCUMENTS IN FOREIGN LANGUAGES
RELATING TO JAPAN

(ORIGINAL TEXTS & JAPANESE TRASLATION)
SELECTION III VOLUME IV

A Publication
Edited by Historiographical Institute (*Shiryō Hensan-jo*),
The University of Tokyo

Printed in Japan by Heibunsha

JESUIT LETTERS
CONCERNING JAPAN

Vol. IV
January 15, 1560 – October 8, 1561

TOKYO
2018

CONTENTS

LIST OF DOCUMENTS CONTAINED

REMARKS

Regarding this transcription, the editors have endeavoured to keep the original style and appearance of the manuscripts and documents and maintain the original spellings, but they have made a number of alterations for the sake of overall consistency. The following editorial conventions have been applied.

1. The editors have followed current Portuguese standards regarding punctuation.

2. As a rule, the editors have filled in the abbreviation and endeavoured to avoid omission of letters; per'a India — pera a India, d'escrever - de escrever, V. R.- Vossa Reverencia, Vuestra Reverencia.

3. Changes of folio page in the manuscripts and the documents are indicated at the beginning of each new page with a uniform mark such as [*fol. 7r.*].

4. Phrases omitted or eliminated in the original text, have been restored from other manuscripts.

5. Letters or words omitted in the original have been added in brackets [ ]. When the restoration of an omission is problematic, the editors have indicated this with the uniform mark [.....].

6. The mark [*sic*] means the preceding word seems to be mistaken, doubtful, dark or is a meaningless repetition, but has been transcribed as it is.

7. Words inserted in the space between lines, or written in the margin, are indicated with the mark 〈 〉.

8. The editors have transcribed the original spellings as they are. However, some supplements were added for reader's better understanding; ex. ouve → [h]ouve.

9. The letters *i* and *l*, *u* and *v*, *c* and *ç* in the original, are transcribed in conformity with modern usage; ex. *vva* → *uva*, *moco* → *moço*. Also the letter *j*, whether a vowel or a consonant, has been changed to *i* in this transcription.

10. Capitalization here follows the style now that current in Portugal.

11. In this transcription, proper names and Japanese words in the original and the codex are transcribed as they are, out of deference to the original texts, and

precise spellings have been supplied in the footnotes in accordance with the modern mode of transcription (the Hepburnian system).

12. In the use of the documents collected in the publications *DOCUMENTA INDICA* and *DOCUMENTOS DEL JAPÓN* etc., the editorial principles applied there have been, as a rule, respected.

The editors deeply appreciate the generous permission given by the Archivum Romanum Societatis Iesus (ARSI) and Institutum Historicum Societatis Iesu (IHSI) as to use their publications on printing.

Publications by IHSI which were referenced in this volume ;

WICKI, I. (ed.), *DOCUMENTA INDICA*, VOL.IV-V, MONUMENTA HISTORICA SOCIETATIS IESUS, VOL. 78 and 83, 1956-1958.

—— (ed.) FROIS, L., *HISTÓRIA DE JAPAM*, VOL. I–V, Biblioteca Nacional de Lisboa, 1976-1984.

RUIZ DE MEDINA, J. (ed.), *DOCUMENTOS DEL JAPÓN, 1547-1557, 1558-1562*, MONUMENTA HISTORICA SOCIETATIS IESUS, VOL. 137 and 148, 1990-1995.

ABBREVIATION

AHNM = Archivo Histórico Nacional, Madrid.

AMNEL = Arquivo do Ministério dos Negócios Estrangeiros, Lisboa.

APT = Archivo de la Provincia de Toledo de la Compañía de Jesús, Alcalá de Henares (Madrid).

ARSI = Archivum Romanum Societatis Iesu.

BA = Biblioteca da Ajuda, Lisboa.

BACL = Biblioteca da Academia das Ciências, Lisboa.

BNCR = Biblioteca Nazionale Centrale di Roma.

BNL = Biblioteca Nacional, Lisboa.

BRAM = Biblioteca de la Real Academia de la Historia, Madrid.

BR. = Brother.

cf. = confer (= compare).

ed. = edit, edited.

f., fl., fol. = folha, folio.

FR. = Father.

ibid. = ibidem.

i.e. = id est.

Ihs, Ihes, Jhs., Jhus, Jhesu. = Jesus.

r. = recto.

S. = San, São, Santo.

S.I., S.J. = Societas Jesu, Societatis Jesu.

v. = verso.

JESUIT LETTERS
CONCERNING JAPAN
1547–1579
Vol. IV
January 15, 1560 – October 8, 1561

130

LETTER FROM FR. MELCHIOR NUNEZ BARRETO S. J. TO FR. DIEGO LAÍNEZ S. J. IN ROME[1)]

Cochin, January 15, 1560

Ihs. Maria
Mui Reverendo em Christo Padre.
Pax Christi.

O Padre Provincial, Antonio de Quadros[2)] me escreveo os dias pasados que Vossa Paternidade lhe tinha mandado fazer huma sindicação geral dos Padres e Irmãos destas partes, asi do Preste[3)] como da India, pera Vossa Paternidade ter huma particular enformação deles, e que, porque este cuidado vinha dirigido a ele como a Provincial do Preste, e eu socedi en seu lugar, toma[s]se este cargo, e também por eleiçom os mais Padres profesos me elegirem pera iso.

Muitas difficultades se me offerecerão nesta obediêntia, e as principaes são estas: a 1ª, ser negóceo odioso declarar vidas alheas; a 2ª, ser mui difficultoso acertar na verdade disto, porque *solus Deus est ponderator spirituum*[4)]; a 3ª, porque são mui imperfeito em mim e em meus affectos, e temo-me que, asi

---

1) Source Text: *DOCUMENTOS DEL JAPÓN 1558-1562*, No. 26, pp. 255-262.
Ref.: ARSI, *Goa 24-I*, 26r.-34v. 37r.-v. (original in Portuguese).
Printing: *DOCUMENTA INDICA*, IV, No. 64, pp. 499-523.
Diego Lainez (1512-1565) was the second Superior General of the Society of Jesus (1556-1565). He is a native of Almazan, Spain and was one of the seven men who formed the original group of Friends in the Lord, later Society of Jesus.
2) Antonio Quadros is Portuguese Jesuit from Santarem. He worked as the Provincial of India from 1559 until his death in 1572.
3) It indicates Ethiopia.
4) Cf. Prov. 16: 2.

como o raio do sol em pasar pola vidraça toma a cor da vidraça e aos olhos doentes de etiricia tudo lhes parece verde, asi as vidas mui puras dos da Companhia em meu conceito tomem a cor que minhas emperfeições lhes derem, e eu nom fique denunciador fiel, *siquidem solus spiritualis omnia diiudicat et non animalis*[5]; a 4ª, porque como com o exercítio das virtudes e communicação da graça e experiêntia dos tempos se fação muitas mudanças, pola ventura ao tempo que Vossa Paternidade vir esta carta será mui deferente a cousa do que escrevo, e ainda estou dando enformação de muitos agora a Vossa Paternidade que há três e 4 annos que nom vi, que agora se os vis[s]e teria deles mui differente conceito.

E asi por muitas vias fiqua o negóceo difficultoso pera quem deseja nom errar, e mais em cousa de tanta emportântia. Mas a obediêntia *est mortificatio rationis* e quer-se cega. Polo qual, [h]a medo e como quem daa à vela por mar perigoso, obedecerei falando primeiro dos que estão em Goa e despois dos de Japão, Maluco, Malaqua, Choramandel, Comorim, Coulão, Cochim, Tanaa, Baçaym, Damão, Ormus, Preste, Ignambane.

Goa

......

O Padre Francisco Cabral[6], mestre dos noviços, quá recebido, recolhido, de mui boom exemplo, de boom engenho pera letras, aprendeo o curso das artes e 2 annos de theologia. Hé fervente no pregar, obediente, amigo da oração, muito doente da cabeça e dos peitos, e dos Irmãos quá recebidos parece o mais aproveitado nas letras e virtudes; parece huum pouco contentioso.

......

Luis Froes averá doze annos que está na Companhia[7]. Tem muita viveza

---

5) Cf. 1 Cor 2: 14.

6) Francisco Cabral was born in 1529 in Azores islands and entered the Society in 1554 at Goa.

7) Luis Frois was born in Lisbon in 1532 and entered the Society in 1548. He was designated as a priest in Goa in 1561.

com rethórica natural, tem grande expediente pera os negóceos. Foi sempre mui provado e experimentado pelos Superiores, sempre firme em sua vocação, algum tanto decretista e particular nas conversações, porem obediente. Tem persuasiva pera declarar e persuadir seus conceitos. Tem boa prudentia natural e conversação affável, algumas vezes queixoso dos trabalhos que a obediêntia lhe põe. Hé remeixedor; alugmas vezes as cousas que escreve ou sabe dos Superiores, sendo cousas de segredo, as comunicava no tempo pasado (nom sei agora)[8] aos Irmãos seus amigos; espera-se muito dele, hé bem desposto, ouve artes.

......

Japão

Em Japão, que hé huma ilha de 600 légoas que está mais de 1.500 légoas além da India, está por Superior o Padre Cosme de Torres[9], que será de 50 annos, que foi pera lá por companheiro do noso bem-aventurado Padre, o Padre Mestre Francisco. Hé mui bem desposto naturalmente, patientíssimo em os trabalhos corporaes, nem sei aver visto homem que nesta parte o exceda, mui inimigo de si.

7 annos esteve em Manguchi[10], onde o Padre Mestre Francisco o leixou[11], sem comer carne, nem peixe fresquo, nem pão, nem vinho, nem azeite, nem cousa de leite, nem outro mantimento de substantia, senão arroz mal concertado, herbas et similia etc.; mui perseguido dos *bonzos* e muitas vezes a perigo de morte.

Tem humas dores de estómago às vezes que muito o atormentão. Ainda agora persevera em muitos trabalhos em Bungo onde está, mui exercitado em

---

8) These parentheses are inserted in the source text.

9) Cosme de Torres was born in 1510 in Valencia. He arrived to the Philippine Islands from Mexico in 1542. He entered the Society in 1548 after meeting Francisco Xavier. He died in 1570 at Amakusa 天草.

10) Yamaguchi 山口. The actual stay of Torres in Yamaguchi was for 4 years and 8 months.

11) *deixou*.

toda mortificação, humildade, patiêntia e abstinêntia. Hé todavia melanchólico, e parece que devia ter mais respeito à saude dos Irmãos que tem a cargo. Porque sendo aquella terra de grandíssimos frios, andavão sempre em casa ele com sua door de estómago e os Irmãos descalsos. E em que alguuns sejão de compleixão mui fraqua, quer tratá-los como a si.

Dizia-me ele, quando lhe hia à mão nisto, ser necessário asi naquella terra pera não desedificarem, porque na verdade a qualquer português comer, vestir e dormir como os japões, em que sejão dos honrrados, fiqua fazendo huma mui áspera penitêntia. Tanta hé a aspereza da terra.

O Padre Baltasar Gago[12)], que está em Facata[13)], cidade grande, 60 legoas de Bungo, hé naturalmente discreto, tem muita prudêntia humana, affavel, aprazivel à gente daquella terra. Há dos reis alguuns favores pera os Padres e pera os Christãos. Sabe-se milhor negocear pera escapar da fome e da sede e dos mais trabalhos corporaes. Nas cousas da obediêntia e verdadeira abnegação de si, não me parecia mui enteiro.

O Padre Gaspar Vilela[14)] hé boom homem naturalmente, porém pouco mortificado na vontade e parecer, alguum tanto decretista, hábil pera a lingua; confio em Nos[s]o Senhor que já, destes três annos que o deixei de ver, em terra de tanta fome e sede e frio e perigos estará já mui humilde, mortificado com o exercítio das virtudes.

O Irmão Joam Fernández[15)] hé o principal em evangelizar a lei de Deus em o Japão, porque além do boom exemplo que dá na vida, em todo o desprezo

---

12) Baltasar Gago was born in Lisbon in 1520 and entered the Society in 1546 at Lisbon. He was sent to Goa in 1548 to teach in St. Paul's College. In 1552 he sailed to Japan and worked in Bungo 豊後, Hirado 平戸, and Hakata until 1560. Due to illness he returned to India and died in Goa in 1583.

13) Hakata 博多.

14) Gaspar Vilela was born in Aviz, Portugal in 1525 and entered the Society in India in 1553. He came to Japan as a member of the group led by Melchior Barreto in 1554. He departed from Bungo to Kyōto 京都 on September 2, 1559.

15) Juan Fernandez is a native of Cordoba, Spain, entered the Society in 1547 and accompanied Xavier on arriving to Japan. He died in Hirado in 1567.

de si e mortificação, achão-lhe os japões huma graça que eles chamam *muxaree*[16] na língua, gostão muito de o ouvir. Prega-lhes com efficácia e com todos os geitos e ceremónias que têm os japões, que hé a gente mais ceremoniática que vi. E sendo homem sem letras, com o exercítio das disputas e práticas espirituaes e de dar rezão das cousas da fée a quem lhas pergunta, e também com a contínua oração e lição de livros santos, tem tal lume no conhecimento das cousas de Deus, que creo que há muitos theologos que não penetrão tanto a raiz das cousas, que tambem as sintão como ele pera as explicar. Algumas vezes hé de seu parecer, porém quebranta-se. Dizia-me Cosme de Torres que pouco poderião fazer em o Japão se Joam Fernandez mores[s]e.

Duarte da Silva, também muito bom Irmão, porém mui escrupuloso e desenquetado de diversos [e]spíritos de temores, e outras cousas que o perturbão, sabe mui bem a lingua, em que nom tenha o *muxaree* que os japões acham em Joam Fernández, faz fruito e parecia quaise igual na virtude a Joam Fernández, posto que não tam constante.

Luis d'Almeida[17] hé huum cerugeão[18] rico que se láa meteo averá 4 annos. Levaria cinquo mil cruzados consigo. Fez lá esprital[19], casa, igrejas, e sostenta os Padres e serve-os com muita charidade. Cura os Christãos e, vendo muitos gentios o amor com que cura os Christãos, se convertem a nosa santa fée. Hé mui diligente em acodir às necessidades de todos os Padres e Irmãos que estão em o Japão, e parece que lhes deu Noso Senhor aquelle homem pera seu remédio. Encomenda a mercadores que navegão de Japão pera China que lhe tragão algumas *veniagas*[20] e láa se negocea, com que desaliva[21] os Padres

16) Musha-rei 武者礼 a warrior's manner.
17) Luis de Almeida was born around 1525 in Lisbon, Portugal. After coming to India, he took part in the Portuguese intra-Asian trade, specifically the Malacca-China route. He entered the Society in Japan in 1556, donating his whole property. He was designated as a priest in 1580 and died in Amakusa 天草 in 1583.
18) *cirurgião.*
19) *hospital.*
20) This word means commercial goods in Malayan langauge.

no temporal, já deve saber a língua, porque a aprendia bem.

Rui Pereira[22] e Guilelme[23] são ambos de vinte annos cada huum, pera milhor tomarem a lingua forão asi escolhidos de pouca idade, já a devem de saber, são ambos modestos, sesudos, devotos. Espera-se que sairão mui boons obreiros; são bem sãos, mas o Padre tratava-os com tanta aspereza que nom sei como agora estarão.

Notei 2 cousas nos Padres de Japão que nom sei se são dinas de tachar: a 1ª que, se pera as festas que o rei de Bungo faz em memoria de seus pagodes, lhes pede alguum senhor alguma cousa emprestada, lha emprestão por os nom escandalizar, que são mui pontosos. Porem amoestados dizião-me que aquillo emprestavão per as festas do rei.

A 2ª que consentião aos Christãos rezar e offerecer polas almas de seus pais e avoos que morrerão gentios, e isto porque os *bonzos* persuadem aos japões que lhes tirarão seus antepasados do inferno com dinheiro que lhes dão. Os Padres, pera que os Christãos se não vão à falsa idolatria dos *bonzos*, consentim-lhes a superstição[24].

……

Feita em Cochim, a 15 de janeiro de 1560 annos, desta casa da Madre de Deus.

Minimo servo de Vossa Paternindade.

Melchior[25]

---

21) *desalija*.

22) Ruy Pereira was an orphan brought up in the Society in Goa. He accompanied Melchior Barreto to visit Japan. After his stay in Japan, he came back to Goa in 1560. He retired the Society soon after coming back to India. For many cases, he is called Rodriguo.

23) Guilherme Pereira. He was born in Lisbon in 1537. He was also brought up as an orphan in the Society and entered the Society formally in India. He also accompanied Melchior Barreto to visit Japan and went on working there until his death in 1603 at Arima 有馬.

24) This part corresponds to the document no. 143, a letter by Diego Lainez dated January 14, 1561.

25) Melchior Nunez Barreto sailed to Japan from Cochim on April 1555 and came back to Goa in 1557. He was born in Porto around 1520 and entered the Society in 1543 in Coimbra. In 1551 he sailed to India and served as Vice-Provincial of Goa during 1553-1556.

131

LETTER FROM BR. LOURENÇO S. J. TO FR. ANTÓNIO DE QUADROS IN GOA

Miyako, June 2, 1560

Copia de una de Meaco Cidade de Japão de Lourenço Natural de Japão
para o Padre Antonio de Quadros Provincial da India
de dous do mes de junho no anno de 1560[1].

[La gracia del [E]Spirito Santo haga continua morada en nuestras animas, Amen.][2]

Hermanos mios en Jesu Christo, sus cartas recibi con las quales fui mui consolado en el Señor, y porque sé quanto deseo tienen de saber nuevas de nosotros[3], aqui les daré cuenta brevemente de lo que nos ha acontecido, despues que a estas partes llegamos.

Primeramente llegamos a la casa de Diego[4] que es en una villa llamada Sacomoto[5] que está al pie del monte, donde hay muchos monasterios, y está la

---

1) Source Text: BA, *Jesuítas na Ásia 49-IV-50, Cartas da India II,* ff. 423v.-425v.
Ref.: ARSI, *Jap. Sin. 4*, ff. 105v.-107v., 111r.-113v., 115r.-117v., 118r.-121v., 122r.-127v.
BACL, *Cartas do Japão II*, ff. 414v.-417r.
BNL, *FG Códice 4534*, ff. 162r.-163v.
Printing: *Cartas* (Evora, 1598), ff. 69v.-71v.
Cartas (Alcala, 1575), ff. 73v.-96r.
DOCUMENTOS DEL JAPÓN, 1558-1562, No. 27, pp. 263-278.
This letter by Lourenço seems to be addressed originally to the Superior of the Society in Bungo, Cosme de Torres S. J. However, the formal title in the hand copied manuscripts was set as one to be sent to the Provincial of India, Antonio de Quadros. It seems to come from the fact that this letter was sent to India as an exemplary letter for enlightenment of young students in India.
2) Inserted from the BACL text.
3) The BNL text: *nuestros hermanos*.

cabeça de las sectas y letrados de todo Japón, llamando Fienoyama[6]. Y en llegando, me embió el Padre al *bonzo* llamado Daytenbo[*sic*][7] al qual di la carta que truximos para Fienoyama.

Y vista la carta y sabida la causa de nuestra venida, me dixó como su maestro que era el principal *bonzo* destas partes, el qual avia escrito a Bungo que deseava verse con algun Padre y oir la ley que predicavan, avia falecido el año passado, y que el quedó pobre y recuydo[8] en un [pequeño][9] monasterio, y que no tenia ningun poder ni opinion en estas partes para nos poder ayudar.

Al qual fue el Padre otro dia seguinte y le abló algunas cosas comiguo de lo qual assi el como tres[10] *bonzos* sus discipulos que con el oyeron; fizieron entendimiento y dixeron que para manifestar nuestra ley hera necessario vernos primero con el *bonzo* mayoral [deste Fienoyama, al qual fue un *bonzo* hidalgo criado del mayoral nos llevaria.][11]

Luego fue el Padre con Diego[12] llevandonos a my y a Damian[13] en su conpanhia camino de 7 legoas al dicho hidalgo a pedirle que lo quisiesse poner con el mayoral, mas el nunqua se quisó ver con el Padre ni favorecerle en ninguna cosa. Y assi nos bolvimos luego a Sacamoto.

---

4) The BACL text: *Diogo*. He used to be distinguished as Diogo of Sakamoto 坂本, Ōmi 近江. He was baptized in Shang-chuan-dao 上川島 according to *Historia de Japam* by Luis Frois. It indicates that he was a kind of maritime trader or *wōkō*. He accompanied Jesuit mission in Japan on their trips and meetings with political authorities.

5) Sakamoto 坂本.

6) Hienoyama (or Hieizan) 比叡山.

7) Daizenbō (or Daisenbō) 大泉坊. The BACL text: *Daijenbo*. It is considred to be Daizenbō Jōkei 大泉坊乗慶 in Hieizan.

8) The BACL and the BNL texts: *recogido*.

9) Inserted from the BACL text.

10) The BACL text: *dies*. The BNL text: *diez*.

11) This part is written in the marginalia in the source text.

12) The BACL text: *Diogo*.

13) Damian. He was born in Akizuki 秋月, Chikuzen 筑前 around 1541 and baptized by Baltazar Gago around 1558. He entered the Society as a brother in 1563. He worked on the evangelization of Japan until his death in 1586.

Otro dia seguiente fue el Padre a Datenbo[14], y declaróle como [h]ay un criador y anima immortal, lo qual entendio. Y luego me enbió otra ves a my a decrararlle[*sic*] como [h]ay angeles y tambien hizo entendimiento. Mas [h]ay del que parece que le [h]a de ser causa de maior condemnacion, pues que por miedo de que le dixen[15] o de le mataren, dexa de receber el bautismo.

Y tiene por consejo del dicho Agenbo[16], fue el Padre a un hombre como merino del Fienoyama a pedirle que lo pusiesse con el majoral *bonzo*. El qual respondio que se se queria ver con el para disputar sobre las leis, que tenia que desgostasse disso el majoral, y por eso no lo queria hazer y que aun para ver el monasterio no lo podia levar, sino levava un presente para el *bonzo*. Assi viendo el Padre que no havia remedio para poder manifestar la verdad en Fienoyama, determinó de se ir a Meaco.

Em Meaco tomamos una casa, donde en termino de 14 dias estuvimos sin tener oyentes, por no aver en la ciudad noticia de nos. Dai nós pasamos [*fol. 424r.*] a otra casa, a donde vinieron algunos a oir, mas ninguno tomó la verdad.

25 dias despues de pasados a la tal casa por intercession de hun bonzo mui honrrado fue el Padre al Rei llamado Goyo[17], al qual todos los señores de Japã [*sic*] obedescen, el qual es Rei de todo Japã, porque el principal Rey a que[18] ellos llaman Vo[19] que tambien reside em Meaco no tiene mas que la dinidad, mas este Gojo tiene el mando. El qual mostró que holgava mucho con el Padre y le dio de[20] beber por la taça donde[21] el bebió que es señal de amistad.

Luego nos paçamos a otra casa que está em mejor sitio, donde acodió mucha gente, ansi *bonzos* como[22] legos a oir como desputar entre los quales,

---

14) Daizenbō. The BNL text: *Daytembo*. The BACL text: *Dejanbo*.
15) The BACL text: *diran*.
16) Daizenbō. The BACL text: *Ayenbo*.
17) Gosho 御所. The BACL text: *Goio*.
18) The BACL text: *quien*.
19) Ō 王. (天)皇. The BACL text: *Von*.
20) The BACL text: *a*.
21) The BACL text: *porque*.
22) The BACL text: *y*.

quasi ninguno quiso obedecer a la verdad, mas unos blasphemando y otros burlando y escarneciendo, se yvan[23)], donde vinieron dos *bonzos* los principales letrados de la secta llamada Foqueto[24)]. Los quales tienen passados todos los libros de Japã, y [h]ablaron sobre las cosas del cielo y de la tierra. En la qual disputa, mostraron bien como no se fundan sino en lo corporal.

Tambien vinó una monga mui[25)] honrrada, la qual oyda la predicación, pedio que la hiziessen Christiana. Mas paresciendole al Padre que aun no tenia entendimiento ni fe, no la quisó por entonces bautizar. Y tambien dos Qunges[26)] que son mui principales personas deste Reino em di[g]nidad mas que el Rei de Bungo, aunque no en riquezas, venieron de noche a nuestra casa oir la predicación. Los quales mostran parescerles bien lo que diziamos.

Em esta casa se hizó Christiano hun hidalgo principal natural de Gamangochi[27)] que rezide em Meaco llamado Aquimaça[28)] y otros dies con el. Ytem[29)] el duenho de la casa donde posavamos, por impurtunacion[30)] y amenazas que le hizieron los bonzos, dixo que no nos queria mas tener en su casa. Y assi luego que fue dos dias antes de su anno nuevo, que fue a 25 de henero, nos paçamos a otra casa.

Em esta casa muchos mochachos induzidos por los malos que nos tenia odio, tiraron tantas pedradas, y hecharon tanta tierra, y arena con tantos escarnios, que contase seria nunca acabar. Mas todavia con la gracia de Nuestro Señor, nos sufrimos hasta el abril predicando a todos los que venian y querian

---

23) The BACL text: *bolvian*.
24) Hokketō(?) 法華党ヵ.
25) The BACL text lacks this word.
26) Kuge 公家. The BACL text: *Cunjas*.
27) Yamaguchi 山口. The BACL text: *Gamangoxin*. The BNL text: *Gamanguchi*.
28) It seems to indicate Kamo no Akimasa 賀茂在昌. The BACL text: *Aquimacha*. The BNL text: alquimaca. Kamo no Akimasa is possibly a son of Kamo no Akitomi 賀茂在富 and they had been a family that served as Onmyōji 陰陽師 (professional practitioner of the Japanese esoteric cosmology) in the imperial court. Akimasa served Oda Nobunaga 織田信長 and Toyotomi Hideyoshi 豊臣秀吉 as Onmyōji.
29) The BNL text: *y em*.
30) The BACL and the BNL texts: *importunación*.

oyr, donde se hizieron obra de cien Chritianos.

E neste tiempo vinó dos vezes uno de los principales letrados de Fineyamanos, y em ambas desputas por openion no quiso obedescer[31] a las razones que se dezian, puesto que dentro em si no pudó dexar de quedar confuso[32].

Tambien venieron cinco *bonzos*, de los que lhaman Murasaque[33] que hazen meditaciones, y le hizieron unas perguntas al Padre, em que mostraron bien la malitia del demonio que los insitava. Mas con la gracia de Jesu Christo Nuestro Señor, respondiose-les de manera que quedaron envergonçados.

Tambien venieron dos letrados da secta lhamada Tendaizu[34], y desputaron mucho sobre su secta y nuestra lei. Mas al fim, concedieron que nuestra lei es la verdadeira. Y despues uno dellos tornó y mostrandose nosso[35] amigo, perguntó algunas cosas y entendio como [h]ay un criador y anima immortal, y confessó que la doctrina enseño Xaqua[36] está fundada en la materia prima que es un nada. Y entendio claro que toda[37] las sectas de Japã son fuera del camino de la verdad, pues todas dependem de los libros[38] de Xaca, mas no rescebio el bautismo.

Otro letrado natural de la tierra de Yyo[39] que reside en Fienoyama[40], el qual tiene paçados los libros de Japã, vinó a hazer perguntas, y entendió que ha[y] criador y anima immortal, el qual por no hechar de si el peccado de sodomia, dixo que no recebia el baptismo, porque no se atrevia a bivir castamente.

---

31) The BACL text: *oyr*.
32) The BACL text: *sin poro*.
33) The BACL text: *Buracaqua*. Murasaki indicates Daitokuji temple 大徳寺 which located in Murasaki-no 紫野.
34) The BACL text: *tendoju*. Tendai-shū 天台宗.
35) The BNL and the BACL texts: *nuestro*.
36) Shaka 釈迦.
37) The BACL text: *todas*.
38) The BACL text: *la doctrina*.
39) The BACL text: illegible. Iyo 伊予.
40) The BACL text: *Chenoyama*. The BNL text: *Tienoyama*.

Hun *bonzo* llamado Quenxu[41] que se dio treinta años a meditar, y fue a dos letrados principales que ha em Meaco acerca de las meditaciones. Los quales lo aprovaron y dieronle un papel de su mano. La qual aprovacion tienen ellos aca como por canonizarlo por santo, y quando assi se[42] apruevan asientanlo en una cadera, y los letrados que lo apruevan le[43] adoran, el qual de ay[44] por diante dava ya puntos a otros pera meditar, y hizo pintar en hun papel en su casa hun prado segado[45] y en el hun arbol cequo. Y escrevio alli dos versos, y hizo firmar alli a los dos letrados que lo aprovaron. Y el hun verso dizia; a ti arbol cequo, quien te cenbró? ya que mi principio fue nada, y en nada me he de tornar. Y el otro verso[46] dizia; mi corazón que no tiene ser ni no ser, no va ni vien[47], ni está detenido.

Y este *bonzo* vinó al Padre diziendo que el tenia clara noticia de lo que el fue antes de su nacimiento, y lo que es agora, y lo que [h]a de ser despues de su muerte, y por tanto no venia a oyr las cosas necesarias a su salvacion, sino algunas cosas nuevas para pasar tiempo. Mas con ser tan soberbio con la gracia de Nuestro Señor se hizo Christiano. Y mui bien Christiano, que por su causa muchos [*fol. 424v.*] se hizieron y estan pera se hazer. Y todos los que oyen que se hizo Christiano, se espantan mucho.

Cosme, el que se hizo Christiano em Bungo cinco o seis años ha vimos aca, el qual es tan devoto y bueno Christiano que sabiendo que era el Padre venido, le vinó luego a ver de su tierra que es huna villa fuera de Meaco llamada Nara[48], y dexado padre y madre, y lo que en el mundo tenia, sirve a Nuestro Señor Jesu Christo en castidad en todo lo que el Padre le manda. Plega a Nestro Señor que le dé gracia para perseverar hasta[49] la fin en lo començado

41) The BNL text: *Qumxu*.
42) The BACL text: *lo*.
43) The BACL text: *lo*.
44) The BACL text: *daly*.
45) The BACL text: *sizado*.
46) The BACL text lacks this and the following word.
47) The BNL text: *viene*.
48) Nara 奈良.

a loor y gloria de su divina magestad.

Otro *bonzo* que ha quarenta años que se exercita en meditar tambien se hizo Christiano, y es tan devoto que con ser muy viejo, viene de dos legoas de camino a pie a oir la predicacion.

Tambien obra de 15 *bonzos* se hizieron Christianos dexando[50)] sus libros y sus feligreses y toda su vida passada. Y algunos detreminaron de se casar con una sola muger, assi como manda Dios Nuestro Señor. Y otros detreminaron de bivir castamente. Lo qual en los *bonzos* de Japan es mucho para espantar y loar a[51)] Nuestro Señor que los llamó de tan grande ceguera.

E neste Meaco luego como llegamos, unos llamavan bagios[52)], otros nos llamavan raposas[53)], despues nos llamavan indemoniados y gente que comia hombres. Despues un huego que se levantó[54)] cerqua la calle[55)] donde nosotros estavamos, dezian que era por nuestra causa, porque eramos hechiceros y veniamos a enseñar la lei del demonio.

Mas ja aguora los de la seita de Xingoui[56)] dizen que lo que nosotros praedicamos es el Denichi[57)] que ellos praedican, y los de la secta de Jenxu[58)] dizen que es el Fonben[59)] que ellos tienen, y miditando alcançarão a conocer. Y los de la secta de Toquexu[60)] dizen que es el misericordia[61)] que ellos praedican, y los de la secta Jondoxu[62)] dizen que es Amida[63)]. Y los de la secta Xinto[64)]

---

49) The BACL text lacks this and the following 2 words.
50) The BACL text: *dexados*.
51) After this word, the BACL text gives: *Dios*.
52) It is an ancient word to express "misfortune."
53) The BACL text: *rapozos*.
54) The BACL text: *levantara*.
55) The BNL text: *casa*.
56) Shin'gon 真言.
57) Dainichi 大日. The BNL text: *lo de denichi*.
58) Zen-shū 禅宗. The BNL text: *Xenxu*.
59) Hōben 方便.
60) Hokke-shū 法華宗. The BACL text: *Foquexu*. The BNL text: *Toquoxu*.
61) The BACL text: *Mion*.
62) Jōdo-shū 浄土宗. The BACL and the BNL texts: *Jondoxu*.
63) Amida 阿弥陀.

dizen que es coguio[65] que ellos tienen. Assi que todos dizen ya que lo que nos praedicamos es lo en que ellos se fundan. De manera que estan ya en bespora de sobir otro grado y disir que lo que praedicamos es ley del criador del cielo y de la tierra, esperamos en su immensa misericordia que les dará gracia, para que lo conoscan y conocido lo alaben y glorifiquen. Amen.

Vinó[66] un *bonzo* de la tierra llamada Farima[67], el qual *bonzo* no solamente no come pexe ni carne, mas ni cosa de trigo, ni de cevada ni de arros, ni de millo, ni ninguno genero de gravanços, ni havas[68], sino solamente algunas yervas y algunas fructas de arboles. Y assi tiene hecho voto de enseñar de gracia cien mil vezes un libro de Xaqua llamado Foquequio[69], todo esto para se salvar. El qual nos contó que avera obra de dies annos que entre sueños se vido con unos[70] Padres que venian de Chenchiqu[71] que le ensenhavan el camino de su salvacion.

Y luego otro dia despues del suenho, oyó dizir como estavan en Yamanguchi unos Padres de Chenchiqu que venian a praedicar las cosas de la otra vida. El qual oidas las cosas del Criador, hizó entendimiento. Y porque vinó a Meaco depreça y no trajó provision, dize que vuelve a su tierra para venir provido de lo necessario, y assi dexar [*fol. 425r.*] sus votos y penitentias fallas[72], y hazerse Christiano. Esto deste *bonzo* escrivi, porque es cosa para se notar.

Uno como obispo de los que hazen meditationes, vinó a casa escondidamente de[73] noche a oyr, y otro bonzo letrado praedicador hablando

---

64) Shintō 神道.
65) Kugyō 苦行.
66) The BACL text lacks this word.
67) Harima 播磨.
68) The BACL text: *o aves*.
69) Hokekyō 法華経. The BNL and the BNL texts: *Foquequio*.
70) The BNL text: *algunos*.
71) Tenjiku 天竺. The BNL text: *Chenchiquo*. The BACL text: *Chenchiquy*.
72) The BNL and the BACL texts: *falsas*.
73) The BACL text lacks this and the following words.

con el Padre, le confessió que en la ley de Japan no avia cosa[74] de substantia, y[75] tambien muchos criados de un Cungue[76] llamado Xendono[77] se hizieron Christianos.

Yendo el Padre a Mioxindono[78] que es la segunda persona deste Reyno a pedirle favor en companhia de un hidalgo principal de su casa, los que lo vieron yr[*sic*] levantaron que lo avia mandado prendir el Mioxindono, y que lo llevava aquel hidalgo preso. Y despues mandó el regidor de Meaco pregonar publicamente que nadie no hizisse ningun mal-tratamento al Padre. Y levantaron muchos que avian pregonado que lo echasen fuera de la ciudad, y otros falsos testimonios, que contarlos seria nunca acabar.

Mas esperamos en Nuestro Señor Jesu Christo que assi como hasta agora no nos hizieron ningun daño[79], assi no lo haran adelante. Mas que todo será para mas gloria de su divina magestad y confusion del demonio.

Tambien d'otras tierras que estan aderredor[80] de Meaco[81] se [h]an hechos Christianos y hasta Bando[82] que está dozientas legoas de aqui donde se juntan multitud de *bonzos* a hestudiar, fue ja la nueva de nuestra venida a Meaco.

En una tierra llamada Joxu[83], nos dixeron que [h]ay un *bonzo* que lo principal en que de excercita es en enseñar a esgremir, y secretamente ensenha meditationes. En las quales dis[84] que dá a entender que aunque uno mate a su

---

74) The BACL text lacks this and the following words.
75) The BACL text reads this and the following words: *vem*.
76) Kuge 公家 or Kōgi/Kūgi 公儀. The BACL text: *Cunje*. The BNL text: *Cunge*.
77) It is clerical error of Ise-dono 伊勢殿. It is possibly Ise Sadataka 伊勢貞孝, who had been an attorney general in the Muromachi Bakufu.
78) Miyoshidono 三好殿. It indicates Miyoshi Nagayoshi 三好長慶. Miyoshi Nagayoshi is the lord who ended practically the Ashikaga regime. He and his successor Miyoshi Yoshitsugu 三好義継. ruled Kinai (Kyōto region) before the regime of Oda Nobunaga.
79) The BACL text: *mal*.
80) The BNL text: alrededor. The BACL text: *al redador*.
81) The BACL text: *Miacos*.
82) Bandō 坂東.
83) Jōshū 上州.
84) The BACL and the BNL texts: *dizen*.

padre y madre no cae en peccado, y como la gente facilmente se inclina a lo mal. Dis que muchos se hazen sus disipulos.

Iten en otra tierra llamada Vonxu[85], dis que [h]ai una se[c]ta que adoran al lobo pediendole con muchas oraciones que en la otra vida los haga lobos. Esta miseria destos parece que nace de la seguera que [h]ay en Japan, de tener muchos para sy que antes que naciessen eran en este mundo, y despues de muerte [h]an de tornar a nacer en yervas o en gusanos en animales o hombres. Y por esto desean estos nacer lobos, los quales son temidos de los otros animales.

Los de la secta de Foquexu[86] [desta ciudad][87] que son mas devotos que ninguno de las otras sectas, despues que oyeron las cosas de nuestra fé y la manera de bivir y de los Christianos[88], [h]an perdido mucha parte de su devocion. Y estan muy escandalizados de un *bonzo* suyo que tenian en tanta profession como Xaqua a quien adoran, diziendo que el Padre de los Christianos bive castamente, y defiende a los legos que no tengan mas de una muger solamente, y su *bonzo* tiene mugeres escondidamente, y toma dineros por los enseñar lo que no haze el Padre de los Christianos, y come escondidamente peixe y carne enseñando por de fora que no lo coman. Por lo qual dis que [h]an determinado de lanzar aquel *bonzo* principal, y poner en el monasterio [que] algun *bonzo* pobre que bive bien.

Tres hombres de gran fama acerqua de las meditationes a quatro ou cinquo dias que continuan a la praedication, y estan para recebir daqui a quatro o cinquo [dias][89] el bautismo. Si estos se hazen Christianos, mucho [h]a[90] de aprovechar assi a los Christianos hechos, como a los por hazer.

No digo mas sino rogarles mucho por amor de Nuestro Señor [*fol. 425v.*]

---

85) Ōshū 奥州.
86) Hokke-shū 法華宗.
87) Inserted from the BACL text.
88) The BACL text: *Padres*.
89) Inserted from the BACL text.
90) The BACL text: *an*.

Jesu Christo, que muy particularmente se lembren de my en sus santas oraciones, y lo mismo pidan a los Christianos por charidad, porque tengo mucha necessidad dello.

[H]echa en Meaco a 2 de junho anno 1560.

De su indigno e hermano en Christo Jesu

Lourenço[91)]

---

91) Lourenço Ryōsai 了斎 was born in 1526 in Hirado. When he was in Yamaguchi as Biwahōshi 琵琶法師 (lute priest), he met Francis Xavier in 1551 and entered the Society. He was the first preacher in Kinai 畿内 accompanying Gaspar Vilela and had been influential on conversion of many feudal lords. He died in Nagasaki 長崎, in 1592.

132

LETTER FROM FR. COSME DE TORRES S. J. TO FR. MELCHIOR NUNEZ BARRETO S. J. IN COCHIN

Bungo, October 20, 1560

Copia de huma do Japão do Padre Cosmo de Torres
para o Padre Mestre Belchior, que residia em Cochim,
de 20 d'outubro de 1560.[1]

Padre meu

A graça, paz e amor de Jesu Christo Nosso Senhor e a virtude da sua sacratissima e victoriossima cruz seja sempre em nossas almas e corpos. Amen.

[*fol. 522v.*] Charissimo Padre meu, ainda que meus membros todos fossem em limgoas comvertidos, não poderá exprimir a muito grande obrigação em que Vossa Reverencia nos tem postos a todos os que nestas partes de Japão residimos, espicialmente a mim, o qual de Vossa Reverencia tantas charidades recebi naquele pouquo tempo que qua esteve.

A primeira e [a mais][2] primcipal he a mui proveitosa obra que qua nos deixou, a qual tresladada em limgoa de Japão, nos aproveita para declarar a ley de Deus emtre esta gemtilidade. E a 2ª he o trabalho immenso que nestas partes recebeo por nos vir a comsolar, espicialmente a mim. O qual não somente recebi delle muitas consolações a mim tão proveitosas, mas ainda em as missas e officios muitas correições das quaes estava em a bem longe de me emendar,

---

1) Source Text: BA, *Jesuítas na Ásia, 49-IV-50*, ff. 522r.-523r.
Ref.: BNL, *FG Códice 4534*, ff.165r.-165v.
Printing: *Cartas* (Evora, 1598), ff. 69r.-69v.
Cartas (Coimbra, 1570), ff. 204v.-205v.
DOCUMENTOS DEL JAPÓN 1558-1562, No. 28, pp. 279-283.

2) Inserted from the BNL text.

porque pecava sem o saber; e sobretudo isto, quis tomar de nos cuidado em o temporal lá na India. Roguo a Christo Nosso Senhor que lho pague dando lhe muitas comsolações spirituaes nesta vida e na outra a gloria do Paraiso, amem.

Ho ano pasado no mes d'agosto, por estar o Facata destruido e o Padre Gaspar Vilela lamçado de Firando, estavamos todos tres Padres em esta casa de Bumgo sem poder fazer nenhuma cousa das pera que vimos a esta terra, por estar o mesmo Bungo de guerra e vimte ou trimta legoas ao rededor. Detreminou-se com comsemtimento de todos que fosse o Padre Gaspar Vilela às partes do Meaco, não como Padre mas como criado dos Padres, e leva[s]se huma carta ao *bomzo* que me escreveo com Lourenço, quando Vossa Reverencia qua estava, por ver se o que dizia era verdade ou mentira. E assi como o detreminamos se pôs por obra.

Partio daqui o Padre Gaspar Villela no fim d'agosto do ano de 59 ⟨cimquoenta e nove⟩. Pasou muitos trabalhos pelo caminho e lá como verá Vossa Reverencia nas cartas que della me escreveo. E se a Vossa Reverencia não escreveo he porque não soube se aquy avia navio de portugueses. Prazerá a Nosso Senhor que no ano que vem verá suas cartas e nellas o muito fructo que naquelas terras se faz em serviço de Deus Nosso Senhor.

Vossa Reverencia, pollo amor que em Jesu Christo Nosso Senhor nos tem, o emcomende a Deus em suas oraçóis e sanctos sacrificios e de mim não se esqueça. Porque me parece se a ley de Deus se começa aqui a manifestar onde o demonio tem sua cathedra primcipal de maldades e onde de todos he honrrado e reveremciado[3], perdida a authoridade e credito que lhe tem os homens, será facil de manifestar a Ley do Criador e Senhor Nosso por todas as partes, sendo a cabeça derribada.

Estes Christão[s] de Bumgo se fazem muito devagar, parece-me que he por causa de minha tibieza e maldade. Nosso Senhor me dê sua graça pera[4] que me emende. Os ja feitos perseverão em ouvir suas missas e pregações, que

3) The BNL text: *he venerado e onrado.*
4) The BNL text: *por.*

ha todo-los[5] Domimgos e as mais das festas, sobre o Sagrado Evangelho de Christo Nosso Senhor. Elle nos dê graça pera perseverar[6] ate o fim, amen.

Muito folgariamos todos os que qua estamos que se [h]ouve[s]se huma provisão do Senhor Viso-Rey[7] pera que os portugueses que vêm a estas partes de Japão não fossem a fazer fazenda ao porto de Firando, por se averem feitas nelle e fazem muitas ignominias aos Christãos que lá morão, fazendo-os arenegar da ley de Deus, e se não querem desterrão-nos da terra. E este anno vierão a este Bumgo nove ou dez casados, porque os querião fazer arenegar da ley de Deus, deixarão molheres e filhos, pay e may e fazendas, desejando mais viver pobres na casa do Senhor que ricos na casa demonio. Mui gramde comfusão he para nós ver estes de dous dias comvertidos tão detreminadamente deixar tudo o que tem e pôr sua vida em perigo de morte polla honrra de Deus. Nosso Senhor Jesu Christo lhes dê sua graça pera perseverar em tão bons propositos, e a mim que me aproveite dos exemplos que me dão, amen.

Vossa Reverencia, pelo zelo que tem da ley de Deus, faça o que for posivel pera que se [h]aja esta provisão por ser cousa tão necessaria, como lhe comtará o Padre Baltesar Gago. Nosso Senhor Jesu Christo pollos merecimentos [*fol. 523r.*] de sua sacratissima paixão, nos dê a sentir a maneira com que quer ser servido de nos nesta terra desterrados.

Desta casa de Bungo, oje 20 de octubro de 1560 anos.

De seu inobediente em Christo filho, ainda que velho,

Cosmo de Torres

---

5) The BNL text: *todos os*.
6) The BNL text: *pera que perseveremos*.
7) The Viceroy of India at that time was D. Constantino de Braganza.

133

LETTER FROM BR. GONÇALO FERNANDEZ S. J. TO LOURENÇO & DIOGO IN LISBON

Goa, December 1, 1560

A do Irmão Gonçalo Fernandez da Companhia
aos charissimos roupeyros Lourenço de Paiva, e Diogo
roupeyro da Companhia de Jesus dos Colegios de Lixboa,
que este ano de 60 escreverão ao roupeyro
de São Paulo de Goa escrita
no ano de 1560, o primeiro de dezembro[1].

Jesus

Pax Christi

A graça e amor do Spirito Santo seja sempre com nossas almas, e em continuo favor e ajuda. Amen.

A obediencia me mandou que lhe escrevesse esta a qual por lhe dar alguma pequena conta de mym, como por fazer o que ella me manda o fiz. Prymeyramente com ajuda de Deus Nosso Senhor lhe darey algumas novas destas partes de[2] quaa, que antes de entrar em a Companhia passarão, com me

---

1) Source Text: BA, *Jesuítas na Ásia, 49-IV-50*, ff. 307r.-309v.
Ref.: ARSI (Italian version), *Jap-Sin 4*, ff. 107v.-109v.
BACL,*Cartas do Japão II*, ff. 93r.-94v.
BNL, *FG Códice 4534*, ff. 29r.-31v.
Printing: *Cartas* (Evora, 1598) ff. 72r.-73v.
Cartas (Alcala,1575), ff. 96r.-97v.
Cartas (Coimbra, 1570), ff. 212v.-218v.
DOCUMENTOS DEL JAPÓN 1558-1562, No. 29, pp. 284-299.

2) The BACL text reads this and the following word: *das cousas*.

achar ao presente dellas e assi de outras que tambem se passarão e soube ser assi. As quais como são em louvor do Senhor lhe contarey e assi tãobem em como o Senhor me chamou para esta vocação sua, não lho merecendo eu. Mas como quer que elle he misericordioso, e ter[3] tãobem alguma ajuda dos Padres e Irmãos da Companhia, que com suas orações me ajudarão, por me achegar onde[4] quer que os achava para elles, me socorreo o Senhor.

Charissimo yrmão, eu estando em Japão e hum porto que se chama Firando, onde estava o Padre Gaspar Vilela, se passarão muytas cousas para louvar a Nosso Senhor. Nos outros portos onde estava o Padre Baltasar Gaguo, como tãobem onde estava agora o Padre Cosme de Torres, tãobem se passarão muytas cousas muyto para louvar ao Senhor [que][5] he tão piadoso, que de todos se alembra.

Mandando o Padre Gaspar Vilela, pelas ruas, o Irmão Gierlherme[6], com a campainha, dizendo a doutryna na sua lingoa, se ajuntarão muytos mininos gentios com os Christãos. Onde foi ter hum a igreja, muyto pequeno pedindo ao Padre que o fizesse Christão. E o Padre por ser muyto pequeno, como tãobem por amor de seu pay, disse-lhe que aprendesse a doutrina, e que logo o faria, e elle lhe disse que não se avya de hir daly ate o fazer Christão. E[7] o Padre vendo sua tão boa vontade, o fez Christão. E tanto que foi Christão, foi logo pregar ao pay e may. Onde prouve a Nosso Senhor, que o converteo o pay e a may, irmãos e irmãas, e todos os fez fazer Christãos.

Assi tãobem he pera dar graças ao Senhor. Em como hum gentio dos pricipais da terra, avendo muytos dias que estava doente, e com todas suas mezinhas não podia sarar. E foi tanta a fee de hum Christão que lhe disse que se elle fizesse o que elle lhe diçesse, que logo seria são, que avia [*fol. 307v.*] de

---

3) The BACL text: *aver eu tido*.
4) The BACL text reads this and the following 6 words: *a sua companhia omde quer que os achava*.
5) Inserted from the BACL text.
6) *Guilherme*. Guilherme Pereira.
7) In the BACL text, this and the following 11 words are written in the margin of the page.

ser fazer-sse Christão. E que tomasse e que se fosse a igreja que se fartasse da agoa benta, e que logo se lhe yria a doença. Elle o fez assi e logo sarou. Outros muitos Christãos a sua mezinha era agoa benta, com que saravão.

Yndo pelo tempo adiante querendo me partir, foi o Padre a huma ilha[8)] que estáa[9)] apegada com estas, e em tres dias se fizerão ceisçentos Christãos. E yndo a doutryna do Senhor tanto por diante veyo[10)] o demonyo com os seus enganos, em que veio hum *bonzo* tanto que nos partimos para a China, e comessou a pregar seus enganos e mintiras, dizendo que o *bonzo* portuges que os enganava. E sabendo o Padre como elle estava em huma varela, pregando estes enganos, mandou láa hum Irmão. E com elle hia hum Christão que se chama Dom Antonyo[11)], que era a 2ª pessoa do Rey[12)]. E o Irmão lhe fez bom por rezões naturais, que o que dizia era mentira, donde se alevantarão com grande onião[13)], os gentios contra os Christãos. E en este tempo adiante se ajuntarão tres gentios dos principais da terra e forão cortar huma cruz que estava em hum outeyro. E tanto que a cortarão, foi a[14)] onião em elles dizendo tu cortaste, mas tu fizeste cortar que se desaviarão[15)] todos tres, e se forão aonde estava a cruz. E o outro dia pela manhã, acharão dous mortos, e o outro não souberão[16)] se o levara o diabo, ou o que fora delle. Dahi a huns[17)] dias, se fez hum moço gentio demonynhado e dezia que elle era o que cortara a crux, e que no outro mundo tinha muytos tormentos por isso. E os gentios o quiserão esconder, porque os Christãos o não vissem. E não se soube se o matarão, ou o

---

8) It indicates Ikistuki island 生月島.
9) The BACL text: *estava.*
10) The BACL text: *acodio.*
11) Dom Antonio Koteda Yasutsune 籠手田安経（1532-1581）. The lord of Ikitsuki and Takushima islands.
12) The BACL text: *Reino.* This king of Hirado is Matsura Takanobu 松浦隆信（1529-1599）.
13) *união.*
14) The BACL text reads this and the following 2 words: *agonya com.*
15) The BACL text: *desafiarão.*
16) The BACL text: *sabem.*
17) The BACL text: *dous.*

que fora delle.

Por estas causas como por os Christãos que se fizerão na ilha, que tomavão os idolos, e huns os queymavão e outros o lançavão no mar, se forão os gentios a el Rey que botasse o Padre fora. Onde [h]ouve grande onião, os gentios contra os Christãos, e os Christãos contra os gentios, todos postos em armas huns de huma banda, outros da outra. Onde o Rey não sabia o que fizesse, mandando dizer a Dom Antonyo, que ho ajudaria. Temendo-sse de huns que o matassem e que outros fizessem o mesmo, mandou dizer ao Padre que se fosse para onde estavão os outros Padres, porque não querrião os gentios que estivesse naquela sua terra e que não queria que o matassem.

Onde foi forçado ao Padre ir-se para Bungo, [onde estava o Padre Cosme de Torres. Da ida que o Padre fez para Bungo,][18] ficarão os Christãos muyto descontentes e o Padre se foi dahi muyto mais, porque sempre teve esperança de el Rey[19] se fazer Christão, porque algumas vezes estando eu ao presente, disse [el Rey][20] ao Padre em sua vontade que elle era Christão, e que em conta de Christão se tinha, porque bem sabia que a ley dos gentios era mentira. Muyto descontentes ficamos todos os portugeses em ver a doutryna de Christo Nosso Senhor yr tanto avante e vir o demonyo com seus enganos a ser obstaculum desta obra.

Era o amor tanto que os Christãos tinhão aos portugeses que parecia a hum portugez, que entrava em casa de hum Christão, que entrava em casa de huma may. Antes destes trabalhos, ao tempo que ainda eu ahi estava, se fez huma proçissão Dia da Cruz, que parecia que estavamos em Portugal, com yrem todos os Christãos com suas velas de cera nas mãos, com averem frautas e charamelas e muytas bonbardadas e espingardadas, que[21] fora aquele dia bendito o Senhor Deus de tanto prazer que os gentios estavão tão mudados, que parecia que todos querião fazer-sse Christãos, com hir el Rey [*fol. 308r.*] receber nos onde estava

---

18) Inserted from the BACL text.
19) It indicates Matsura Takanobu 松浦隆信.
20) Inserted from the BACL text.
21) The BACL text lacks this and the following 3 words.

a bendita † cruz.

Nesta partida que party de Japão[22], vim ter a China da tornada que torney para Japão, me chamou o[23] Senhor e prometi de o servir. E tanto que chegei aonde estava o Padre Cosme de Torres, lhe dey conta de mym dizendo-lhe que prometera de servyr ao Senhor[24]. E[25] nesta terra onde o Padre Cosmo de Torres estáa, estive tres meses, onde se passarão muytas cousas para louvar ao Senhor.

Nesta terra ordenou o Padre Cosme de Torres hum sprital[26] e irmãos da misericordia, os quais alguns delles tem carrego dos pobres, e outros dos doentes que estão no hesprital. E porque em esta terra, os gentios huns para os outros não tem amor, da cousa que mais se espantão, he dizerem que como [h]a de aver no mundo, gente que cure os pobres e lhe dê casa e comer. Muytos vierão a este osprital que sararão, mais pela graça de Deus Nosso Senhor que com as mezinhas que lhe fazião.

Nesta terra, tem os gentios por custume em tempo de fome, se huma molher pare o filho, toma-o, e leva-o a [praia][27] e pon-lhe huma pedra en çima, que venha a mar e que o leve. E dão por rezão que para que [h]an de criar, a quem não tem que lhe dar de comer.

Neste tempo estava o hosprital[28] em falta de algumas cousas, e porque eu estava em vir comprir o que prometera ao Senhor nesta [santa][29] casa, onde agora fico, pedi ao Padre que me desse licença para vir para ella. E por o esprital estar nesta neçessidade, torney a China a buscar as cousas de que tinha necessidade. E torney outra vez a Japão onde quiseramos hir onde estava o

22) The BACL text: *Desta partida que fiz de Japão*.
23) The BNL text: *nosso*.
24) The BACL text lacks this sentence.
25) The BACL text lacks this and the following 2 words.
26) *hospital*.
27) The original BA text: *prassa*, and the BACL and the BNL texts read: *praia*. Here *praia* seems to be the correct one and adopt it in the text.
28) The BNL text: *estava ho sprital*.
29) Inserted from the BACL text.

Padre Cosme de Torres, e os ventos foram nos tão contrarios, que não pudemos e fomos onde nenhuns[30] portugeses tinhão ido que [a]inda não era descuberto.

E o porto onde fomos ter perguntamos por nova dos Padres donde logo escrevy ao Padre Baltazer Gago que estava mais perto, onde logo soube, como elle estava cativo. Porque aquela çidade onde elle estava, era del Rey de Bunguo, e ve[i]o outro seu contrario sobre ella e tomou-a, onde cativou ao Padre Baltasar Gago. E assi lhe tomou o mais que na igreja tinha, somente salvou os ornamentos da igreja, e muyto outro fato que se perdeo. E a elle o deixarão em couro, mandando lhe cortar a cabeça por muytas vezes, mas como quer que o Senhor não era servido delle assi morrer, o não matarão.

E estando em estes trabalhos, chegou hum Christão que era criado de hum dos contrarios, e tomou o Padre pola mão dentre todos, e dispio os seus vestidos e vestio o Padre, e tomou o com ficar por seu fiador, e do Irmão Gilherme e de outro portuges que [a]hi se achou.

O Irmão Gilherme comprou ho por hum certo dinheyro, pago[u] logo e por elle e por outro portuges, ficou o Christão com outro Christão. E estava de pagarem por elles trezentos cruzados, onde esteve assi ate a nossa chegada a Japão. Porque tanto que chegamos, que elles o souberão, mãodarão ao portuges onde a nao estava, que fosse buscar o dinheyro, onde o portuges foi logo ter a nao. E tanto que o portuges foi partido, o Padre se conçertou o com os Christãos e fugio pera onde estava o Padre Cosme de Torres. E neste tempo mandou el Rey do Bungo sobre os seus contraryos, onde logo tomou a terra e matou muytos delles, e outros fugirão.

Torno-lhe, charissimo Irmão, ao amor destes Christãos de Firando. Tanto que souberão que [*fol. 308v.*] o emigo vinha sobre aquela terra, onde estava o Padre, se ajuntarão sete ou oyto Christãos e forão em hum parao, aonde[31] estava o Padre pera o levarem. E tanto que chegarão onde estava o Padre, lhe diçerão que se embarcasse, onde logo embarcarão os ornamentos da igreja, e

30) The BACL text: *huns*.
31) The BACL text lacks this and the following 3 words.

assi se embarcou com elles o Irmão Jeronimo Fernandez[32].

Neste tempo avia tãobem na terra Christãos que tãobem se embarcarão, e polo tempo ser muyto celerozo, e o Padre estar ainda na igreja e o parao estar carregado. E os que nelle estavão muyto temerosos, tardando o Padre hum pouco, o parao se partio. E ficou o Padre com o Irmão Gilherme e o outro portuges. Onde sabendo isto os Christãos de Firando tirarão huma esmola por todos, de que mandarão ao Padre mantimento para se soster.

Charissimo[33] Irmão, torno-lhe a contar da nossa chegada, dali donde chegamos, nos fomos outra vez a Firando. Onde se passarão algumas cousas muyto para dar graças ao Senhor. Estando neste porto de Firando, estando hum portuges com hum japão gentio fazendo brigas[34], o japão deu com huma peça de seda ao portuges na cabeça, por onde o portuges saio atras elle e deu-lhe huma cutilada no rosto. Por onde soçedeo[35] ajuntarem-sse muytos gentios, e virem com muytas armas, dizendo que [h]avião de matar todos os portugeses. A este encontro sayão[36] os Christãos, dizendo-lhes que chegassem que primmeyro que matassem portuges, os [h]avião de matar primeyro a elles todos, dizendo aos portugeses que não sayssem fora, porque aquilo era ja cousa que tocava aos Christãos, dizendo-lhe que estivessem prestes.

E neste tempo andava hum Christão ja muyto velho por casa dos outros Christãos, dizendo-lhes que fossem morrer pelos Christãos. Por onde em pouco tempo, se ajuntarão muytos Christãos postos em som de morrerem primeiro. Vendo isto os gentios, tomarão em partido yrem-sse, e fazerem apasig[u]ar tudo. Tanto amor como este de Christão se pode [ben][37] dizer que he amor.

Tãobem[38] se [passarão][39] antes que nos chegassemos a este porto[40]

---

32) It indicates Juan Fernandez. The BNL text reads also *Jeronimo*, however it is erased by a line and *João* is overwritten here (f. 30r.).
33) The BACL text reads this and the following 9 words: *Daquele porto onde*.
34) The BACL text: *vinyaga*.
35) The BACL text: *acomteçeo*.
36) The BACL text: *sairão*.
37) Inserted from the BACL text.
38) The BACL text lacks this and the following 2 words.

duas cousas, as quais nos faz o Senhor merce de amostrar para mais o conhecermos. Os Christãos me contarão em como[41)] huma molher que era Christãa era criada de hum gentio dos principais da terra; e por os gentios quererem mal aos Christãos, lhe disse o amo que como era ella Christãa, sendo elle gentio que logo se fizesse gentia, senão que a matarya. Onde ella lhe respondeo que não se fizera ella Christãa, pera mais ser gentia. Por[42)] onde, elle lhe mandou que não fosse adorar a cruz, que se ya que avya de matar. E ella como firme e enteyra em o Senhor, tornou à cruz como dantes, por[43)] onde lhe saio ao camynho e a matou, dizendo que pois não queria ser gentia que avia de morrer.

E[44)] tãobem vindo hum portuges a este porto antes da nossa chegada poucos dias em hum navio de chinas, o qual estivera cativo em outro reyno, por se salvar se embarcara em este navio. E tanto que chegou ao porto, forão outros chinas que estavão na terra ao navio, e dicerão ao capitão delle que era tãobem china, que como trazia aquele portugez que el Rey de Firando que botara o Padre a fora, e que se soubesse que trazião portugez, que lhe tomarião o navio, e que os matarião, que logo os[45)] matassem. Prouve ao Senhor, que neste tempo chegou hum Christão e andando olhando o navyo, foi ter com o portugez. E tanto que vio, se foi para elle, e lhe perguntou como vinha e donde.

O portugez dando-lhe conta de como vinha [e][46)] que estivera [*fol. 309r.*] catyvo. O tomou [o Christão][47)] pela mão, disendo-lhe que não se agastasse,

---

39) Corrected by the BNL text. It originally reads: *passou*.
40) After this word, the BACL text gives: *acomtecerão*.
41) The BACL text reads this and the following 34 words to *gentio*: *que temdo hum gentio dos principaes dally huma criada Christãa da terra, pensando-lhe de [h]aver Christã (porque querem os gentios mal aos Christãos) a repremdeo dyzendo como era ella Christã, se elle era gentio*.
42) The BACL text reads this and the following word: *en fim*.
43) The BACL text reads this and the following word: *e sabendo isto o amo*.
44) The BACL text reads this and the following word: *A outra he que*. The BNL text lacks this and the following word.
45) The BACL text: *o portugues*.
46) Inserted from the BACL text.

que emquanto elle tivesse de comer, que a elle não lhe faltaria. E levou-o para sua casa, dando-lhe o necessaryo, ate que nos chegamos.

Tãobem[48] Dom Antonyo tinha hum cryado gentio, e dise-lhe que se elle e toda sua gente erão Christãos, que elle porque o não era, que se fizesse Christão. E o gentio lhe respondeo que proveyto lhe vinha disso, que os Christãos que tinhão mais que os genitos. O Dom Antonio vendo como lhe respondia, levada espada e cortou lhe a cabeça. Nesta terra ha nos fidalgos morgados, como em Portugal, senão que tem mays a ventajem, porque ficão os seus vasalos como seus negros e se hum lhe alevanta os olhos, mata-o, sem por isso serem comstrangidos a nada.

Esta gente he branca e tem muyta opinião, são bem corteses, e trata-sse muyto bem de seu vestido, comem pouco, e limpamente, comem com paos. Ha estalagens e vendas. Entre elles os seus filhos não nos castigão, amã-nos muyto como os crião. Comem tudo, somente os *bonzos* não comem vaqua. Os seus negros se lhe fazem. Porque o castigo que lhe dão he mata-los, entre elles não ha ladrão. São muyto fieis. Se algum furta alguma cousa, por pequena que seia, logo o matão.

A terra tem muytos mantimentos, como os de Portugual, se não que são poucos, são maos trabalhadores. Ha muytas fomes entre elles, na terra ha muytos frios. Como em Portugal, os[49] Christãos ha entre elles[50] muyta proximidade e muyto amor, tanto que eu chegey a este porto, logo os Christãos souberão em como eu fora a China em serviço do Senhor. E o nome que sempre me chamarão era "Irmão." Sempre os tinha em casa, e os Christãos me pediam por muitas vezes que lhes fizesse seu filhos Christãos, por quanto não estava ahi o Padre. E eu fiz muitos delles por ser necessidade. Assi tãobem fiz hum homem honrrado que era gentio e sua molher e assi outros mais gentios fiz Christãos.

---

47) Inserted from the BACL text.
48) The BACL text lacks this word.
49) The BACL text lacks this and the following word.
50) The BACL text: *sy tem*.

Hum Christão estava para morrer, mandou me chamar dizendo que ja que eu era Irmão que o encomendasse a nosso Senhor logo sararia. Resei-lhe os sete [P]salmos e prouve ao Senhor que com muyta fe que teve sarou. Outros muytos Christãos me mandavão chamar como estavão doentes que lhe desse alguma mezinha e que logo sararião.

Ao[51)] que mais agora, lhe tornarey a contar, será que tanto que promity de servir ao Senhor, logo me chamarão todos[52)] em geral "Irmão." O promitimento foi ofereçer ao Senhor a alma e o corpo, e assi tudo o demais para seu serviço. Ao que lhe peço que de sua parte me encomende em suas orações, pera que faça sua santa vontade.

Tanto que aviey o necessario do hosprital[53)], pedi licença ao Padre Cosme de Torres para me vir a esta [Samta][54)] casa onde agora fico. O que prazerá a Christo Nosso Senhor, que será para seu santo sirviço fazer sua vontade.

Tanto que party deste Japão, vim ter a China, que parece ser huma terra muyto aparelhada para se começarem[55)] a fazer Christãos, fazerem se todos. Esta terra he huma das muyto abastadas do descuberto de todas as cousas, e he de muytas embarcações mais que pode [h]aver em nenhuma parte do mundo. Ha [*fol. 309v.*] nella muyta gente. Querem alguns dizer que [h]a mais gente [nella][56)] que en toda a Christandade. Os chinas nos dizião que poderia el Rey por em campo duzentos mil homens, he gente branca e comem tudo. Cada pessoa tem em sua casa seu idolo, se ha menencoria[57)] delle, espanquam-no. O outro dia pedem-lhe perdão e offereçem-lhe hum porco e ajuntam-sse todos e comem-no.

Dahi me parti e vim ter a esta santa casa. Onde do dia que prometi servir

---

51) The BACL text reads this and the following 9 words: *De mym lhe quero dar tanben conta.*

52) The BACL text lacks this and the following 2 words.

53) The BNL text: *esprital.*

54) Inserted from the BACL text.

55) The BACL text reads this and the following 6 words: *se fazerem todos Christãos.*

56) Inserted from the BNL text.

57) *melancolia.*

ao Senhor ate chegar aqui, se[58] passarão vinte e hum mes. Eu chegei a esta casa aos 22 de março de 1560 anos, onde[59] estive na casa antes de entrar nos exercitios vinte dias. E tanto que sai delles fuy refeitoreyro. Como quer que era negligente, me passarão à despenssa, onde estive nella alguns meses, e dahi me passarão para a rouparia onde agora fico.

As novas desta terra de Goa lhe não escrevo porque me remeto a geral. Nosso Senhor nos acabe em seu santo serviço. Amen.

Desta casa da noviçiaria, oje o primeiro de dezembro de 1560 anos.

Charissimos Irmãos por[60] me pareçer que as novas de qua destas partes avião folgar de as ouvirem, lhe quis escrever a elles estas. Assi em que hia hum pouco sabelo[61] comprido. [A]inda que com ser assi, não posso deixar de lhe dizer quanta necessidade tem estes gentios de quaa em os socorrerem, com os encomendarem a Nosso Senhor para se tirarem das suas erronias. Porque eu estando em huma terra que se chama Siam, vi mandar el Rey toma los menynos para os mandar matar para se banhar no sangue delles, e vendo-sse suas[62] mais[63] atribuladas por lhes tomarem seus filhos. Se socorrião aos portugeses que ahi estavamos, e trazião os mininos às nossas pousadas por lhe parecerem que estavão ahi seguros de lhos não tomarem.

Muytas cousas se passão[64] quaa entre estes gentios que avia mister muytos dias para se contarem, principalmente[65] se a cada hum delles lhes [h]ouvesse de escrever particularmente. Porque o meu officio me não dá tempo para mais. Sirvão-sse desta ambos, como qual se fosse para cada hum em particular.

---

58) The BACL text reads this and the following 12 words: *que foy a.*
59) The BACL text: *Se pasarã vymte hum mes.*
60) The BACL text lacks this and the following 33 words to *assi.*
61) *sobejo.*
62) The BACL text reads this and the following word: *as mãis.*
63) *maes.*
64) The BACL text: *pasarão.*
65) The BACL text lacks this and the following 20 words to *mais.*

Nosso Senhor nos faça huns grandes martyres polo seu amor. Amen.
Menor em virtude dos da Companhia,

Gonçalo Fernandez[66)]

66) Gonçalo Fernandez was possibly a Portuguese merchant who was in Hirado and started working as a companion for the Jesuits in Japan. He was sent to Goa in 1560 to be a brother of the Society. In the directory of St. Paulo College at Goa of the year 1560, he is mentioned as an horticulturist-"*ortatalão*".

134

LETTER FROM BR. LUÍS FRÓIS S. J. TO THE JESUITS IN PORTUGAL

Goa, December 1, 1560

Copia de huma carta que escreveo o Irmão Luis Frois
do Collegio de Goa ao primeiro de dezembro de 1560,
aos Irmãos da Companhia de Portugal, etc[1].

Jesus

A graça e amor de Jesu Christo seja sempre em continuo favor e ajuda nossa. Amen.

Esperamos este anno de 60, como acustumado [*fol. 205v.*] alvoroço e alegria de todos os outros passados, por Padres e Irmãos desse Reyno, e polas novas de toda a Companhia de Europa, que quaa nestas partes da India são tão desejadas. E como passasse o termo do maior tempo que se lhe qua limita, em que as naos podem vir, per huma parte careçendo da consolação que daqui pudera resultar, não se deixou isto de sentir. E todavia per outra, constando ser esta a vontade de Deus que tudo rege e dispõe suavemente, trabalhamos por nos comformar com elle e glorificado[2] em suas obras.

Resta agora, charissimos Irmãos, tratar-lhes[3] nesta o que Deus Nosso

1) Source text: BA, *Jesuítas na Ásia, 49-IV-50*, ff. 205r.-213r.
Ref.: BACL, *Cartas do Japão II*, ff. 142r.-147r.
BNL, *FG Códice 4534*, ff. 149r.-154v.
Printing: *DOCUMENTA INDICA*, IV, No. 94, pp. 721-745. *DOCUMENTOS DEL JAPÓN 1558-1562*, No. 30, pp. 300-301.

2) The BACL and the BNL texts: *glorificalo*.

3) The BACL text: *tratar-lhe*.

Senhor, como autor de todo bem, por sua summa vondade tem obrado nesta terra polos instrumentos desta sua minima Companhia, depois das ultimas cartas que o ano passado lhe escrevemos. Das quais poderião saber particularmente quanto Deus Nosso Senhor hia dilatando esta obra da conversão, asi em Goa como en outras partes remotas, e o fruito que os Padres da Companhya hião colhendo[4)] de seus trabalhos nas partes onde residiam.

Este anno de 1560 pareçe que quis o mesmo Deus fazer aos de sua Companhia, quaa nestas partes da India, mui grandes e insignes mercês, particularmente en duas cousas. E tanto para se mais estimar[5)], he quanto cada huma dellas de todos he mais cobiçada: a primeyra, he reduziren-sse muitas almas de sua infelidade[6)] e ygnorancia a fee e conhicymento de Deus seu Criador; a segunda, oferecer-sse ocasião en que cada hum possa virificar com experientia em ssi, o amor que tem a Deus nos trabalhos e persecuçõis que se lhe oferecem.

Quanto ao 1°, da outra carta que escrevo, do processo e agmento da Christandade, poderão colligir claramente quanto sem comparação este anno excedeo aos outros em ser tão abundoso e fertil destas novidade[s] de almas de Deus, e de seu reyno glorioso tão desejado; quanto ao 2°, algumas flores da cruz começarão este anno aparesçer em nossa terra, não faltando prisõis, açoutes, feridas, nudez, escarnios, cuspinhos, desprezos, grilhõis, fome, cede. Das quais quiz Deus Nosso Senhor fazer participantes a alguns de nossos charissimos Padres e Irmãos, como mais largamente verão polas copias das cartas que a este collegio de Goa escreverão.

[*fol. 206r.*] Em Japão o Padre Baltesar Gaguo teve por algumas vezes o cutelo mui propinquo ao pescoso, e absolutamente nus, elle e o Irmão Gilherme seu companheyro, por alguns dias passarão grandes necessidades e detrimentos. Despois resgatarão os Christãos o Irmão Gilherme, e com não piqueno trabalho

---

4) The BNL text: *recolhendo*.
5) The BACL text reads this and the following word: *estimarem*.
6) The BACL text: *infidelidade*. The BNL text: *infedilidade*.

escapou o Padre. Moveo o demonio [a estes][7] seus cegaces a esta persecução, por se sentir magoado do fruyto que se tinha feito nas almas em Firando, aonde o Padre Gaspar Vilela, em obra de dous meses, fez 1.300 almas Christãas, e edificou tres igrejas aonde primeiro se reverenciava o demonio em seus pagodes; agora hé partido para o Meacho com esperança de se láa fazer grande fruyto, como verão largamente polas cartas que este ano de lá vierão e com estas vão.

......

[*fol. 213r.*] Deste collegio de São Paulo de Goa ao 1º de dezembro de 1560 annos.

Por comissão do Padre Francisco Rodriguez[8].

Servo inutil de todos,

Luis Frois

7) Inserted from the BNL text.

8) Francisco Rodrigues was the Rector of the St. Paul College at that time. Rodrigues was born in 1515, in Odemira, Portugal and entered the Society in 1548. He arrived at Goa in 1556. In the end of the year 1560, he substituted the charge of Antonio Quadros, vice provincial of India, for his absence.

135

LETTER FROM BR. LUÍS FRÓIS S. J. TO THE JESUITS IN PORTUGAL

Goa, December 6, 1560

Jesus[1)]

Treslado de huma carta que escreveo o Irmão Luis Frois,
aos charissimos Antonio Monserrate[2)], João Baptista[3)],
Joanes Arias[4)], Andre Gonçalvez[5)] e Duarte Rodriguez[6)]
em o Collegio de Santo Antão de Lixboa,
[de Goa][7)] a 6 de dezembro de 1560 annos.

---

1) Source Text: BA, *Jesuítas na Ásia, 49-IV-50*, ff. 295r.-296r.
Ref.: BACL, *Cartas do Japão II*, ff. 154r.-155r.
BNL, *FG Códice 4534*, f. 193r.-v.
Printing: *DOCUMENTACÃO PARA A HISTÓRIA DAS MISSÕES DO PADROADO PORTUGUES DO ORIENTE*, VIII, 1952, No. 31, pp. 190-194.
DOCUMENTA INDICA, IV, No. 101, pp. 773-778.
DOCUMENTOS DEL JAPÓN 1558-1562, No. 32, pp. 304-306.

2) Antonio de Monserrate was born in Vich in Catalonia, 1535. He entered the society having 20 years old. After having worked as a rector in St. Anton College in Lisbon, he sailed to India in 1574.

3) Giovanni Battista de Monte, a native of Ferrara in Italy. He entered the Society in 1555. He set sail from Lisbon in 1560 and arrived at Goa in the next year, where he was ordained into the priesthood in 1562. He arrived at Yokoseura 横瀬浦 of Ōmura 大村 region on June 6, 1563.

4) Juan de Arias was born around 1533 in Plasencia, Spain and entered the Society in 1556. After studying in Lisbon, he went on working in Bragança, Portugal.

5) Andre Gonçalvez was born in Freixo de Espada, Portugal, 1537. He entered the Society in 1556 and worked as priest in the Terceira in Azores islands.

6) In the BNL text, his name is erased by a line. Eduardo Rodrigues was born in Evora district and entered the Society in 1554.

7) Inserted from the BNL text.

Jesus Maria

Pax Christi.

A graça e amor de Jesu seja sempre en continuo favor e ajuda nossa. Amen.

……

[*fol. 295r.*] Em particular me consolou, ou nos alegrou muito a todos a charidade do Irmão Antonio de Monsarrate, que por seu sancto zelo e amor dos Irmãos, escreveo huma carta em summa das novas da Christandade aos nossos Padres e Irmãos de Japão, e creo não vir outra este anno, em particular para elles, senão esta somente. Deus Nosso Senhor lhe pague [*fol. 295v.*] a charidade que com elles usou, porque estão naquele desterro tão alongados, não diguo desse reino, mas ainda de nos, que quando lhe la chega huma carta da Companhia têm-na por cousa mandada do ceo. E são tais obreiros, quais polas cartas que de la vêm verão.

Por amor de Nosso Senhor, que quando [para isso][8] tiverem tempo, senão esqueção de em particular escrever a estes seus charissimos Padres que estão em partes remotissimas da India, como aos de Japão, Maluquo, Malaca, Preste João e Cafraria[9], para os animarem em seus trabalhos e para que também delles os fação participantes.

……

[*fol. 296r.*] Ahi estão os japões, chinas, pegus, dos quais diz hum religioso da Ordem de São Francisco que láa andou que tem mais de 500[10] livros da sua

8) Inserted from the BACL text.
9) It indicates the region of Southeastern Africa.
10) *Documentos del Japon* reads: 50.

escritura e todos diverssos. Deus Nosso Senhor resplandessa com sua divina graça nas trevas e escuridades destes, e a nos faça aptos instrumentos para denunciar sua ley, e dar novas a esta gentilidade de seu Criador e Redemptor.

……

Deste Collegio de São Paulo de Goa, a 6 de dezembro de 1560 annos.

O Irmão Luis de Gois[11)] se encommenda muito nas orações e sacrificios do Padre[12)] Marco[13)], e do Irmão Gil Barreto[14)], e que ainda senão esqueçe do que lhe encomendou o Padre.

Servo indigno e minimo Irmão seu em o Senhor,

Luis Frois

---

11) There were two Jesuits named Luis de Gois in Goa.

12) The BACL text reads this word and the following 17 words: *padres e irmãos*.

13) It means Marco Nunes S. J. In the source text, *Marcos Nunes* was written once and erased by a line and only *Padre Marco* was re-written again. Possible reason for this action seems to be related with the fact that Marco Nunes had left the Society after being sent to Morocco in 1572. He was sent to India from Portugal in 1555 and taught Latin in St. Paul College. He was sent back to Portugal to report the condition of India at the beginning of the year 1560.

14) Aegidio Barreto. He was sent back to Portugal with Marco Nunes for his incompatibility to work in India.

136

LETTER FROM BR. LUÍS FRÓIS S. J.
TO FR. MARCO NUNES S. J. IN PORTUGAL

Goa, December 7, 1560

De huma do Padre Luis Frois de Goa
para o Padre Marco, de 7 de dezembro de 1560[1].

G[r]ande consolação me dá, charissimo Padre meu, quando me lembra que se lla pode mover *questam utrum sit maior necescitas in India vel in alijs regionibus;* saber que achando-se Vossa Reverencia presente, polla experientia que ja desta terra tem, pode por nesta materia mui validas e solidas demonstraçõis. Senão quanto o descurso do tempo, vai cada vez[2] descubrindo mayores necessidades.

Lembre-se Vossa Reverencia de propor tambem que os sectatores de Mafamede não dormem, antes seus cacizes se fazem lascarins das naos, para que com esta oportunidade possão ir denuntiar sua perfida secta. E tem nisto feito tanto que paresse incrivell o numero da gentilidade que de poucos annos a esta parte someterão a[3] sua nefanda seita. E creo que nesta parte nos levão

---

1) Source Text: BA, *Jesuítas na Ásia, 49-IV-50*, ff. 613v.-614r.
Ref.: BACL, *Cartas do Japão II*, ff. 155r.-155v.
BNL, *FG Códice 4534*, ff. 172r.-172v.
Printing: *DOCUMENTACÃO PARA A HISTÓRIA DAS MISSÕES DO PADROADO PORTUGUES DO ORIENTE*, VIII, 1952, No. 32, pp. 195-197.
DOCUMENTA INDICA, IV, No. 102, pp. 779-782.
DOCUMENTOS DEL JAPÓN 1558-1562, No. 33, pp. 307-308.
At the moment that the letter was written, Luis Frois was still a brother. His ordination took place in 1561. For this reason, the source text treats him as Father here.

2) The BNL text: *dia*.

3) The BNL text lacks this and the following 3 words.

muita ventagem. [*fol. 614r.*] Nisto avia latissima[4] materia, mas por ser toda tragica e lacrhimosa, a deixo para que Vossa Reverencia a dilate a seu tempo.

Felices novas da Companhia [tenho][5] que nunqua de [ca][6] tais forão. Cinco cativos tivemos quasi [em][7] hum anno; Baltazar Gago e Gilherme[8] em Japam, João de Mesquita[9] e Durão[10] no Comorim, Fulgentio Freire[11] no Estreito[12] donde ainda fica e não sabemos quando saira, ou se será ja pasado a Constantinopla. O que cada hum destes charissimos padeceo em seu cativeiro pro nomine Iesu constará de suas cartas.

Quanto ao augmento da Cristandade, aqui em Goa, Choram e Divar seram feitas, este ano de[13] 60, pasante de vinte mil allmas Cristans. Em Japão fes o Padre Gaspar Villela, em dous ou tres meses, mill e trezentos. De Cochim nos escreveo o Padre Gaspar Soeiro[14] que todos os domingos se faziam sincoenta, e que todos[15] fossem os domingos quantos se fariam. Em Tana[16] se vam ja fazendo bautismos solenes de cento e trinta juntos[17]. Damão saio com suas promisias, aonde está o Padre Trancado[18], e sam ja bautisados mais de

4) The BNL text: *muita*.
5) Inserted from the BACL and the BNL texts.
6) Inserted from the BACL and the BNL texts.
7) Inserted from the BACL and the BNL texts.
8) Guilherme Pereira.
9) João de Mesquita arrived to India in 1556. He and Francisco Durão were captived in the battle between Portuguese and local Muslim lords in Punnaikayal (Punicale), Tamil Nadu in India, in August 1560.
10) Francisco Durão. He entered the Society at Lisbon in 1551 and came to India with Melchior Nunes Barreto S. J. He is known to be efficient in Tamil local language.
11) Freire was caught by Muslim pirates on board and sent to work in galley.
12) It indicates Mandeb Strait. It is a strait located between Yemen on the Arabian Peninsula, and Djibouti and Eritrea in the Horn of Africa. It connects the Red Sea to the Gulf of Aden.
13) The BNL text lacks this and the following words.
14) Gaspar Soeiro was born in 1533 and entered the Society in 1553, in India. After 1560, he worked as a *procurador* for a few Jesuit institutions.
15) The BNL text: *tantos*.
16) Thane, a city in Maharashtra.
17) The BNL text lacks this word.

duzentos. Em Racol[19] perto de cento. Em Inhambane[20] el Rei com toda sua corte e tres xeques, que sam regulos, e hum principe, filho de outro senhor maior, que o de Inhambane. A fora o que agora esperamos que se fa[s]sa[21] no reino do nosso Dom Afonso[22], senhor de Tricanamale[23]. Quanto cada huma destas empresas seja dina de cubisar *tu nosti*[24].

Outra escrevo a Vossa Reverencia de diversa materia por lhe não causar fastio. Trabalhe Vossa Reverencia, por que se la forem todas a 4 vias, que ajão os Irmão[s] às cartas que[25] nellas vão. Porque muitas sam diversas, e para que la entendão os Irmãos, que se tem de qua mui particular conta em lhe escrever, alem do que Vossa Reverencia sabe.

Doze ficamos agora ocupados em escrever, cesando pera isto o estudo com muita alegria de todos. Lembre-sse Vossa Reverencia tambem do aviso que lhe mandei a Cochim, o anno antes de sua partida, quando laa não foi nenhuma via nossa, que escrevão os Irmãos às partes remotas em particular, como a Japão, Maluco, Malaca, Cafraria, Preste João e Comorim, polla consolação que com isso poderão receber.

Estaá esta terra polla bondade de Deus restituida, alma[26] *aetas aurea* e

---

18) It indicates Marcos Prancudo. The BACL and the BNL texts read: *Prancudo*. Marcos Prancudo, a native of Valencia, Spain in 1531. He entered the Society in Coimbra, in 1551. He sailed to India in 1558 as a priest and became a superior in Daman. In 1561, he was nominated to be a superior of Maluku Islands in 1561.
19) It indicates Rachol in Salcete.
20) Inhambane is a city located in southern Mozambique.
21) The BNL text: *faraa*.
22) D. Afonso of Trincomalee. He was a prince of Trincomalee and baptized in 1551 by Henrique Henriques S. J. He expected military support by Portuguese in the war period of Sri Lanka. He was educated in the St. Paul College in Goa. Subsequently in 1560, when the Portuguese tried to conquer Jaffna (Northern Province of Sri Lanka), D. Afonso participated in the expedition. But the expedition failed and the prince never reached Trincomalee. In 1568 he participated as a voluntary in the siege of Mangalore, where he died.
23) Trincomalee, a city of Eastern Province, Sri Lanka.
24) The BNL text lacks this sentence.
25) The BNL text lacks this and the following 2 words.

estado glorioso com tão boons pastores como para seu governo no spiritual e no temporal tem. Folgará Vossa Reverencia muito de se achar na entrada de Arcebispo[27] em Goa. Porque com sua severidade catorica[*sic*], não dava mais vento ao palio de borcado e aos gigantes e concertos das ruas como se nada disto vira. Detrimina tirar as linhas aos Bramenes e o sandalo da testa.

Se Deus Nosso Senhor concorrer com elle favorecendo o com sua divina graça como confiamos faráa, muito se espera que por elle se augmente em o serviço e [h]onrra de Deus, etc.

7[28] de dezembro de 1560.

Luis Frois

---

26) The BNL text: *a huma*. The BACL text reads this word and the following 3 words: *a huma etas aurea e estado*.

27) It indicates Gaspar de Leon Pereira, the first archbishop of Goa. Gaspar de Leon Pereira was archbishop of Goa for twice; 1560-1567 and 1574-1576. He was a Dominican friar and established inquisition system in Goa.

28) The BNL text lacks this and the following 4 words.

137

LETTER FROM BR. LUÍS FRÓIS S. J. TO THE JESUITS IN PORTUGAL & EUROPE

Goa, December 8, 1560

Aos Charissimos em Christo Padres e Irmãos
dos Collegios de Lixboa, Coimbra e Evora,
e a todos os mais da Companhia de Jesus
em as partes de Europa, da India
a 8 de dezembro de 1560,
do Padre Luis Frois[1].

A graça e amor eterno de Jesu Christo Nosso Senhor e Salvador faça continua morada en nossas almas. Amen.

……

[*fol. 239r.*] O Irmão Gonçalo Fernandez, que este ano veio de Japão, para ser aqui recebido na Companhia, entre outras muytas cousas de muyta gloria de Deus que nos tem contado aserca da Christandade que nossos Padres têm feito naquelas partes, nos disse huma muito dina de notar e que não pouco folgarão de saber. Não vay escrita nas cartas de Japão, porque lhe dicerão os Christãos, em huma cidade que se chama[2] Firando que aconteçera isto.

---

1) Source Text: BA, *Jesuítas na Ásia, 49-IV-50,* ff. 234r.-242v.
Ref.: BACL, *Cartas do Japão II,* ff. 241r.-249v.
BNL, *FG Códice 4534*, ff. 155r.-161r.
Printing: *DOCUMENTA INDICA*, IV, No. 104, pp. 786-809. *DOCUMENTOS DEL JAPÓN 1558-1562*, No. 34, pp. 309-312.

2) The BACL text: *chamava*.

Depois que os *bonzos* alevantarão aquela persecução que láa verão polas cartas, contra nossos Padres, e os fizerão lançar fora daquele ducado, pola muyta gente que vião que se convertia. Contarão, como diguo, huns dos principais Christãos daquela cidade ao Irmão que, como os Christãos se vi[s]sem sem a igreja e sem Padres que olhassem por elles, pola doutryna em que estavão instruidos, diz que hião todos os dias pola manhãa e a tarde [por-sse de][3] giolhos diante de huma cruz que estava fora da cidade, adora-la e a razar[4]-lhe suas oraçõis, e encomendarem suas necessidades a Deus.

Acertou [*fol. 239v.*] hum soberbo gentio de ter huma humilde escrava Christãa, e falando com ella lhe disse que, não somente não hera satisfeito nem contente que ella fosse adorar a cruz, mas que neçessaryamente se avia outra vez de tornar gentia. E dizião os Christãos que lhe respondera a constante escrava que não tomara ella a lei de seu Senhor Jesu Christo para a deixar e adorar aos pagodes.

Tornou-a o senhor ameassar que se avizasse que não tornasse mais a reverentiar a cruz. A bendita serva não teve conta com isto; como lhe vagava o tempo em casa, hia-se em companhia dos outros Christãos a rezar e fazer sua adoração. Teve-a o senhor em vigia, e esperando-a no caminho tornando ella da cruz, levou de hum terçado[5] e lhe cortou a cabeça. E ella intrepida recebeo a morte da mão do tyrano e se foi gloriosa com este triumpho, para a companhia dos anjos e reino dos ceos.

......

[*fol. 242v.*] Deste Collegio de São Paulo de Goa, aos 8 de dezembro de 1560 annos.

---

3) Inserted from the BACL and the BNL texts. These words are illegible in the source text due to damage.
4) The BACL text: *rezar*.
5) The BNL text: *traçado*.

Por comissão do Padre Francisco Rodriguez.
Servo Inutil de todos,

Luis Frois

138

LETTER FROM BR. MELCHIOR DIAS S. J.
TO BR. ANTÓNIO DE MONSERATE S. J. IN LISBON

Goa, December 8, 1560

Treslado de huma carta que escreveo Belchior Dias
ao Irmão Antonio de Monsarate en Santo Antão,
de Goa 8 de dezembro de 1560 anos[1].

Jesus

Pax Christi.
A graça e amor eterno de Jesu Christo nosso Redentor faça continua morada en nossas almas. Amen.

Charissimo Irmão. Aqui ve[i]o ter huma carta sua, a qual vinha para os de Japão. E porque ao p[r]ezente não ha neste collegio aquem por direyto pertença milhor que a mim, porque estive ja láa e espero em o Senhor d'estar çedo; e tãobem por ainda estar longe para de la lhe responderem, a recebi por minha, por parte de todos elles.

Eu, pola muyta obrigação que tenho àquelas partes, foi tão grande o contentamento que recebi com ver a sua breve carta, que detriminey furtar este pedaço de tempo às obrigações de meu offiçio, que he ser soto-ministro. Em o

---

1) Source Text: BA, *Jesuítas na Ásia, 49-IV-50*, ff. 303r.-304r.
Ref.: BACL, *Cartas do Japão II*, ff. 185r.-186v.
BNL, *FG Códice 4534*, ff. 198v.-199r.
Printing: *DOCUMENTACÃO PARA A HISTÓRIA DAS MISSÕES DO PADROADO PORTUGUES DO ORIENTE*, VIII, No. 34, pp. 199-203.
DOCUMENTA INDICA, IV, No. 105, pp. 809-813. *DOCUMENTOS DEL JAPÓN 1558-1562*, No. 35, pp. 313-316.

qual ha tanto em que entender, que toda a outra cousa que faço de fora delle, he furtar o tempo às muytas que nelle ha para fazer.

Porque este nosso collegio he huma grande republica, e ten-sse conta nelle com de 400 ate 500 pessoas cada dia, e muytos destes da porta[2] para fora, *scilicet*, no hospital e casa das cathecuminas, que as vezes ellas soos são mais de 400. E na[3] hilha de Chorão[4] e na de Divar[5], que estão huma legoa daqui, e na de Rachol, fora as outras de mais longe, e neste collegio ha 70 Padres e Irmãos. E o collegio dos mininos e os chaticuminos e moços de serviço, que soo para elles se ha mister hum ou dous, os quais são mais de 40 soo os escravos de serviço. E a isto ajunta-sse as obras assi as da igreja nova, como[6] as outras que sempre ha de continuo nesta Babilonia. E pareçe-me que bem se pode assi chamar a boa parte, porque aqui se achão mais diverssidades de lingoas e cousas que em huma grande vila. E he tanto que as veses morrem aqui dentro en casa e enterram-nos, e muytos o não sabem. Veja que será no mais e quanto tempo e tento se ha mister para este labarinto.

Diguo isto, meu charissimo Irmão, porque, se nesta for breve, mo leve em conta, porque eu bem desejava de lhe pagar o contentamento que recebi por se elle alembrar de Japão.

E peço-lhe, charissimo Irmão, que, pois se alembrou delle para lhe escrever, se lembre muyto milhor de o encomendar a Nosso Senhor, assi aos Padres e Irmãos, como aos Christãos e gentios para que se convertão, e principalmente o Rey de Bungo[7]. Porque não estáa em mais, mediante a

---

2) The BNL text: *das portas*.

3) The BNL text: *em a*.

4) Chorão, also known as Choddnnem or Chodna, is an island along the Mandovi River. In 1560, the first bishop from the Society, Dom João Nunes Barreto set up residence in Chorão, which eventually became a noviciate.

5) Divar is an island which lies in the Mandovi river in the Indian state of Goa. It is believed that the island was once a site of Hindu sanctuary - one of many in India - and hosted the temples of Shree Saptakoteshwar, Shree Ganesh and Shree Dwarkeshwar.

6) The BACL text lacks this word.

magestade divina, ser neçessario despovoarem-sse esses[8] collegios, senão[9] em se elle converter. He muyto nosso amigo e faz [*fol. 303v.*] muitos favores aos Padres. E dá-lhes quanto lhe pedem, assi para favor dos que se querem fazer Christãos dos seus, como dos ja feitos. E finalmente dá-nos os seus passos para fazermos[10] à nossa igreja e renda para ajuda de nos mantermos[11]. E come em nossa casa comeres que a sua ley lhe defende, e conhece e diz que não crê em seus pagodes, e que a nossa ley he a verdad, e consinte que seus criados se fação Christãos. E manda dizer que o encomendem a Deus, e não sei que ho tem. Deus Nosso Senhor quebre estas cadeas ao diabo para que seu bendito nome vaa em grande augmento naquelas partes, pois ha tanto aparelho para isso com seu favor.

Se deseja saber as cousas de Japão, láa vão muitas cartas em que bem as poderá ver[12]. E senão se satisfizer com essas polo amor que lhe tem, pregunte polas dos annos passados des[de] que o bem-aventurado Padre Mestre Francisco foi a elle. E creo sem duvida que se alegrara muyto e avera por bem empregado todo o tempo que gastar em o encomendar a Nosso Senhor.

E se agora o faz[13], folgará de o fazer milhor e portanto não me parece necessario nesta[14] breve, dar-lhe pequena conta de tão tamanha[15] cousas, e se não venha, charissimo, venha e ve-lo-a.

Eu fui daqui para láa[16] com o Padre Mestre Belchior[17], o qual foi necessario tornar-sse por muitas rezões, e eu por huma soo, tirando outra maior

---

7) Indicates Ōtomo Yoshishige 大友義鎮.
8) The BACL text: *estes*.
9) The BACL text: *que*.
10) The BACL text: *fazeremos*.
11) The BACL text: *manteremos*.
12) The BNL text: *leer*. The BACL text: *ler*.
13) The BACL text: *e se agora o não faz*.
14) In the BACL text, this and the following words are erased.
15) Once *grande* was written and substituted by *tamanha*. The BNL text: *de tammanha*. The BACL text: *tamanhas cousas*.
16) The BACL text: *Coulã*.
17) The BACL text: *Melchior*.

e mais principal, que eu creo que foi causa de minha vinda de terra.

Aque[18] todos desejão [de][19] hir servir a Deus polo muyto que nella se serve Deus Nosso Senhor e polas muytas neçessidades que ha nella. E esta foi meus peccados, dos quais me he neçessario emmendar se quiser láa tornar. E eu sou tão fraco, que sei que senão for muyto ajudado, que nunca me ei-de tirar do lodo de meus [peccados][20] descuidos e males.

Portanto, Charissimo meu, lhe peço, polo amor de Nosso Senhor e pola honrra do nome do bom Jesu e polo amor que mostra na sua àquelas partes, que queira rogar a Nosso Senhor por este pobre, e que, des[de] o dia que esta lhe for ter a 5 dias, me diga em cada hum delles alguma breve e devota oração a Senhora Madre de Deus, dirigida a festa gloriosa (*spectationis partus*), para que ella do seu doce Jesu me alcance graça para que minhas esperanças. Polo me[i]o de suas devotas orações, saião com o fruito desejado para seu louvor, porque esta sua gloriosa festa me cayo este mes, com a ida do Padre Patriarcha[21] para que Nosso Senhor disponha esta sua ida para o Preste. E se Nossa Senhora me levar a Japão farei por ter lembrança, com os charissimos que láa estão delle.

Os que ao presente láa estão são 3 Padres, e Cosme de Torres por Reitor, e Baltasar Gago e Gaspar Vilela, e 5 Irmãos, *scilicet*, Duarte da Silva[22], João Fernandez, Luis d'Almeida, Rui Pireira, Guilherme e hum Irmão japão que se chama Lourenço[23], o qual foi *bonzo* dos mesmos japões; he muyto virtuoso e

---

18) The BACL text reads this and the following 5 words: *de que todos desejam se servir.*
19) This word is deleted by a line. The BNL text lacks this word.
20) This word is deleted by a line. The BACL text and the BNL text lack this word.
21) Indicates João Nunez Barreto, the Patriarch of Ethiopia. He is a brother of Melchior Barreto. He was born in Porto around 1510 and studied in Salamanca. After entering the Society in 1545, in Coimbra, he was sent to Africa. In 1556 he was nominated to be the Archbishop in Ethiopia.
22) Duarte da Silva is a Portuguese Jesuit who was sent to Japan by F. Xavier. He entered the Society in Goa around 1550 and arrived at Bungo on September 7, 1552. He died in Takase 高瀬, Higo 肥後 in 1564.
23) Lourenço Ryōsai 了斎.

faz muyto serviço a Nosso Senhor. Folgey de lhos nomear, porque folge de lhe escrever cada hum sua carta.

Ao presente, sirvo o officio de soto-ministro, e por ainda os Padres e Irmãos que vêm não serem chegados, não tenho claro conhicimento delles. Portanto sua humildade me leve em conta [*fol. 304r.*] este atrevimento. Cedo esperamos por dous que ja estão em Cochim, *scilicet*, o Padre Arboleda[24)] e seu companheyro. Do Padre Manoel Alvarez[25)] e companheyro, ainda não ha novas delles, nem da nao em que vem. Deus os traga.

Não lhe dou nesta conta das muytas[26)] cousas que avya que dizer, remeto-me a geral. Somente lhe diguo que este anno se fizerão nesta ilha vinte mil e tantos, pouco mais ou menos, posto que a meu quinhão [h]ouve poucos, mas quando os outros trazião, agasalhava-os e lhe ordenava o comer e camas. E as vezes passavão de setecentos os que avião juntos a comer das nossas panelas, pois para o dormirem não ficavão as histeyras dos nossos charissimos Irmãos, alem das muytas que para elles ha que não sirvem. Vay o fervor de se fazerem Christãos, de maneira que esperamos em o Senhor que cedo não avera toucas de gentios nesta terra, e esta feita começaremos por esse Idalcão.

Pareçe-me que sen contar nada me vou muyto alargando e não sei se se enfadara. E portanto me retrayo pedindo perdão. Nas suas devotas orações muyto me encomendo, e peço-lhe por amor de Nosso Senhor que peça a 3 Irmãos desse collegio, que forem mais devotos da Virgem Gloriosa Nossa Senhora, que me encomendem muyto a ella e que me digã[o][27)] cada[28)] hum

---

24) Pedro de Alboreda. He was born in Spain around late 1530s. He sailed from Lisbon to India in 1560. He organized a group to come to Japan, but this journey did not take place due to bad weather. He continued working in India and died in 1565, in São Tomé de Meliapor (Madras).

25) Manuel Alvarez (Pintor). He was born in Portugal around 1526 and entered the Society in 1549, in Coimbra. He planned a journey to Japan, but he had a shipwreck accident around Sumatra and had to go back to India. He died in 1571, in India. There are several Manuel Alvarez in the Society at that time and he is distinguished as "*pintor* (painter)"

26) The BACL text lacks this word.

huma Ave Maria.

Deste collegio de São Paulo de Goa, [h]oje dia da Converssão da Gloriosa Virgem, 8 de dezembro de 1560.

Indigno Irmão e escravo de todos os da Companhia de Jesus,

Belchior Diaz[29)]

---

27) Corrected by the BACL text.
28) The BACL text lacks this and the following word.
29) Melchior Dias. He sailed from India in 1551 accompanying Melchior Nunes Barreto. After visiting Japan with Barreto, he came back to Goa with him and was ordained to the priest in 1562. He died in Portugal, in 1576.

139

LETTER FROM BR. LUÍS FRÓIS S. J. TO BR. GIL BARRETO S. J. IN PORTUGAL

Goa, December 10, 1560

Copia de huma carta que o Irmão Luis Frois
escreveo de Goa ao Irmão Barreto
o ano de 1560, a 10 de dezembro[1].

......

[*fol. 615r.*] De Japão vierão este anno felecissimas novas como la vereis. Gaspar Villella vay com hum Irmão japão[2] caminho de Meaco[3], aonde primeiro foy o Padre Mestre Francisco.

Luis Frois

---

1) Source Text: BA, *Jesuítas na Ásia, 49-IV-50*, ff. 614v.-615r.
Ref.: BACL, *Cartas do Japão II*, ff. 150v.-151v.
BNL, *FG Códice 4534*, f. 171r.-v.
Printing: *DOCUMENTACÃO PARA A HISTÓRIA DAS MISSÕES DO PADROADO PORTUGUES DO ORIENTE*, VIII, No. 36, pp. 229-231.
DOCUMENTA INDICA, IV, No. 109, pp. 824-828.
Here, in the source text, the title was written once as follows and substituted by some other words; *Treslado de huma carta que o Irmão Antonio Dinis escreveo de Goa ao Irmão Braz Gomez no Collegio de Evora*. The destination of this letter is estimated as Egidio (Gil) Barreto by J. Wicki S. J. in his *Documenta Indica*. Egidio Barreto arrived to India with Father Balthazar Gago etc. and entered in the Society, in 1548. By the year 1560, he came back to Portugal.

2) The BNL text: *japam*. It indicates Lourenço.

3) Gaspar Vilela departed from Bungo and arrived at Miyako-Kyōto on September 1559.

140

LETTER FROM BR. LUÍS FRÓIS S. J.
TO FR. MARCO NUNES S. J. IN PORTUGAL

Goa, December 12, 1560

Treslado de huma carta que escreveo o Irmão Luis Frois,
do Collegio de Goa, aos 12 de dezembro do ano de 1560
ao Padre Marco Nunes da Companhia de Jesu[1].

Jesus

Pax Christi.

A graça e amor de Jesu Christo Senhor Nosso seja sempre em continuo favor e ajuda nossa, amen.

Latissima occasião se offerecia para se deixar de escrever a Vossa Reverencia pola pouca lembrança que teve, antes de se partir desta terra, do que com tanta instantia lhe pedimos, mas tudo se podia[2] atribuir ao excesso que lhe causaria essa missão para Europa. Todavia, de qualquer maneira que fosse, seja Deus com tudo glorificado.

Eu em particular me parece que[3] não poderei nesta dilatar-me por estar sercado de sete vias para fazer, *scilicet*[4], quatro para Portugal, huma para a

---

1) Source Text: BA, *Jesuítas na Ásia, 49-IV-50*, ff. 312r.-313r.
Ref.: BACL, *Cartas do Japão II*, ff. 251v.-253r.
BNL, *FG Códice 4534*, ff. 201v.-202v.
Printing: *DOCUMENTACÃO PARA A HISTÓRIA DAS MISSÕES DO PADROADO PORTUGUES DO ORIENTE*, VIII, No. 38, pp. 237-242.
DOCUMENTA INDICA, IV, No. 111, pp. 833-839.
DOCUMENTOS DEL JAPÓN 1558-1562, No. 36, pp. 317-319.

2) The BNL text: *poderia*.

3) From the beginning of the letter until here, the BACL text reads: *E*.

Cafraria, outra para Malaqua e Maluquo, e outra para Japão. E ainda que nas que escrevo ao Reino deixasse algumas particularidades para escrever a Vossa Reverencia, o Irmão Baltasar da[5] Costa tomou o asumpto de[6] as escrever, e tanto em particular que quasi me não fica nesta que dizer.

......

[*fol. 312v.*] Ora para que he falar na China, Japão, Sião, Patane, Jaoa[7], Peguu, Bengala, Martavão, Liquio[8], Samatra, Bisnaga, Cambusa[9] e essoutros mundos que por aqui descorrem.

......

Láa vão as cartas de muitos lugares destes que propoem estas necessidades. Nua e sinceramente clame, Vossa Reverencia, e não sesse, porque bem entende que para muytas destas partes ha-de valer mais a humildade acquirida na cozinha que o entendimento feito agea en transcendente[10]. E senão digan-no as letras de João Fernandez, Luis d'Almeida, Duarte da Silva em Japão, e as de Fernão d'Ozouro no reino de Bachão[11], e as de outros insignes operários nesta nova vinha ou primitiva igreja do Senhor. *Clama nec desinas, iterum atque iterum clamare*[12], porque láa he o centro, e qua a circunferentia, láa he o particular e individuo, qua o universal,

4) The BACL text lacks this and the following 16 words.
5) In the BNL text, *da Costa* is erased by a line. Baltasar da Costa was born in 1538 and entered the Society in 1555, in Goa. In 1576 he returned to Portugal and left the Society. He worked in Japan during 1564-1576.
6) In the source text, *para lhas* is written and deleted by a line.
7) Indicates Java island.
8) Indicates Ryūkyū islands.
9) Indicates Cambodia.
10) Cf. Jer. 49: 22.
11) Indicates Bacan island in the archipelago of Maluku.
12) Cf. Is. 58: 1.

láa o indivisivel, e quaa o infinito, que dizem que caberá toda a Christandade de Europa no ventre da China.

......

Bem sabe Vossa Reverencia quam diferente deve de ser a entrada de Coruche ou a de Sernache dos Alhos à que se fizer polos Reinos da China e de Japão, e pola Persia e Arabia, e polos senhorios do Preste João.

......

[*fol. 313r.*] E pondere que se qua podem aproveitar a diversidade das lingoas que muytos irmãos sabem em Roma, ja que nos quaa escrevem que os lá ha. Porque somente a este colegio concorrem caldeos, hebraicos, gregos, armenios, geniceros, rocios, arabios, parsios, mouros, judeus, bramenes, jogs, abdutos, fartaquins, nobins, coraçanes, mogores, guzarates, decains, canarins, malavares, chingalas, malaios, pegus, bengalas, cafres, japões, chinas, maluquos, patanes, macasares, e tantas outras diversidades de nações, que seria largo processo ave-llas de particularizar. E estes, se fossem ajudados de quem os entenderem, muito se podião aproveitar e aproveitarião a outros.

......

Todos seus discipulos e os mais que o não forão se encomendão em seus sacrificios e oraçois.[13)]

Deste collegio de Guoa, a 12 de dezembro de 1560 annos.

Frater[14)] *& servus tuus in Domino*

Luis Frois

13) The BNL text lacks this sentence.
14) The BACL text lacks this and the following 5 words.

141

LETTER FROM BR. MELCHIOR DIAS S. J. TO BR. PEDRO ANES S. J. IN LISBON

Goa, December 17, 1560

Copia de huma carta que escreveo o Irmão Melchior Dias
para o Irmão Pedro Anes, limosnero da Companhia de Jesus
em Sam Roque de Lisboa, no anno de 1560,
o qual Pedro Anes seja hum velho
que passa dos 60 annos[1].

Jhesus Maria

A charidade e amor de Jesu Christo nosso Redemptor more de continuo em nossas almas. Amen.

E por sua infinita bondade o traga çedo a gostar e ver quão bem sabem as folhas dos rabãos cosidas com [*fol. 300v.*] ho misso, que he grãos podres em Japão, e a farinha de pão em Maluquo, cavalinha e arroz çeco no Malavar, e polo conseguinte de todas as outras partes aonde os nossos charissimos irmãos andão com muytos trabalhos ajuntando seu preçiosissimo sangue, o qual o diabo por outra parte trabalha com seus enganos e falçidades de estragar, e deste contrario[2] nassem todos os seus trabalhos.

---

1) Source Text: BA, *Jesuítas na Ásia, 49-IV-50*, ff. 300r.-301v.
Ref.: BACL, *Cartas do Japão II*, ff. 182v.-184r.
BNL, *FG Códice 4534*, ff. 196v.-197v.
Printing: *DOCUMENTA INDICA*, IV, No. 114, pp. 842-848. *DOCUMENTOS DEL JAPÓN 1558-1562*, No. 37, pp. 320-325.
The BACL text lacks from *o qual* to *60 annos*.

2) The BACL text: *trabalho*.

Mas o perro enganador moe-sse e não deve de ter patientia em ver folhas de rabos[3] saber tam bem e que os grãos podres lhe parecem massapães, e por certo milhores são. Pois a vida que com elles sostentão, principalmente pola graça de Deus, se emprega e gasta em cousas que dão tão altas consolações, como he trazer almas a Deus, ovelhas perdidas ao seu pastor, criaturas tão estragadas do diabo a amizade de seu Criador e seu Senhor. Tão bom e que tanto com isso folga, como elle mesmo[4] diz que esses são seus deleites[5].

E não diga que he ja velho para estas partes, porque não tem nellas[6] codeas de pão para comer mas os manjares são tais e tão acomodados que com as gengivas se podem mastigar sem fazerem no estomago empacho para a meditação.

Charissimo irmão[7], muytas vezes tenho escrito e, alem de ser mandado pola santa obediencia, pretendia juntamente com isso meos interesses. E no cabo de muytos annos ate agora não vi re[s]posta, mas consolo-me com os mais, porque muytos somos e pouco menos de todos, ao qual não sabemos dar furo. Eu para mym queria cuidar que terá seu tempo tão bem occupado, em buscar as esmolas para esses pobres de Christo, e repartido en tão santos exerçitios, que terá este por menos aproveytado. E se[8] esta he a causa, saiba, charissimo irmão, que se elle quaa estiverá, que lhe [h]ouverá de pareçer o contraryo.

Porque os que estamos nestas partes, todo o anno esperamos por aquele dia de chegarem as cartas dessas partes, desejando que ama[n]heça. Porque nelle, esperamos nossa consolação das que nesta misera vida tomamos por ajuda e esporas para chegarmos aquele lugar de verdadeira e eterna consolação. E pareçe justo este desejo, pois os Sanctos o usavão e se consolavão em

---

3) The BACL text: *rabãos*. The BNL text: *rabaons*. It indicates actually *rábanos*.
4) The BNL text lacks this word.
5) Cf. Phil 1:28-29.
6) The BACL text lacks this word.
7) It was not possible to find any further information about Pedro Anes.
8) The BNL text lacks this word.

auzentia por cartas, sendo tam consolados de Deus, quanto mais eu peccador que por meus muytos males não sei que cousa he consolação de Deus. Consolo-me com saber, charissimo meu, que tem elle muytas e muytos mimos do Senhor, com esperanças de me ser comunicada alguma pequena migalha por suas cartas.

Custumei ate agora, pareçendo-me que estava milhor remedeado, escrever [a][9] alguns particulares e socedeo-me assi como eu mereçia. Detrimino agora de tomar a elle para que o peça a todos juntos que rogem por mim, porque não pode ser que de tanta charidade[10] não se mova algum à piedade com quatro regras de consolação, pois todos a exercitão com os pecadores que seja eu hum delles, polos mereçymentos de meu [*fol. 301r.*] Senhor Jesu Christo que eu bem sei que o não mereço.

Por hamor de Nosso Senhor, charissimo irmão, que se lembre e faça lembrar dos que estão em Japão, Maluquo, prinçipalmente os de Japão, porque têm muyta neçessidade de serem consolados e[11] anymados com as cartas e orações dessas partes. Porque he terra muyto apartada de consolações humanas, como nos cada dia temos huns com outros, visitando [nos e][12], animando [nos][13] huns aos outros em o Senhor. Láa não tem senão o que ganhão por puro trabalho e[14] merce de Deus. E são muy consolados quando[15] de tempo em tempo lhe chega huma carta. E de láa não acustumão a escrever-lhe, sendo nelles muyto milhor empregadas que em nos.

Os que mais desejarem de lhe serem companheyros em seu desterro, por charidade que o mostrem em lhe escrever a cada hum dos que laa estão. E para esse[16] efeito lhe porey aqui os nomes, Padres Baltasar Gago, Gaspar Vilela,

---

9) Inserted from the BACL text.
10) The BACL text: *piedade*.
11) The BACL text lacks this and the following word.
12) Inserted from the BACL text.
13) Inserted from the BACL text.
14) The BACL text reads this and the following word: *em*.
15) The BACL text: *quanto*.
16) The BACL text: *este*.

Cosme de Torres que he o reitor, os Irmãos Luis d'Almeida, João Fernandez, Rui Pireyra, Duarte da Silva, Guilherme. E nam lhe pareça que são muitos, que se consolarão huns aos outros, porque as terras são muitas e muitos Christãos e estão muyto espalhados.

Eu vim de láa com o Padre Mestre Melchior que vinha mal desposto, mas espero em a bondade de Deus Nosso Senhor que agora sedo me tornem a mandar para láa, a fazer a ossada por seu divino amor. Prazerá a elle que nos levará láa sedo, porque ha lá muyta[17] neçessidade de outros milhores do que eu são[18], mas bom he o Senhor e eu nele confio e espero. O Senhor nos dê a todos a sentir sua santa vontade e comprir em a obedientia.

Não lhe peço particularmente que me encomende a Deus, porque são[19] tão mao que nestas encomendas gerais. As vezes me esqueço a sua muyta charidade - vendo a minha necessidade o pode mover a dar hum sospiro por este seu indino irmão - somente [lhe][20] peço que, se he muyto devoto da Virgem gloriosa Nossa Senhora, me encomende muyto a ella com a oração em[21] que mais devação tiver.

Não escrevo as grandezas que o[22] Senhor obra em Japão, nem das que vi, porque láa vão as cartas em que verão alguns pedaços, mas não tudo porque impossivel seria poder-sse escrever. Vi láa muytos e bons Christãos que com verdade podem fazer emveja a muytos portugeses, e eu me conto[23] com elles, e alguns ajudão muyto aos Padres, e cada hum por sua parte trabalhão muyto por se acreçentarem os Christãos. Prinçipalmente vi eu hum que deixou molher e filhos e foi de Bungo para o Firando com o Padre Baltasar Gaguo por seu ajudador em lugar de hum Irmão, e outros semelhantes que ajudão muyto aos

17) The BACL text lacks this word.
18) The BACL text: *sou*.
19) The BACL text: *sou*.
20) Inserted from the BACL text.
21) The BACL text: *com*.
22) The BACL text: *Nosso*.
23) The BNL text: *contento*.

Padres. Sentem muyto bem de Nosso Senhor e são de muyto grande entendimento, e viamos isto claramente. Porque, comendo alguns comnosco, se dava hum ponto de Nosso Senhor em que cuidavão todos emquanto comião, e acabando dizia cada hum o que nelle sentia. E por certo [*fol. 301v.*] que sempre nos levavam a ventagem em os çentimentos e devação, prinçipalmente a mym.

Vi alguns que de 60 legoas vinham visitar os Padres e consolar-sse com elles, e ha alguns que têm tomado os Exerçitios e sentidos mui bem. Huma vez ouvi ao Padre Cosme de Torres por hum delles que, se se perdesse a humildade da Companhia, se acharia naquele, e como de feito elle o mostrava em obras, como en barrer e alguns serviços que queria fazer em casa, sendo elle casado e muy honrrado. Disto poderia dizer muyto mais, mas será nunqua acabar.

Algumas vezes indo polas rruas, saião os meninos com altas vozes dizendo por muytas vezes, "Deusno, Deusno", que quer dizer: homem de Deus, homem de Deus. Estas são as injurias que nos dizem os gentios. E daqui tirareis, charissimo irmão, os favores e mimos que nos farão[24)] os Christãos. Preza-se[25)] muyto de trazer o que tem aos Padres, e de 8 legoas vi vir homens carregados com arros e trigo, e outras cousas com grande fervor e amor, visitando os Padres e oferecendo seus dões. Ysto lhe disse, porque não sei se irá lá na carta.

Nomear-lhey[26)] alguns nomes destes japõens, porque folgarão elles muyto de lhe escreverem de láa algumas cartas, a huma por serem suas em que serão consolados e animados, a outra por virem de laa desse[27)] Chenchico que dizem que he perto do paraiso. Os nomes são os seguintes; Paulo, Tomé, Pedro Ferreyra, Jusquino, Viçente, Bastião - estes são do Bunguo; Tomé, Belchior, de Amànguchy, Lucas, de Cutami.

Este he hum homem muyto honrrado, que no seu lugar ha muitos Christãos

---

24) The BACL text: *fazem*.
25) The BACL text: *prezam-se*. The BNL text: *prezã-se*.
26) The BACL text: *nomear-lhe-ei*.
27) The BACL text: *de*.

e não estáa láa Padre nem Irmão nosso. Por não se poder acudir a tanto, e elle em sua casa tem oratoryo aonde se ajuntão os Christãos a fazer oração, pareçe que prinçipalmente aos domingos[28)] e sanctos, e quando láa vay o[29)] Padre ahi diz missa e sse agasalha, a este prinçipalmente e ao Tomé de Amànguchi não avião de aver por trabalho escrever-lhes, porque me parece que será muy proveitoso. Estes bastão por este anno, porque se lhe puser mais, [h]ey medo que com as muytas occupações não escrevão a nenhum.

Hum moço estáa en casa com os Padres que se criou com elles, chama-sse Belchior, sabe muyto bem ler e escrever e falar a nossa lingoa; podem pôr no sobreescrito: Belchior que estáa com os Padres. Outro se chama Lourenço, que primeiro foi *bonzo*, que quer dizer Padre. Este he grande ajuda porque lhe sabe todas as suas roindades, he nosso Irmão e tem feito os votos. Praza a Nosso Senhor que a elles e a nos dê perseverança e morrer em seu serviço. Amen.

Huma Ave Maria me pessa ao meu muyto charissiomo Padre Diogo Vieira e Francisco Anrriquez[30)], e elle nam se esqueça deste seu irmão. Deus Nosso Senhor seja sempre com todos. Amen.

Deste collegio de São Paulo, [h]oje vespora da Expectação da Virgem Gloriosa Nossa Senhora[31)] de 1560 annos. Eu fico neste collegio servindo o offiçio de soto-ministro.

Indino irmão,

Belchior Diaz

---

28) It was written once *do Bungo*, and deleted by a line.

29) The BACL text lacks this and the following word.

30) Francisco Henriques was nominated to be *Procurador General* in Portugal, India, Ethiopia and Brasil in 1561. Diogo Vieira is unknown, however, he was a member of the college of St. Antão in Lisbon.

31) This day is commonly known as *Nossa Senhora do Ó*, and it is the day 18 of December.

142

CATALOGUE OF THE JESUITS IN THE PROVINCE OF INDIA

Goa, 1560

Lista de todos os Padres e Irmãos
que ha nestas Partes da India
ate janeyro de 1561[1].

Lista dos Padres e Irmãos que estão neste Collegio de São Paulo de Goa, que são por todos 60[2], dos quais 14 são Sacerdotes e 56 Irmãos, e destes - polos gasalhados do collegio serem pequenos e não terem nelle onde pousar, estão na casa da provação, 22 Irmãos que ja tem acabado o tempo de seu noviciado e feitos seus votos e mais 3 Sacerdotes. E alem destes, 19 novicios dos quais entrarão doze este anno de 1560. No collegio ha 12 Sacerdotes e 16 Irmãos comforme ao que se verá na lista[3].

……

---

1) Source Text: BA, *Jesuítas na Ásia, 49-IV-50*, ff. 330v.-332r.
Ref.: BACL, *Cartas do Japão II*, ff. 303r.-304v.
BNL, *FG Códice 4534*, f. 173r.-v.
Printing: *DOCUMENTA INDICA*, IV, No. 117, pp. 862-869.
DOCUMENTACÃO PARA A HISTÓRIA DAS MISSÕES DO PADROADO PORTUGUES DO ORIENTE, VIII, No. 81, pp. 506-513.
The BACL text: *Lista dos Padres e Irmãos que estão neste Collegio de São Paulo de Goa e dos mais que estão por partes diversas deste anno de 1561*. The BNL text: *Lista dos Padres e Irmãos deste Collegio de Goa e de seus exercicios do anno de 1560*.

2) This number is correctly 70.

3) The BACL and the BNL texts lack this paragraph.

[*fol. 332r.*] Em[4] Japam.

31[5] O Padre Cosme de Torres.

32[6] O Padre Baltasar Gaguo.

33[7] O Padre Gaspar Vilella.

34[8] O Irmão João Fernandez.

35[9] O Irmão Lourenço[10].

36[11] O Irmão Gilherme.[12]

37[13] O Irmão Duarte da Silva.

38[14] O Irmão Rui Pireyra.[15]

39[16] O Irmão Luis d'Almeyda.

......

4) The BACL text reads this and the following word: *Japão*. The BNL text reads them: *Lista dos Padres e Irmãos que andão por fora em diversas provincias em Iappão. 8.*
5) The BACL text: *54*. In the BNL text, all the names are not numbered.
6) The BACL text: *55*.
7) The BACL text: *56*.
8) The BACL text: *57*.
9) The BACL text: *62*.
10) The BNL text lacks his name.
11) The BACL text: *59*.
12) Guilherme Pereira. In the BNL text, this name is written after *O Padre Cosme de Torres*.
13) The BACL text: *58*.
14) The BACL text: *60*.
15) In the BNL text, this name is written after *O Irmão Luis d'Almeyda*.
16) The BACL text: *61*.

143

LETTER FROM FR. DIEGO LAÍNEZ S. J. TO FR. MELCHIOR NUNEZ BARRETO S. J. IN INDIA[1)]

Rome, January 14, 1561

Jesús

Muy reverendo en Christo Padre: Pax Christi, etc.

Receví la letra de Vuestra Reverencia en la qual da información de las personas que conosce en la Provincia de la India y de la de Ethiopia, y a esta no se requiere otra respuesta sino que servirá la información para el effetto que se pidió a su tiempo.

......

Quanto a lo que Vuestra Reverencia scrive que vio usar a los nuestros en Japón, de prestar algunas cosas a los reyes que se las piden para sus fiestas gentílicas, lo que acá nos parece es que cosas sacras no se las presten en ninguna manera, ni las otras tampoco si se pueden buenamente scusar. No pudiendo, deven protestar que no se las dan para honor de sus dioses etc.

El permitir que los Christianos nuevos de aquellas provincias rezen y hagan oblationes por las ánimas de sus padres muertos en la gentilidad, [h]abría de ser corrigiendo las intenciones de los tales, avisándoles que han de rogar y offrecer por los tales defunctos si ellos están en tal stado que puedan ser

1) Source Text: *DOCUMENTOS DEL JAPÓN 1558-1562*, No. 39, pp. 329-330.
Ref.: ARSI, *Hisp 66*, f.136r.
Printing: *DOCUMENTA INDICA*, V, No. 9, pp. 60-62. This letter corresponds to the letter by Melchior Nunes Barreto from Cochin, dated January 15, 1560 (Doc. 130 in this volume).

ayudados, pues si están en el infierno an de creer que no tienen remédio.

Esto scrivo a Vuestra Reverencia, porque es respuesta de su letra. Mas porque los del Japón están debajo de la Provincia de la India, el Provincial della les podrá avisar, al qual se podrá embiar este capítulo.

……

De Roma y de enero 14, 1561.

144

VARIOUS RULES BY JERÓNIMO NADAL[1]

Portugal, summer, 1561

LO QUE DIXO EL PADRE NADAL[2] EN LISBOA

Mucho importa en esta provincia[3] más que en ninguna otra criar muchos novicios. Porque no sólo se crían para ella, mas aun por todo el oriente y navegación deste reino: India, Malaca, Maluco, China, Japón, Ethiopia, Ginea, Brasil, etc, y todas las islas. Y assí el provincial por sí y por todos los superiores y personas aptas para ello, han de poner summa diligencia por todos los medios de aver novicios. Y yo, con la divina gracia, me esforçaré de embiar acá buenos subjectos para el dicho fin.

Y por esto es menester hazer muy gran diligencia a que en los collegios fundados se pueda tener un gran número de novicios, y para esto demandar a los fundadores o benefactores *subsidium*, explicando la extrema necessidad que [h]ay desto.

……

---

1) Source Text: *DOCUMENTOS DEL JAPÓN 1558-1562*, No. 41, pp. 333-335. Printing: *Epp. Nadal* IV 192-193 (II, 1), 207 (II, 6). *DOCUMENTA INDICA*,V, No. 29, pp.154-160. According to the explanation in *DOCUMENTA INDICA* and *DOCUMENTOS DEL JAPÓN 1558-1562*, Jeronimo Nadal stayed in Portugal from 31 July to 10 September, 1561.

2) Jerónimo Nadal (1507-1580) was the theological adviser behind the Superior Generals of the Society of Jesus in its founding period. He was born in Mallorca and entered the Society in 1545. He worked as a secretary of Ignatius of Loyola and influenced the erection of the second Superior General Diego Lainez. His famous work is *Adnotationis et meditationes in Evangelia.*

3) Indicates the Province of Portugal of the Society of Jesus.

Los portes que se pagan en Roma de las cartas que se embían desta provincia se paguen *pro rata* de todos los collegios y casas según el número de la gente que sustentan. Y las que se embían de la India y Brasil, se sepa quanto se ha pagado dellas, y se ponga a su cuenta para que ellos las paguen de dos en dos años o quando parecerá.

……

Las que vienen al provincial, de Roma o otras provincias, se paguen también *pro rata* como se dixo de las otras.

……

El provincial procure con toda diligencia que se guarde un original de las cartas de las Indias si se pudiere, y *in omnem eventum* copiarse todas en un libro, y las otras quadrimestres haga de manera que leídas en toda la provincia vengan en sus manos, y él las haga guardar.

Procúrese de estampar las cartas de las Indias escogidas con mucha diligencia y corregidas y aprobadas por la Inquisición. Y esto si pudiere ser en latín sería mucho mejor, y si no en castellano. Mas se considere que se haga con toda consideración, y quitadas las cosas que [personas] particulares pueden entender que dizen por ellas, como restituciones, etc.

……

Los libros que se han comprado para las Indias se revean, y se quiten los prohibidos según los catálogos, y se emienden los otros. Y desta manera no se embíen. Si se embiassen los que se pueden emendar, sea con licencia del Cardenal[4)] o del Inquisidor Mayor[5)], con orden del mismo para que allá primero los emienden [antes] que usen dellos.

---

4) Indicates Cardinal D. Henrique (1512-1580) who reined the kingdom of Portugal during 1578-1580 after the death of D. Sebastião.

5) This position was occupied by the same person *Cardenal* at that time.

LO QUE DIXO EL PADRE MAESTRO NADAL
EN EL COLLEGIO DE COIMBRA

Cartas de la India: Quando vienen cartas de la India, siendo de edificación es bien que se lean públicamente, emendadas *tamen*. Y den gracias a Dios los Padres y Hermanos, mas no se diga el *Te Deum laudamus publice*.

......

INSTRUCCIÓN PARA EL PROVINTIAL

Las cartas que vinieren de la India se leerán en congregatión, junctos los Padres y Hermanos, y las otras todas se leerán a la 1ª y 2ª mesa. Y faltando algunos a alguna destas dos mesas, puédenseles dar las cartas para las leerem.

145

LETTER FROM FR. GASPAR VILELA S. J.
TO FR. ANTÓNIO DE QUADROS S. J. IN GOA

Sakai, August 17, 1561

Copia de huma de Japão do Padre Gaspar Vilela pera o Padre Antonio de Quoadros[*sic*] Provincial da Companhia de Iesu na India a 17 d'agosto de 1561[1].

No anno de 1559 lhe escrevi, irmãos charíssimos, de Bungo como por ordem da santa obediencia estava de caminho para o Meaco, aonde o Padre Cosme de Torres me mandava, a tentar se nelle se poderia manifestar a fé de Nosso Senhor Jesu Christo, polo muito [*fol. 429v.*] que toda a terra de Japão depende do Meaco, nas cousas da religião ou seitas. Se então lhes prometi de lhes escrever o que no caminho e la paçasse, o que Nosso Senhor tivesse por bem obrar, ho[2] agora farei pera que de tudo seja louvado Jesu Christo Nosso Senhor de quem todo o bem procede, e pera alegria e consolação delles charissimos que sei se alegrarão de sua gloria e honrra. He sirvirá pera em suas orações terem particular lembrança deste seu indigno irmão, que tão alongado está de sua santa conversação.

No ano que dixe nos partimos de Bungo eu e hum japão por nome

1) Source Text: BA, *Jesuítas na Ásia*, 49-IV-50, ff. 429r.-435r.
Ref.: ARSI, *Jap. Sin 4*, ff. 128r.-135v., 136r.-141v., 142r.-147v., 148r.-153v., 154r.-159v. ARSI, *Jap. Sin* 50, ff. 2r.-7v.
BACL, *Cartas do Japão II*, ff. 417r.-423r.
BNL, *FG Códice 4534*, ff. 270v.-274r.
Printing: *Cartas I* (Evora, 1598), ff. 89v.-94r.
Cartas (Alcala, 1575), ff. 108v.-114r.
Cartas (Coimbra, 1570), ff. 265v.-278v.
DOCUMENTOS DEL JAPÓN 1558-1562, No.42, pp.340-361.
2) The BACL text lacks this and following two words.

Lourenço, que hé como Irmão nosso nas cousas da virtude, hé boa lingoa e versado nas cousas de Japão. E embarcamo-nos em huma embarcação de gentios que para a banda do Meaquo hião. Muitos impedimentos pôs o demonio por esta viagem se não effectuar, paresce que temendo o que della Deus Nosso Senhor determinava tirar.

O primeiro foi que não tendo ainda andado huma jornada de caminho, nos faltou o vento, de maneira que não podiamos ir por diante. E vendo-se os gentios que na embarcação hião sem vento, determinarão de por ella tirarem huma esmola pera seus idolos que lhes concedessem ventos pera poderem caminhar. E correndo polos da embarcação chegarão a mim que deçe minha esmola. E dizendo-lhes que eu adorava a Deus verdadeiro, Criador dos ceos e da terra, e que nele confiava, que por isso não dava esmola para quem elles pedião, serrarão[3] todos contra mim e alevantando-se com grande impeto. Dizião que eu era a causa de o vento faltar, que me deitassem da embarcação.

Eu nisto me encommendava a Nosso[4] Senhor, he prouve a elle, que sendo isto a huma à tarde, a outro dia pola menhã nos deu vento. E determinando de irem tomar outro porto, estando ja algumas leguas do outro[5], se nos mudou o vento em contrairo[*sic*], que quatro dias não pudemos andar. Aqui se acabarão de persuadir que eu era a causa de tam ruim tempo[6], e assi nas palavras, como nos gestos que fazião, mostravão o mal que desejavão de nós fazer, ainda que Nosso Senhor parece que o não premitia.

Chegando a hum porto onde por causa do tempo se detiverão dez dias, fizerão nelle conselho, em que assentarão de nenhuma maneira me levarem consigo. E pedindo-o assi ao capitão do navio, me fizerão desembarcar e ficar no porto, onde outro nenhum navio avia que me pudesse levar. Mas quis Nosso Senhor que tornando-me ao capitão e pedindo-lhe por amor de Deus me levasse, contra o parecer de todos me tornou a tomar, e levou a outro porto que

---

3) The BACL text: *se irarão*. The BNL text: *se irrarão*.
4) The BNL text reads this and the following words: *Deos*.
5) The BACL text: *primeiro*.
6) The BACL text: *vento*.

dahi a doze legoas estava, onde achando outras embarcações.

Nos era necessario, a todos os que híamos avante, mudar-nos a ellas, por aquella não passar dahí. Mas os com que ate [a]li vieramos correrão todas as embarcações, aconselhando-os que nos não levassem, porque em quanto consigo nos trouverão nunqua tiverão tempo que lhe servisse. E assi todas se partirão e nos deixarão. Mas quis Nosso Senhor que vindo outra embarcação, vendo-se falta de pasajeiros[7], nos levassem. [*fol. 430r.*] E navegamos bem e sem nenhun perigo. E os que forão nas primeiras embarcações que nos avião deixado os passarão, e forão algumas tomadas dos cosairos[8] que no caminho andavão.

Cheguados pois a hum certo porto, tornamos a encontrar os primeiros companheiros, os quaes tornarão ali a persuadir aos das embarcações que nos não levassem consigo à cidade de Saquai, para onde hiamos. Prouve ao Senhor que com todos estes impedimentos chegamos a ella dia do bem-aventurado evangelista São Lucas[9], que tomamos por padroeiro desta cidade, polo que em Nosso Senhor esperamos que nela se [h]a de obrar. Hé esta cidade do Saquay muito grande e de muitos e grossos mercadores, e he he[*sic*] a modo de senhorio que se regem por regedores, como de Veneza. Descançando aqui alguns dias dos trabalhos passados, determinamos de nos partir para serra de Fienoiama[10], donde principalmente eramos enviados.

Partidos da cidade do Saquai, em poucos dias chegamos à serra de Fyanoyoma, que está antes do Meaco seis legoas. He esta serra muito grande, e tem junto assi hum reyno que lhe he sojeito, ao pee dela tem huma alagoa muito grande[11], porque de comprimento terá perto de trinta legoas, e de largura sete. He esta grandeza se faz de muitos rios que nela entrão. Há nella muito pescado, e tem na praia hum luguar grande, que também pertence à serra, a qual he

---

7) The BNL text: *pasageiros*.
8) *corsários*.
9) It is October 18th.
10) Hieizan 比叡山.
11) Indicates Lake Biwa 琵琶湖.

povoada de muitos mosteiros, porque os que aguora averá nella serão mais de 500, ainda que no tempo pasado dizem [que] avia nela tres mil e trezentos que polas continuas guerras que nesta terra [h]ouve forão destruidos. Os religiosos destes mosteiros são *bonzos* de diversas seitas, em que a soberba reyna mais que em outro genero de gente. A mais gente que abita esta serra, he naturalmente inclinada às letras, que se viessem a ser Christãos que vivessem pacificos floreceria nellas o saber.

Chegando a esta serra tentamos se se ouviria nella a palavra de Deus, e como estava tam abastada destes religiosos[12)], não [h]ouve nela quem a ouvisse mais que hum letrado [seu, velho][13)] e já [a]posentado por nome Jeboo[14)], que com alguns seus discipulos gostou de a ouvir. Porque falando [lhe que][15)] como avia hum soo Deus Criador de todas as cousas e da immortalidade d'alma, se mi[16)] chegou à orelha [dizendo-me][17)] que ainda que as leis de Japão insinavão o contrairo[*sic*], que a elle lhe parecia muito bem o que eu dizia, [e]specialmente da immortalidade d'alma racional. Mas que o não aseitava polo temor que tinha d'os *bonzos* o matarem. E despedindo-se de nos e[18)] nós delle, partimos pera o Meaco.

Depois que da serra partimos, em pouco espaço chegamos à cidade de Meaco, ja no principio do inverno. E não achando por toda a cidade quem nos agazalhasse, recolhemo-nos a huma pequena casa que de aluger achamos. He esta cidade do Meaco muito grande, aynda que não tanto como no tempo passado, dizem que foi, porque segundo nos dizxerão[19)], teve 7 legoas de cumprido e tres de largo. Está toda cercada de serras muito altas, e ao pé delas

---

12) In the BACL text, this word is revised to *bonzos*.
13) Inserted from the BACL and the BNL texts.
14) The BACL text: *Dayjembo*. The BNL text: *Daijembo*, after eliminating *Jeboo*.
15) Inserted from the BACL text.
16) The BACL text: *a*.
17) Inserted from the BACL text.
18) The BACL text reads this and following 2 words: *nos*.
19) *disseram*.

por todas as partes muitos e muy[20] grandes mosteiros e edefícios, que em o tempo passado foram feitos e dotados de muita renda, ainda que assi elles, como a cidade estão mui desbaratados com as guerras, e fogo que muitas vezes padescerão. E segundo o que os moradores dizem, o que agora se vê he hum sonho do que já foi.

He terra muito fria, assi por estar muito ao norte & serem as neves nella muitas como por carescer muito de lenha que paresce as guerras gastarão. [*fol. 430v.*] He esteril de mantimentos, e assi o comum comer de lá são nabos, rabãos, e beringelas e alfaças e ligumes. Dizem que foi de muita policia, assi nas cousas da religião como de artes, e aynda dá mostras diço. Porque daqui e da serra que dixe, são pregadas as seitas que ha em Japão, e aqui residem as cabeças e perlados dellas.

Chegados poes a esta cidade, e agazalhados na casa que dixe, emcomendando-nos a Nosso Senhor por muitas vezes, nos paresceo em o mesmo Senhor conveniente começar-se a manifestar nesta cidade sua ley. E visitando primeiro o senhor da terra para que o tivessemos propitio, como depoes tivemos. Tomando hum dia huma crux, começei no me[i]o da casa a todos os que nella estavão e passavão por ella a pregar a lei do Senhor Deus. Foi logo tão grande o numero da gente que concorreo que era cousa de maravilha. E huns vinhão por ouvir cousa nova, e outros por zombarem e escarnecerem do que se dizia.

Entre estes vinhão muitos *bonzos*, e satisfazendo-lhes ao que propunhão, vendo que por suas rezones não podião confundir o que se dizia, espalharão hum rumor pola cidade, que não avia casa em que se não falace do que eu dizia. Huns dizião que erão cousas do diabo as que pregava, outros dizião que os *bonzos* tinhão rezão no que dizião, e cousas semelhantes.

Os *bonzos* andavão polas ruas como doudos, amotinando o povo, assi em lugares publicos como em outras partes. Dizião muitas blasfemias da lei de Deus que pregava, alevantando-me muitos falsos testimunhos, como que comia

20) The BACL text lacks this word.

carne humana e que na casa me achavão ossos de pesoas mortas. Outros dizião que era demonio em carne humana, posto que parescesse homem, e cousas semelhantes.

E vindo-se à rua donde eu pousava, amotinavão os moradores della que logo me lançassem fora, dizendo ao que me agazalhou que não era homem se logo me não lançasse fora de sua casa[; e outras injurias. O qual me mandou dizer que logo me fosse de sua casa][21]. E porque eu, por não saber aonde me fose, o não fiz tão çedo como elle quisera, se veio a mim com huma espada nua pera me matar, com se pôr a risco de elle tambem morrer, polo costume que na terra há que quem mata outro se mata tambem assi, ou o matão por justiça. E por ser grande desonrra a hum ser morto por outro, elle mesmo se mata por sua honrra.

Já[22] podem ver, irmãos charíssimos, qual estaria vendo-me debaxo d'uma espada nua. Confeço-lhes que ha muita differença de miditar na morte e ver-se homem nella. Confeso-lhes que quando me via tão perto da morte, alguns temores me vierão, mas vendo que com minha estada se manifestava a lei de Deus no Meaco, donde tanto pende a terra de Japão nas cousas da religião, encomendando-me a Nosso Senhor, como não tinha com quem me aconselhar, pondo tudo nas suas mãos.

Depois de naquela casa se fazerem os primeiros Christãos que no Meaco são feitos, determinando de dar lugar à ira dos *bonzos*, e de não deixar de manifestar a lei de Deus, me mudei para outra, que como era sem paredes e cousa que defendese o frio, e o tempo era em Janeiro e as neves muito grandes, passamos ali com muito trabalho.

Aqui começou logo o Senhor trazer a sua santa fe dia de 15 & 20, segundo que o Senhor os tragia, ainda que ocultamente [*fol. 431r.*], polo muito abatimento em que erão tidos de seus parentes, amiguos e vizinhos. Porque os

---

21) Inserted from the BACL text and the BNL texts.
22) The BACL text reads this and the following 2 lines from *Já* to *morte: Confesso-lhes irmãos que quando me via tão perto da morte debaixo dhuma espada nua que.*

não tinhão por homens se tomavão a lei de Nosso Senhor, antes por cousa vil e baxa.

Das aldeas e montes vierão tambem muitos a ouvir e tomar nossa santa fe, e ja se começava a acrecentar o numero dos que Nosso Senhor trazia. Eu ainda que todos os trabalhos, pola graça do Senhor sempre me senti[23] aparelhado pera pôr a vida por elle com pouco temor, com algum esforço que Deus me dava sem eu lho mereçer. Começei a tomar maior animo com os *bonzos* que abrandavão alguma cousa do seu furor, ainda que não cessavão das amutinações, murmurações e blasfémias que em ausença dizião. E porque o hospede que me agazalhava nesta casa vendia vinho, fizerão fazer conselho na cidade que ninguem lho compraçe, pois me tinha em sua casa, até que della me lançasse. E assi me mandou muitas vezes pedir e cometer que me saisse della. E com rogos e esperas, por não aver onde nos podessemos recolher, nos teve nella tres mezes, onde padeçemos muito frio e trabalhos e enfermidade, ainda que era grande a consolação que Nosso Senhor nos dava de ver[24] vir tantas almas a sua santa fe.

Depois que o verão ve[i]o tornamos a visitar o senhor da terra, pedindo-lhe licença pera residir em ella, e ainda que pera isso [h]ouve muitos impedimentos por me[i]o[25] de alguns que lhe dizião mal de nos, prove a Nosso Senhor que no-la deu não somente de palavra mas por escrito com pena de morte a quem nos fizesse mal ou impedisse. Com esta licença seçarão mais nossos perseguidores, e se começou a augmentar o numero dos Christãos, em[26] tanto numero que foi necessario fazer-se huma igreja. E assi se fez a primeira igreja que Nosso Senhor ordenou neste Meaco, em huma casa grande que pera isso se comprou.

Como esta igreja foi feita concorrerão mais os gentios a ouvir[27] nossa

---

23) The BACL text: *sentia*.
24) The BNL text reads this and the following word: *vir ver*.
25) The BACL text: *meyo*.
26) The BNL text: *e*.
27) After this word, the BACL text gives: *mais*.

santa lei, e muitos a tomarão. Outros, ainda que lhe parescia bem, dizião que era cousa santa de Deus, mas que a não ouzavão tomar ate que se não fo[s]se mais dilatando e aceresçentando no Meaco. Proçedendo desta maneira paresçe que o não podia sofrer o demonio, porque avendo hum anno que nisto se perseverava nos moveo outra perseguição grande. E foi que ajuntando-se os *bonzos* com os fregueses e devotos dos idolos, asentarão de peitarem o mais que podeçem a hum[28] senhor que governava a terra, e a outros tres regedores dela pera que nos deitassem fora della, e fazendo-o assi o senhor com os regedores se determinarão nos lançar com o oprobrio [que podessem][29] não sabendo o senhor principal que me tinha dado licença de estar na terra.

Mas como Nosso Senhor em semelhantes trabalhos tem cuidado dos que o desejão servir, soube-o hum senhor gentio, bom homem, que por nos falava ao senhor principal da terra, e huma noite antes que os perseguidores viessem, nos mandou dizer que lhe parescia que nós deviamos de sair da cidade, e recolher a huma fortaleza sua, ate que o furor dos *bonzos* passasse.

Como este recado nos foi dado, se ajuntarão comnosco na casa onde pousavamos os Christãos. E consultando com elles, [*fol. 431v.*] lhes paresceo bem o que o senhor gentio dezia, e que nos foçemos antes que os perseguidores lançassem, porque em nos lançarem lhes pareceria que abatião & desacreditavão a lei de Deus e a elles que a tinham tomada, e assi era menoscabo de suas pessoas. E saindo-se comnosco muitos delles, nos acompanharão aquella noite quatro legoas ate a fortaleza do senhor nosso amiguo.

E depois de ali estarmos escondidos tres ou quatro dias secretamente, não me parescendo bem ali estar escondido, nós tornamos com os Christãos ao Meaco, e escondendo-nos hum delles em sua casa. Ali nos avisavão do que pola cidade passava, e se dizia de nos. Grande alvoroço [h]ouve na cidade sobre nossa ida, porque huns dizião que foramos injustamente lançados, outros

---

28) The BACL text: *o*.
29) Inserted from the BACL and the BNL texts.

que com muita rezão[30], e outros muitos paresceres diversos.

Os Christãos occultamente se vinhão a nos a consolar-nos & ajudar-nos no que podião, e com seu conselho e ajuda quis Nosso Senhor ajudar-nos, porque parescendo-lhes que devíamos de pedir tempo de quatro meses de espaço pera nelles se poder tratar de nossa ida ou estada na terra, os pedimos, e prouve a Nosso Senhor que concedendo-no-los elles forão principio pera sempre ficarmos nella. Concedidos os quatro meses de espera aparescemos em publico, e com grande alegria de todos os Christãos fomos restituidos a nossa primeira igreja, com muito contentamento dos gentios que conhecião que sem rezão nos perseguião.

Assigurando-se nestes 4 meses nossos persegidores, parescendo-lhes que tinhão a sua feita, prouve a Nosso Senhor que nelles se negotiou com que pera sempre podessemos ficar na terra. Porque sabendo o senhor mais principal da terra o que tinhamos padecido e o que os *bonzos* e regedores nos tinhão feito contra sua licença que nos tinha dado, nos proveo de papeis muito mais autenticos pera que nenhum mal nos fizessem. Accreçentou-se a isto alguns senhores gentios a que[m] Nosso Senhor movia que fossem por nos e nos ajudassem, e com isto os que dantes nos perseguião se abrandarão, e agora nos favorecem e ajudão. E assi o que o demonio moveo pera nos fazer mal e lançar desta terra foi pera bem nosso e da ley de Deus, e pera nella estarmos firmes e seguros.

Muitas cousas vi, irmãos charissimos, nesta terra acerca do culto que nella ao demonio se faz, em que paresce quis o demonio arremedar o culto que a Deus Nosso Senhor se deve e faz. E creo se alegrarão em o Senhor ouvi-las, em que vendo a cegueira de tantas almas, as encomendarão ao Criador dellas pera que as alumie e tire de tantas trevas.

A festa do Corpus Christi que a Santa Madre Igreja celebra, paresse quis o demonio ca contrafazer, porque polo mes d'agosto [*fol. 432r.*] fazem huma festa aque chamão *Guivon*[31] polo homem a quem a dedicão se chamar assi, e

---

30) *razão*.

celebrão-na desta maneira. Destribuem-se primeiro polas ruas e officiaes delas as invenções com que cada hum [h]a de sair. E vindo o dia da festa logo pola menhã saem com sua maneira de procissão, em que primeiro saem 15 ou mais carros triunfantes cubertos de pano de seda e outras peças ricas. Estes carros levão seus mastos mui altos, e dentro dos carros vão muitos mininos cantando e tangendo com ataballes e pifaros. Cada carro he levado com 30 ou 40 homens, e detraz de cada carro vay a gente e officiaes, cujo he com sua devisa, e elles com suas armas, com lança, machadinha e *langinatas*[32] cujo ferro he hum traçado metido em huma meya lança bem chapada e consertada. E assi vay soscecivo cada carro com os officiaes e gente cujo he. Passados estes carros de mininos vêm outros de gente armada com muitas antigidades pintadas e outras cousas aprasiveis cubertos com seus panos de seda. E assi, em sua ordem, vão dar vista ao templo do idolo, a quem fazem a festa, e nisto se gasta a manhã.

À tarde saem com suas andas[33] mui grandes, que são do mesmo pagode, as quaes levão muita gente que fazem que não podem com ellas, dizendo que vai seu deus[34] nellas. A estas andas adora a gente com grande devação. Com estas vão outras andas que dizem ser da manceba que foi do pagode, a quem elle amava e levava consigo por ser moça. E indo assi têm dahí a hum tiro de espingarda outras que dizem ser da propria molher[35] do pagode. E os que têm estas, tanto que vêm as andas do pagode vir com as da manceba, e ouvindo hum recado que das andas do pagode lhe levão, que elle vem com sua manceba,

31) Gion-e 祇園会, a festival of Gion. Indicates a festival of Yasaka-Jinja (temple) 八坂神社, in Kyōto 京都.

32) *Naginata* 薙刀, a pole sword.

33) *Koshi* 輿, a palanquin.

34) Gozutennō 牛頭天王. A Japanese deity regarded as his counterpart is Susanoo-no-Mikoto 素戔嗚尊.

35) In Japanese mythology, Susanoo had 3 wives. The first and formal wife is considered as Kushinadahime-no-mikoto 櫛名田比売命. The second and the third ones are Kamuooichihime-no-mikoto 神大市比売命 and Samirahime-no-mikoto 佐美良比売命. The deities of the Gion Shrine are Susanoo, his 3 wives and his 8 sons and daughters.

correm pera huma parte e pera outra, dando a entender que ella está douda com ira de ver vir seu marido com sua manceba. Aqui começa a gente a se doer de a ver em tanto trabalho, huns chorando, outros pondo-se em giolhos e adorando-a, e assi chegando-se humas andas às outras, juntos todos se vão ao templo do pagode aonde a procisão se acaba.

Outra festa fazem aque chamão *bõ*[36], que parece quis o demonio contrafazer as exequias e sufragios que os Christãos polos dias dos defuntos, fazem às almas de seus antepasados, porque no mesmo mes a agosto, a 15 dias da lua delle. Começando aos 14 dias à tarde, cada hum poem por todas as partes das ruas muitas lanpadas asesas com as galantarias pintadas que podem cada hum. E toda noite andão visitando as ruas, huns por devação dos defuntos e outros por verem o que por ellas está. Este dia das almas, à tarde, sae muita gente da cidade a receber as almas dos seus antecessores, e chegando a hum luguar, aonde têm pera si que se encontrão as almas, que vêm com elles que as forão a receber e falar com ellas. Huns lhe offerecem arroz, outros aletria, outros fruitas, e outros que mais não podem, ágoa quente. Com muitos offerecimentos, dizendo-lhes que embora[37] ellas venhão, e que boa seja a sua vinda: muito tempo ha que nós não [*fol. 432v.*] vimos, vossas mercês virão cansadas, asentem-se e comão hum bocado, e palavras semelhantes, e pondo-lhe o que trazem no chão. Estão alli huma hora, como quem está com ellas esperando que descansem e comam. E acabado lhe pedem que venhão pera casa, e que elles vão diante aparelhar-lhe o necessario pera[38] comertindo-se. Se vêm a casa, lhe poem huma mesa a maneira de altar com arros e o necessario pera comer todos os dous dias que esta festa dura.

E acabados o dia, que se acabão à tarde, se vay muita gente com tochas e luminárias polos campos e outeiros, dizendo que vão alumiando as almas que se tornem, pera que não empecem no caminho. E alli se despedem dellas, e

36) Indicates Urabon 盂蘭盆, a memorial service to recieve and hold the soul of the dead.
37) The BNL text: *em boa oras*.
38) The BACL and the BNL texts read this and the following words: *partindo-se*.

tornando-se pera suas casas, tirão todos muitas pedradas por sima dos telhados, dizendo que por ventura ficarão algumas almas por sima dos telhodos que se não quiserão ir, que lhes tirão pera que se vão, porque se ficarem que lhes farão mal, ainda que alguns se doem dellas, dizendo que as almas são muito pequenas, e que se lhes chove no caminho, algumas morrem.

E têm-se tanto persuadido polo costume que têm de celebrar estas festas e outras semelhantes cousas d'alma, que se lhe não pode persuadir outra cousa, ainda que todas as suas seitas estão fundadas em negar a immortalidade d'alma. E se lhe preguntão porque dão este comer às almas, dizem que ellas vão pera o seu paraiso, ate o qual ha des mil contos de legoas, e quem poem tres annos no caminho, e que cansando nelle vêm tomar aquella ajuda pera poderem outra vez tornar a seu caminho. Nestes dias alimpão todas suas sepulturas, e nelles reinão os *bonzos*, pello muito que se offerecem às almas, porque por muito pobres que os homens sejão, cada hum offerece pola alma do seu antepasado, nem se tem por proximo o que isto não faz. Aqui verão, irmãos, a cegueira em que andão elles, em suas orações peção a Nosso Senhor os alúmie.

Outra festa fazem em o mes de março, e esta he da guerra, porque acabando de jantar, se saem todos os que querem ao campo com suas armas e pagodes pintados nas costas, e fazendo-se em dous esquadrões, começão primeiro os moços as pedradas, depois vêm elles as frechadas e espinguardas, e despois as lanças, e finalmente as espadas. Ferem-se muita gente, e sempre morrem alguns nesta festa, mas não são punidos por isso, por ser este dia privilegiado: nisto gastão aquelle dia. He esta gente naturalmente bell[i]cosa, e assi seus passatempos são em cousas de guerras, e suas [h]onras são, e dão-se por ellas, porque o soldado que mais cabeças corta na guerra, e o que mais honrra tem, e conforme à calidade da pessoa a quem a cortou.

[*fol. 433r.*] Nas cousas da religião parece quis o demonio imitar muito as que entre os catolicos ha, porque têm seus mosteiros de frades e freiras, mas como lhe falta o principal que he a fée de Nosso Senhor Jesu Christo, assi carecem de toda virtude e castidade, porque huma certa ordem que têm aque chamão dos guipos[39)], estão os frades e freiras delles juntos em mistura, sem

alguma maneira de separação, e todos juntos de noite vão cantar suas oras, e se tornão os *bonzos* pera huma parte da casa, e as *bonzas* pera a outra. Em huma sesta-feira que fazem, depois de todos cantarem seus offícios, os *bonzos* em hum corro, e as *bonzas* em outro, no meio do canto saem todos a bailar, huns com os outros, cantando certas cantiguas. Nestes mosteiros se comite grandissimos peccados de torpezas, aborços[40] e [h]omicidos, e parece que pera este fim os ordenou o demonio. Roguem, charissimos, a Nosso Senhor os alumiem de tanta segueira[41].

Huma cousa me contarão nesta cidade destes *bonzos* graciosas, que creio se alegrarão de a ouvir. E he que avera cinquoenta annos que nesta terra [h]ouve huma grande seca, por aver muitos dias que não chovia. Vendo isto os *bonzos* de hum mosteiro, detriminarão de sair em procisão com hum certo dente de hum pagode por reliquia, a quem a gente adora por dizerem que he de hum certo homem santo, aque a gente adora por nome Xaqua[42] que fes huma das leys do Japão. Saindo pois todos com seus livros na mão com seus alcorcos de pão e sombreiros na cabeça por ser grande o sol, se forão todos em ordem a[43] fazer oração ao campo por agoa. E pasando por outro mosteiro de *bonzos*, lhes mandarão dizer que saissem tambem em procisão com elles pella chuva que hião pedir. Elles lhe responderão que aquillo não era tempo para chover, e que não avião de ir[44].

Tornarão-lhe a mandar dizer que elles levavão o dente de Xaqua e quem nelle confiavão que avia de aver chuva, e que se a não [h]ouvesse, que elles se obrigavão a cada dia lhe vir varrer a casa, mas que se a [h]ouvesse, que elles lhe irião cada dia varrer a sua. Aseitando os do mosteiro o partido, os da

---

39) Indicates Ji-shū 時宗.

40) Indicates *abortos*; abortion.

41) In the BACL text, the contents in this and the following two paragraphs are inserted after a paragraph which begins *Outro bonzo* in the page 87.

42) Xaca, Shakamuni 釈迦牟尼.

43) At the left side of this part, two words: *ate aqui*, are inserted. However these words do not make any sense in this line and they look like ones written by a modern reader.

procisão se forão com suas reliquias ao campo. E parece, ou por Nosso Senhor assi o primitir, ou por ser tempo de chover, choveo aquelle dia muita quantidade d'agoa. E assi ficarão os *bonzos* do mosteiro obriguados a ir varrer o mosteiro dos da procisão. E ainda agora lhes dura esta obrigação.

Com falsos milagres tras [*fol. 433v.*] tambem o demonio muito engan[a]da[45] esta gente. Têm muitos grandes templos neste Meaco, e como he soberbo, ate no lugar delles parece o quer ser, porque comummente estão edificados em outeiros mui altos, aonde he adorado em propria figura, e lhe chamão por seu proprio nome, aonde lhes aparece muitas vezes. E especialmente he venerado em huma serra muito alta, que perto desta cidade está. Aonde o tempo passado,dizem que [h]ouve 7000 mosteiros, ainda que agora não ha mais que 5[46], e entre estes hum mui sumptuoso, onde grandissimamente he venerado, pola muita gente que a elle concorre com esmolas, porque os senhores que querem fazer guerra, a elle se encomendão, e lhe fazem grande promitimento de dinheiro e capelas, etc. E vencendo as guerras, se prezão Deus cumprir, e toda a mais gente comum em seus perigos, trabalhos e demandas, a elle se encomendão e se socorrem.

A estes todos aparecem muitas vezes os demonios em sonhos, persuadindo lhes que pola devação que lhe tiverem os livrará, e que pola frieza que nisso mostrarem lhe socederá mal o que desejão. E assi se alguma destas cousas socede, têm pera si que do demonio lhes veio. E assi he de todos mui temido, servido, e adorado, por lhes parecer que pagua aos que o servem e castigua a

44) The BACL text summarizes this and the following paragraphs as follows: *Huma cousa me contarão nesta cidade destes bonzos graciosas, e he que avera sincoenta annos que ten dos bonzos d' hum mosteiro huma forfia com outros d'outro mosteiro sobre se aconteceria huma cousa ou não viera a fazer hum concerto, que se a tal cousa acontecesse, que se obrigavam aquelles que perdessem a cada dia ir varrer a casa dos outros, e aconteceo a cousa como dizião os primeiros, e assi ficarão os do outro mosteiro obrigados a ir varrer o mosteiro dos outros bonzos, e ainda agora lhes dura esta obrigação.*

45) Corrected by the BACL and the BNL texts.

46) The Evora text reads: *quinhentos*.

quem o offende.

São tambem muito enganados por hum *bonzo*, aque dizem que chamarão Combodaxi[47], e segundo as cousas que delle contão, parece foi o demonio em carne, ou em figura della, pellos muitos e gravissimos peccados que enventou e ensinou. Enventou nova letra, de que nesta terra usão com outra que da China têm.

Fez-se fazer muitos e sumptuosos templos, e sendo muito velho se mandou fazer huma cova ou casa debaixo do chão, e metendo-se nela, disse que não queria mais estar nesta vida que não morria, mas que queria repousar, e que dahi a dez mil contos de annos, se alevantaria hum grande letrado em Japão, que então elle tornaria a sair neste mundo. E fazendo se tapar a cova, se ficou alli, e que avera oitocentos annos que isto fez. E este tem a gente em muita veneração, e têm pera si que ainda he vivo, e que aparece a muitas pessoas.

Dizem que em sua vida fes cousas grandes que fes decer em maneira de estrelas do ceo, e dizia as cousas futuras e cousas semelhantes. Têm-lhe muitos templos, e cada dia se lhe vão encomendar a elle, e pelo dia em que se meteo na cova[48], lhe fazem huma festa de tanta romagem, que não tem conto a gente que a ella vai.

Outros tres ou quatro *bonzos* [h]ouve em diversos tempos, que dizem que forão grandes letrados e são muito venerados. Hum delles, que dizem avera 370 annos que foi, fes huma seita aque chamão [*fol. 434r.*] Icoxos[49]. Esta he muy obedecida, a maior parte da gente he della. Têm sempre hum *bonzo* por cabeça que socede ao quem morre, e está em luguar do instituidor da seita.

Este tem pubricamente[*sic*] muitas molheres, e outros torpes peccados, que lhe não têm por peccados. E he a veneração tanta que lhe têm, que só de o verem, chorão muitas lágrimas, pedindo-lhe que os absolva de seus peccados, e he o dinheiro tanto que todos lhe dão, que grande parte da riqueza de Japão está

---

47) Kōbō-Daishi 弘法大師, posthumous name of Kūkai 空海.
48) Indicates March 21th of Japan's old lunisolar calendar.
49) Ikkō-shū 一向宗, formal name is Jōdo-shinshū 浄土真宗, begun by Shinran 親鸞.

neste *bonzo*. Cada anno lhe fazem huma solenidade muito grande, e he a gente tanta que a ella concorre, e que à porta da igreja está esperando pera entrar, que quando se abre com o grande impeto que cada hum poem pera entrar, morre sempre muita gente.

E tem-se por bem-aventurado o que en tal aucto falecem, e assi há alguns que por sua vontade se deixão cair na porta, pera que com o impeto da gente [morrão nella][50). De noite lhes fas huma pregação, aque o povo chora tantas lagrimas que parece huma quinta-feira da paixão do Senhor, e antemenhã se lhes tanje e da sinal que entrem na igreja, e assi entrão.

Outro *bonzo* [h]ouve ahi aque chamarão Niquire[51), que avera 300 annos que foi. Este lhes pregou outra seita, aque chamão Foquexãos[52), e della he muita gente. A este *bonzo* têm por muito santo, e dizem que quando pregou sua seita, e se quiserão cortar a cabeça e que segava aos que lha querião cortar, e que de si lançava claridade, e outros semelhantes milagres. E assi muitos, pera darem crédito à ley do Senhor Deus que lhe preguamos, nos pedem milagres. É certo que se Nosso Senhor disso fosse servido, parecem necessarios pera esta terra. Elles, charíssimos, em seus santos sacrificios e orações lhe peção que se disso for servido, os dê a alguns seus servos nestas e semelhantes partes pera com elles e sua ayuda se tirarem tantas almas de tantas ignorantias e segueiras.

Estas são, irmãos caríssimos, algumas cousas das muitas que nesta terra vi. E este hé o socesso da pregação e converção à Nossa Santa Fe, na cidade do Meaco, ate que por cartas. O Padre Cosmo de Torres me mandou que viesse à cidade de Saquai, onde agora estou, acodir a huma porta que Nosso Senhor para sua ley nella abria. Esta cidade, como acima lhes disse, he muito grande e che[i]a de gente della de bom entendimento. Depois que aqui cheguei, começarão os infieis a ouvir a lei de Deus, e ja por sua bondade a começão a tomar. E espero em Nosso Senhor se fará muito fruito nella, e fazendo-se.

---

50) Inserted from the BACL and the BNL texts.
51) Nichiren 日蓮, the founder of the Nichiren-shū or Hokke-shū 法華宗.
52) Hokke-shū 法華宗.

Será grande parte de todo Iapão, se fazer, por ser esta cidade sempre pacifica e inexpugnavel[53], pola muita gente e riqueza e sítio que tem. E assentando aqui, a ella nos poderemos recolher no tempo das guerras e de lá sair quando sesarem.

Muitas cousas vi nesta cidade depois que a ela cheguei, mas huma só a direi por não ser muito prolixo. Aos 29 da lua de julho fazem os cidadaõs desta cidade huma festa[54] a hum certo homem, aque chamão Daymiojim[55], que dizem foi criado de hum emperador antigo, que dizem ha seiscentos annos que foi, e que foi homem santo, e por tal o adorão, e lhes têm grandes templos.

A festa que lhes fazem he que este dia, acabando de jantar, se vão a huma rua que será mais comprida que hum tiro [de espingarda][56], [*fol. 434v.*] e de hum cabo a outro lhe atraveção muitas traves, à maneira de palanques pera que a gente não passe por ella e possa ver. Feito isto, vem dahi a huma legoa muita gente, e diante de tudo vem hum idolo a cavalo com hum montante nas mãos, detras delle vem hum pajem que lhe tras hum arco com hum coldre de frechas, e detras deste vem outro, tambem a cavalo, que lhe tras hum gavião. Após estes vem muita gente de cavalo que acompanhão o paguode, e com ella muita gente de pé que acompanha.

Esta tras muitas divisas, todos com suas armas e instrumentos de guerra, e vão todos estes de pé cantando e bailando, dizendo *xenzairacu*[57], *mansairacu*[58], que em nossa lingoa quer dizer mil annos de prazer e mil contos de annos de alegria, com tanto gosto e alegria que he cousa maravilhosa. E vão os cavalos espalhados de maneira que entre hum e outro averá espaço pera 20 ou 30 pessoas, e nelle vão mais de cento pola muita gente que concorre, por terem feito muitos voto de se acharem naquella festa.

Pasados os cavalos vêm os *bonzos*, todos vestidos de branco, cantando, e

53) *inexpunhavel*.
54) This festival seems to indicate the Sumiyoshi Festival 住吉祭.
55) Daimyōjin 大明神.
56) Inserted from the BACL and the BNL texts.
57) *Senzairaku* 千歳楽.
58) *Manzairaku* 万歳楽.

pasados estes vêm os fidalgos todos a cavalo, com suas mitras na cabeça, e entrão pola rua. E vêm 5 ou 6 feiticeiras a cavalo, vestidas de branco muito ornadas, cantando, e muitas molheres com ellas. E depois desta vêm muita gente d'armas, atras a receber as andas, que vêm no couse, em que vem o pagode, a quem fazem esta festa. Estas andas vêm todas douradas, trazem-nas algumas des pessoas, e detras delas virão algumas cinquoenta pessoas[59]. E assi huns como os outros vêm todos cantando muitas cantigas. E no cabo, a todas repetem; mil annos de prazer e mil contos de annos de alegria. A gente adora todas estas andas deitando-lhe muitos seitis e outras cousas. E assi tornando-se ao templo do pagode se acaba esta festa.

Isto, charissimos, e outras cousas como estas tenho vistas nesta cidade de muita segueira em que estas almas andão. Prazerá a Nosso Senhor por sua bondade de em algum tempo as tirar delas.

Eu, ao presente, estou como disse nesta cidade, e estarei estes quatro meses. E pera o Natal, prazendo a Nosso Senhor, iremos celebrar a festa do seu santo nacimento com os Christãos do Meaco, e despois de os visitar, pera o março que vem tornaremos a este Çaquai, ate que de lá nos venhão companheiros que possão ajudar a estas necessidades. Elles, charissimos, por amor de Nosso Senhor, se desponhão a[60] ver a vir tomar tão boa empreza, porque se em algum tempo esteve esta terra desposta para nela se plantar e dilatar a ley de Deus, parece que he agora.

A lingoa não he muito difficultosa de entender, porque sendo eu rudo sei muita parte della, ao menos no entender, e ainda que fosse, temos ja muitos livros das cousas de Deus [escritas nella][61], que com os lerem se satisfas aos que a querem ouvir.

O que he necessario he humildade e pacientia pera sofrer o que Nosso Senhor premitir [*fol. 435r.*] que nesta terra aconteça. Estas dará elle por sua

59) The ARSI text: *500 pessoas*.
60) The BACL and the BNL texts lack this and the following words.
61) Inserted from the BACL and the BNL texts.

graça os que de boa vontade se despuserem para nesta terra o sirvirem. Por isso venhão, irmãos charissimos, porque com sua vinda espero em o Senhor se fará muito nesta terra.

Isto he, charíssimos, o que dela se offereceo para escrever. O que fica he que em seus santos sacrificios e orações encomendem ao Senhor tantas almas quantas nesta terra andão tão alongadas de seu Criador, e a mim, seu irmão charissimo, e a [e]stes companheiros que tão alongados andão de sua santa conversação.

Nosso Senhor seja em suas almas e de todos, e lhes dê a sentir e cumprir sua santa vontade. Amen.

Deste Çaquai, a 17 d'agosto de 1561.

Servo inutil da Companhia e irmão seu indino, Guaspar Vilella

146

INFORMATION BY FR. FRANCISCO HENRIQUES S. J. & FR. ANDRES DE CARVALHO S. J.[1)]

Evora, September 30, 1561

......

Islas de Japão

Allende de la China, para la parte del norte [h]ay muchas islas que todas ellas se dizen Japão[*sic*]. Son muy grandes. (Esta isla de Japón en que los Padres andan es de trecientas leguas o más)[2)] y de mucha gente, de grande ingenio y muy belicosa. (Son tan bellicosos que tienen por prática no echar mano al espada sin herir o matar, y el que lo hace sin hacer alguna destas dos cosas, lo tienen por afrontado y hacen poco caso dél. Búrlanse de ver que los españoles riñen y buelven luego a ser amigos. Tienen todo género de armas, excepto cosas de pólvora). Tienen (estudios generales de letras, y) policía en el govierno de la república y en sus ritos gentílicos y ceremonias. [H]Ay muchos y diversos monasterios de monges y monjas de hábitos diferentes. Aunque ha muchos tiempos que son discubiertas estas islas y en ellas [h]aya plata, sedas y otras cosas de provecho, no ivan allá portugueses sino muy raramente por ser la navegación muy peligrosa de tempestades y cosarios de la China.

---

1) Source Text: *DOCUMENTOS DEL JAPÓN 1558-1562*, No. 43, pp. 362-371.
Ref.: ARSI, *Goa 46-I*, ff. 95r.-110r., ff. 143r.-144r., ff. 329r.-343v.
Printing: *DOCUMENTA INDICA*, V, No. 30, pp. 160-188.
The original title of the document is «Informatión de la India y de las otras partes del Oriente». Concerning Francisco Henriques S. J., see fn 30) in the page 64. We could not find any reference about Andres de Carvalho.

2) Instead of all of the parentheses in this document, the source text uses square brackets to insert some words from the alternative version.

Estando allí un navio de portugueses el año (*de 1547*), un criado del Duque de Bungo[3)][*sic*], persona de las principales de su casa y que el señor mucho estimava y quería, el qual se llamava Ángero[4)], mató otro de la misma casa. Andando él muy triste y como desconfiado de poder salvarse y alcançar perdón deste peccado, uno de los portugueses que allí estavan, a quien communicó la cosa, le dixo que se fuesse a la India buscar un Padre, que se dizía Maestro Francisco y, haziendo lo que él le diría, sería perdonado de su peccado.

El se partió con la mayor brevedad que pudó, y llegando a Malaca, a la misma çazón avía llegado allí el Padre Maestro Francisco de Maluco. Habló con él animándole y consolándole, y ambos se fueron a Goa, aunque en diversas embarcaciones, porque el Padre Maestro Francisco quería passar por el Cabo de Comorim a visitar los Padres y los Christianos de aquella tierra, y parecióle mejor embiarlo derecho al collegio de S. Pablo que llevarlo consigo.

Llegaron casi en un mismo tiempo a Goa; y recogido Angero con ciertos criados suyos[5)], que trahía, en el collegio, se determinaron todos de ser Cristianos, y en breve tiempo supieron lo que era necessario para recibir el ágoa del sancto baptizmo; y al Ángero llamaron Paulo[6)].

Era de tanta capacidad, y tomó tanto conocimento de nuestra santa fe, que a los primeros días de su conversión (es a saber, ocho meses después della) le mandó dar el Padre Maestro Francisco los Exercicios, y ayudósse tanto en ellos, que hizo el Padre que, luego en acabando de hazerlos, él mismo los diesse a los suyos. En espacio de seis meses supo de coro todo el evangelio de S. Matheo con una exposición sobre él, y en menos tiempo supo mucho bien leer y escrivir

---

3) Actually Anjirō or Yajirō was a native of Kagoshima.
4) Anjirō or Yajirō of Kagoshima sailed from Japan on board of a Portuguese ship after killing a person in 1546. After the encounter with F. Xavier, he converted to Christianity and studied in St. Paul College in Goa to be a companion for Xavier. After Xavier's departure from Japan, he took part in *wōkō*, and died around China.
5) Two Japanese, João and Antonio accompanied Anjirō from Kagoshima.
6) Paulo de Santa Fé.

portugués.

Por la información que este Paulo dio de su tierra, y el desceo que nuestro Señor le dava de que se le communicasse la fe, se movió el Padre Maestro Francisco a irse allá; y llevándole consigo fueron muy bien recibidos del Duque de Bungo[7]. Y aviendo licencia dél para predicar en su tierra y convertir los que lo quisessen, empeçó el Paulo por su casa y parientes convertiéndolos todos y otros muchos tan fielmente, que quando el Padre Maestro Francisco escrivía dél, le llamava su fidelíssimo compañero y hermano Paulo.

Este fue el principio de la conversión en Japão. [H]Ay allí agora siete o ocho de la Compañía, tres sacerdotes y los demás laicos. Divídensse en diversas partes para sustentar en cada una dellas los [335r.] que tienen recibido la fe, y convertir otros.

Tiene con ellos mucha amistad y segura, según la esperiencia ha mostrado, aquel Duque de Bungo, el qual les haze muchas charidades y limosnas, y [h]ay mucha esperança de que sea Christiano. Parece que sería muy conveniente que el Rey de Portugal le escriviesse dándole las gracias de lo que haze, y le moviesse a tomar nuestra sancta fe, y aún se podía pedir que le embiasse algún presente como se suele algunas vezes hazer.

(Ultra deste Duque de Bungo, otros muchos duques y el mismo rei de la tierra han dado licencia a los Padres para que prediquen la fee, y en todas estas tierras se ha hecho notable fructo. Pienso que pasan de siete o ocho mil Christianos los que [h]ay en Japón. - Iten. Algunos destos nuevamente convertidos han padescido por causa de impedirles sus señores algunas costumbres de los Christianos, y todos a una mano son constantes en la fee).

Los de la Compañía que allí están, andan de continuo en muy grandes trabajos y peligros. Parece que es necessario que de acá se tenga muy particular cuenta con ellos, encomendándolos a Nuestro Señor, escriviéndole a ellos en particular, embiándoles siempre algunas cosas, aunque no sea más que cuentas

7) It is correctly Kagoshima. The ruler of Kagoshima at that time was Shimazu Takahisa 島津貴久. Xavier met Ōtomo Yoshishige 大友義鎮 in 1551.

benditas, y que les socorran con algunos compañeros que los ayuden a llevar adelante aquella impresa, que es muy ardua y importante para el divino servicio.

La navegación desta tierra es difícil, como dixe, y muy larga, por la diversidad de tiempos que corren. Partiendo de Goa es menester casi hun año para llegar allá, empero tómasse Malaca adó [h]ay casa de la Companía, y pássasse por la China y otras tierras, adó se pueden refusilar y descansar del trabajo de la mar.

Los nuestros que allí están son proveídos de Malaca a costa de la hazienda del Rey. (Tienen los de la Compañía, que allí andan, tres o quatro casas distintas con sus iglesias en las tierras adonde han empeçado a predicar la fee).

……

147

LETTER FROM BR. LUÍS DE ALMEIDA S. J. TO FR. ANTÓNIO DE QUADROS S. J. IN GOA

Japan, October 1, 1561

Copia de huma do Irmão Luis d'Almeida
de Jappão pera ao[*sic*] Padre Antonio de Quadros Provincial
da India ao 1 de outubro de 1561[1].

A graça e amor eterno de Jesu Christo Nosso Redemptor seja sempre em nossas almas. Amen.

Em muita obrigação nos têm postos, charissimos em Christo irmãos, o grande amor que em Christo nos mostrão, em as continuas cartas que de lá nos vêm, todas cheas de charidade e ferventes desejos de nos virem ayudar a esta terra em a vinha do Senhor. Queira elle por sua bondade satisfazer por nos a esta obriguação com lhes dar [seus][2] dões e graças, ja que nos tam mal o podemos fazer.

Mas porque de nossa parte não faltemos ao amor que em Christo nos têm, e aos desejos que nas suas mostrão de saber novas de nos, e das cousas que

1) Source Text: BA, *Jesuítas na Ásia*, 49-IV-50, ff.446r.-453r.
Ref.: ARSI, *Jap. Sin.* 4, ff. 160r.-169v., ff. 170v.-177v., ff. 178r.-187v., ff. 188r.-199v., ff. 200r.-207v.
BACL, *Cartas do Japão, II*, ff. 406v.-414v.
BNL, *FG Códice 4534*, ff. 282v.-288r.
Printing: *Cartas* (Evora, 1598), ff. 82v.-89r.
Cartas (Alcala, 1575), ff. 105-108.
DOCUMENTOS DEL JAPÓN 1558-1562, No.44, pp. 372-403.
We use the ARSI text (*Jap. Sin. 4*, ff. 160-169v.) included in *DOCUMENTOS DEL JAPÓN 1558-1562* as a reference. According to the title in the BACL text, it is possible to know the fact that this letter was sent to Portugal in 1563.
2) Corrected by the ARSI, the BACL and the BNL texts. It originally reads: *seis*.

nesta terra passão em o serviço do Senhor, detriminey com ajuda de Jesus, e por mandado da santa obediencia, de lhes escrever espicialmente o que este anno aconteceo. E com esta peço a todos me [h]ajam[3] por absolto da obriguação que tenho de escrever a cada hum em particular, o que alem de não poder por causa da minha doença, creo não será necessario, pois a charidade que a todos nos fes huma cousa em Christo fará a cada hum receber esta como propria.

O Padre Baltazar Gago se partio deste Japão esta monção passada de 156[0][4], e pelo tempo ser trabalhoso não pasou à Índia, e fiquou envernando na China, por onde não avia esse anno de ter cartas nossas. Depois do Padre partido, vierão novas do Meaquo[5] do Padre Gaspar Vilela, como ho odio que os *bonzos* lhe tinhão se[6] esfriava em alguma maneira, e assi começavão outra ves de novo a ouvir as cousas de Deus, e alguns se fazião Christãos, e desta maneira preseverou ate [a]guora, fazendo se sempre Christãos, mas não tantos como elle desejava. Antre os quaes, se fizerão alguns homens muito honrados e entendidos em as cousas naturaes.

Algumas cartas vierão de lá dos Christãos pera os Christãos de Bungo, entre as quais veio huma de 5 ou 6 folhas de papel, com a qual carta, forão muito consolados todos os Christãos destas partes, e foy tresladada muitas vezes, e correo por todas as partes donde avia Christãos, e asi se lia os gentios, e o que tratava na carta era declarar todas as seitas de Japão, as quais são pasante de XI, provando por rezões como ninguem se podia salvar nellas, e assi se propunha nela aprovando a lei de Deus como era verdadeira, e que nunqua em Japão avia de aver pas, ate que não fossem todos Christãos, e isto por muitas e manifestas rezões.

Na entrada de junho nos vierão cartas do mesmo Meaco, como o Padre estava de caminho pera Saquai[7], por causa de se esperar fazer muito fruito

3) The ARSI text: *darão*.
4) Inserted from the ARSI, the BACL and the BNL texts.
5) Miyako 都.
6) The ARSI and the BACL texts read this and the following 4 words: *em alguma maneira se esfriava.*

nesta cidade, por ser livre, e das maiores que [h]ay em Japão, dous dias de caminho do Meaco. E a principal causa foy, porque hum[8] dos principais homens de Saquai, lhe escreveo huma carta, offerecendo lhe sua casa, pera nella preguar a lei de Deus. O qual homem mandou visitar aqui a Bungo o Padre Cosme de Torres polo desejo que disso tem com hum presente. Prazerá ao Senhor Deus que se lembrará desta gentilidade, e os converterá cedo a sua santa fee, e a nos dará graça com que verdadeiramente o sirvamos.

Quanto a igreia de Bungo, que he aguora a principal de Japão, vai em grande aumento pola misericordia do Senhor, assi dos Christãos ja feitos, como dos que novamente se fazem. E verdadeiramente que he tanto o fervor destes Christãos que escaçamente o poderei escrever. [*fol. 446v.*] Mas por algumas cousas que delles lhe contarei, poderão crer alguma cousa do que he.

Primeiramente na igreja me parece que não passa noite que não [h]aja disciplinantes. E todas as sestas-feiras he isto comum a todos os que se achão na igreja. E ha em casa senão os que não vêm, por lhes não ser concedido, os quais se dissiplinão em suas casas com sua companhia. Todo los dias, quer chova quer neve, a igreja está quasi che[i]a pollas manhãs pera ouvirem sua missa e doutrina, e parece-me que mui pouquas vezes se abre a porta, que não estejão Christãos esperando pera entrarem. Os dias das festas principais he necessario fazeren-sse alpandoradas[9] fora da igreja para se poderem aguasalhar. Usão muito confesar-sse as festas principais, e outros todas as de Nossa Senhora, e outros cada 15 e cada 8 dias. Ver huma coresma nesta igreja de Bungo, he muito pera louvar a Deus, e cada ano vay sendo mais devota.

Este ano em quanto o Senhor esteve encerrado sempre [h]ouve disciplinantes que se revesavão, por ser a gente muita e as vestimentas poucas. He gente que mais cruamente se disciplina que quantas vi, porque todos são inclinados a fazer penitencia, e em grande maneira desejosos de sua salvação. Neste tempo

---

7) Sakai 堺.
8) Hibiya Ryōkei 日比屋了珪.
9) The BACL and the BNL texts read: *alpendradas*.

tem huma pesoa bem que fazer em os curar de suas chagas com lavatorios e pos que pera isso se fazem, con que logo se achão bem.

Tomarão ho Sancto Sacramento obra de setenta pessoas con muitas lagrimas e muita devação. Os mininos que aprendem aqui en casa a leer, no tempo que o Sancto Sacramento esteve encerado, vierão todos em [procição][10], cada hum com hum martirio, e postos em hordem cada hum começou a fazer huma pratica à gente sobre o seu martirio, com tanta devação, que não avia quem podesse [conter][11] as lagrimas. E depois de se acabarem todos por sua hordem, puserão os martirios a parte, e disciplinaram-sse, con todos dizerem[12] (o Miserere mei Deus)[13] entoado, que não avia coraçam de pedra que não se movesse, vendo o sentimento e devação destes mininos. Acabada sua disciplina, tomarão os martirios e com muita hordem se tornarão.

E vindo a noite foy a procição com muitas candeas ate[14] a misericordia que está num campo que[15] está abaixo de nossas casas, aonde está aguora huma fermosa cruz alevantada e cercada com degraos de pedra, e alli se detiverão hum pedaço em oração. Na igreja ficarão japones armados que guardavão o moimento.

De quanta tristeza tiverão neste dia os Christãos, tiverão de alegria dia de Pascoa polla menhãa, porque se fes huma resurreição de muita devação e alegria, onde ião os mininos todos vestidos de branquo, con suas cruzes muito fermosas no peito, e suas capellas de muitas flores diante do Sanctissimo[16] Sacramento, com cada hum seu martirio muito bem pintado e dourado: os quais em chegando à igreja, e a gente posta em silencio, fez cada hum sua pratica

---

10) Corrected by the ARSI and the BACL texts. It originally reads: *pecição*. The BNL text reads: *perçissão*.
11) Corrected by the ARSI and the BACL texts. It originally reads: *contar*. The BNL text is also the same.
12) The BACL text reads this and the following word: *dizendo hum*.
13) These parentheses are inserted in the source text.
14) The ARSI text reads this and the following word: *à santa*.
15) The ARSI text lacks this and the following 6 words.
16) The ARSI text: *Santo*.

sobre o seu martirio, que ficou por pregação, que a todos deu muita alegria.

A festa do Natal se celebra qua[17] tambem com muita alegria, onde os japões Christãos vêm todos com seus autos, que de muitos dias antes se provem, honde representão muitas historias da Sagrada Escriptura, e de muita doutrina, sobre as quais historias se compoem canticos[18] e trovas à sua maneira, que continuo cantão. São todos em grandissima maneira obedientes aos Padres, tanto que porque hum dos *scilicet*[19] principais irmãos da misericordia, de idade de secenta e[20] tantos anos, fez huma esmola [da caixa][21] sem licença do Padre, lhe mandou ho Padre que fizesse huma penitencia, e ao pee da letra foi loguo a faze-la na metade do dia, e não foi necessario hir buscar as disciplinas, porque trazem as contas no pescoço, e as disciplinas no çe[i]o, e isto ainda [nos mininos][22] [*fol. 447r.*] muito pequenos he tanto que de 6 ou[23] 7 anos se começão a disçiplinar, que he muito para louvar a Deus a inclinacão que têm ha[24] folgarem[25] de fazer penitencia.

Hum mançebo de idade de 20 anos, estará[26] aguora en casa, filho de hum homem honrrado[27] da terra, o qual deseja muito servir a Deus. Estando na igreja pregando da confissão a huma molher, porque falava algun tanto baixo cousas que lhe perguntava de sua conciençia, vio o Padre, e mandou-lhe que fizesse logo huma disçiplina, porque não[28] guardava a regra de falar alto[29]

17) After this word, a word *mui* was written and deleted by a line.
18) The ARSI text: *cantos*.
19) The ARSI, the BACL and the BNL texts lack this word.
20) The BNL text lacks this and the following word.
21) Inserted from the Evora text.
22) Insered from the ARSI and the BACL texts. The BNL text: *hos meninos*.
23) The ARSI text: *a*. In the BACL text, *ou* is written and *e* is added between the lines.
24) The ARSI text: *de*.
25) The ARSI text reads this and the following 2 words: *fazerem*.
26) The ARSI and the BACL texts: *esta*. The Evora text lacks this and the following 3 words.
27) The ARSI lacks this word.
28) The Evora text reads this and the following 6 words: *falava baixo*.
29) The ARSI text lacks this word.

com molheres [na igreja][30], o qual sem nenhuma mudança se despio diante de todos, e tomou huma grande disçiplina, de que o Padre ficou muito contente, em ver tanta obediencia em mançebo de tam poucos dias de casa. Destas cousas cada dia se veem algumas muito para se notarem.

Antre os mininos que vêm a doutrina, vêm crianças que outra[31] cousa nenhuma sabem falar que a doutrina, e e[*sic*] assi a ando[32] cantando. Bendito seja o Senhor, que he servido de ser louvado destes[33] pobres seus e[m][34] partes tam remotas.

Em hum campo que está pegado com o nosso da igreja, estão aposentados 11 ou 12 casados, e ajuntan-sse seus filhos e moços[35]. E todos e[m][36] dando as Ave Marias começão a doutrina postos de giolhos diante da Cruz, que dura huma grande hora. E têm tal perseverança, que ainda ate aguora nunqua perderão dia, e isto não que lho dicessen de casa, mas por mandado dos pais e mais, os quais são tão devotos que dão de mamar[37] aos filhos, e juntamente lhes insinão a doutrina.

Alguns mininos andão aqui en casa, que seus pais e mais ofereçião para servirem a Deus. E estes são os que ao diante fazem muito fructo na terra. E destes, no tempo de comer, prega [sempre][38] algun algumas cousas, que decorão e estudão. E são tão devotos, principalmente hum que he o mais velho que será de 13 annos, que lendo as vezes a paixão em lingoa de Japão, vindo a algum paço devoto, começan-lhe logo, diante de todos as lagrimas a correr, sem fazer nenhuma mudança em ho rosto. E assi os outros japões, compoem

30) Inserted from the Evora text.
31) The ARSI text reads this and the following 3 words: *nenhuma cousa sabem milhor*. In the BACL text, *outra cousa nenhuma sabem* are written and *nenhuma cousa sabem milhor* are added between the lines.
32) The ARSI, the BACL and the BNL texts read: *andão*.
33) The ARSI text: *destes seus pobres*.
34) Inserted from the ARSI, the BACL and the BNL texts.
35) The ARSI text: *moças*.
36) Inserted from the ARSI, the BACL and the BNL texts.
37) The ARSI text: *manjar*.
38) Inserted from the ARSI and the BACL texts.

colloquios sobre a paixão, que he pera fazer chorar corações muito duros.

Estes japões são os que aguora fazem grande obra, porque têm a mesma lingoa por sua, e gostam muito de os ouvirem. Aguora [h]ai em casa cinquo destes homens, e deles muito vertuosos; hum[39)] está no Meaco com ho Padre[40)], e 3 em Bungo, e hum anda comigo por estes lugares de Christãos[41)], como lhe[42)] contarei abaixo. Assi que digo charissimos irmãos meus em Christo, que os naturais têm muita graça no que pregão.

Antre os Irmãos que vierão a Japão, da lingoa nenhum chegou a João Fernandez, nem me parece que o averá, por muitos que venhão. Mas este mançebo[43)] que anda comigo tem tanta graça no que diz, que rouba os corações daquelles con que[m][44)] fala. He aguora de 22 anos, tem muita parte da Sagrada Escriptura na memoria. Todas as leis de Japão que passão de 20 tambem sabe de cor, e todas as desfaz con tanta graça, que he maravilha. Entende das cousas naturais, tanto que a todos os letrados de Japão confunde. Praza ao Senhor que lhe dê graça con que ponha[45)] fogo a toda esta terra.

Na entrada de junho de 61, me mandou o Padre[46)] que fosse visitar alguns lugares de Christãos que não tinhão quem os consolasse por falta de Padres, *videlicet*[47)], Facata[48)], e duas ilhas[49)], e outros lugares onde ha muitos Christãos. E o que obrigou ao Padre[50)] a mandar fazer esta visitação foi pedirem muito do Facata os Christãos que os visitassem, ofrecendo-sse hum[51)] dos principais a

---

39) Damian.
40) Gaspar Vilela.
41) The ARSI text: *Japão*.
42) The ARSI text reads this and the following 2 words: *abaixo lhe contarei*.
43) Belchior. He was born in Yamaguchi and baptized by Francis Xavier in 1551.
44) Inserted from the ARSI and the BACL texts.
45) The ARSI text: *ponhão*.
46) Indicates Father Cosme de Torres.
47) The ARSI text: *comben a saber*.
48) Hakata 博多.
49) Indicates Ikitsukishima 生月島, and Takushima 度島.
50) After this word, the ARSI and the BACL texts give: *tambem*.
51) Indicates Cosme Suetsugu Kōzen 末次興膳.

fazer huma igreja muito fermosa a sua custa, e assi sostentar ho[52] Padre e os Irmãos que nella estevessem. E assi com ajuda do Senhor, o começa a pôr por obra.

Cheguei a cidade do Facata, e por o dia dantes saberem que eu vinha, me sairão a receber os Christãos obra de huma legoa, e alguns mais longe, con tanta alegria, que era maravilha. Nesta cidade me detive 18 dias, e fizeran-sse neste tempo perto de 70 Christãos, em que entrarão dous *bomzos* muito entendidos na ceita de Japão, hum delles pregador do Rei[53] [*fol. 447v.*] de Amanguchi[54], homem velho e muito bem desposto pera a sua idade. Por causa de se este converter se fizerão outros muitos Christãos.

Huma somana toda andou em desputas e duvidas, e tudo escrevia por sua mão, depois que teve verdadeiro conhecimento de como avia hum Criador, e a[55] alma que vivia pera sempre, e que ho homem no estado em que estava[56] caido, e que elle não se podia alevantar por si mesmo, que era necessario pera se poder alevantar da desgraça em que estava, com Deus que o mesmo filho de Deus encarnasse, e padecesse, e mor[r]esse, para nos livrar da morte eterna que nos mereciamos, e como por ser Deus nos livrou, porque se fora puro homem como Amida e[57] Xaqua que são seus pagodes, não nos poderá salvar. Todas estas cousas com outras muitas, que por não ser proluxo[58] não escrevo, se lhe provarão por razões, aque a todas concedeo e fes entendimento, e bautizeo[59], e com elles algumas 18 pessoas, que jaaa[*sic*] tinhão feito entendimento das cousas da feé.

Aqui nesta cidade do Facata foi o Senhor servido de dar saude a dous homens antre outros que se curarão de duas grandes enfermidades. Hum delles

---

52) The BACL text reads this and the following word: *hos Padres*.
53) After this word, the ARSI and the BACL texts give: *que fora*.
54) Yamaguchi 山口.
55) The ARSI text lacks this word.
56) After this word, the same word is repeated here.
57) After this word, the same word is repeated here.
58) The ARSI text: *perluxo*.
59) The ARSI text: *bautizei-o*.

he casado nesta cidade, esteve muitaz vezes pera se matar com suas proprias mãos, de grandissimas dores que tinha na cabeça. Foi o Senhor servido de lhe dar saude em obra de 13 dias. O outro era hum mancebo, o qual tinha todo o corpo cuberto de huma fe[i]a lepra, e polla devação e fee que os Christãos têm de[60] lhe parecer que com ajuda do Senhor lhe podia eu dar saude, mo trouxerão. Mas eu em o vendo lhe dixe que não tinha mesinha para aquella doença, e porque não se fossem desconsolados, mandei-lhe fazer huma mesinha muito facil, e dise-lhe que tornasse dali a 3 dias, e que o tornaria a ver.

Aprouve ao Senhor Deus de lhe dar saude, porque vejo a cabo dos tres dias todo limpo como se nunqua tal doença tevera. Eu fiquei confundido da muita fee daquelles Christãos e da pouqua vertude que em mim avia. E assi ho disse aos Christãos, que não tivessen para si que a mesinha sarara aquella doença, mas que o Senhor por amor de sua feé o sarou. Logo pidio que ho fizessem Christão, e assi o fez[61] com outro homem casado, que sarou da dor de cabeça, depois de terem feito entendimento das cousas da feé.

Como senti ser tempo de minha partida, com dar esperanças aos Christãos de tornar cedo, me despedi delles, concertando-sse dous dos principais casados para me acompanharem ate me tornarem a por no Facaté[*sic*], o que elles comprirão como verdadeiros Christãos, e tira-los deste seu proposito era cousa dura para elles, e asi me confirmei con seu pareçer, e não lhes quis tirar o merecimento da jornada.

Parti do Facata o derradeiro de junho, para huma ilha chamada Tachachumaa[62], onde estão obra de 500 Christãos. Será esta ilha de duas legoas, a qual he de hum senhor de Firando[63] Christão, por nome Dom Antonio[64]. Aqui fiz 8 almas Christãas, que soo estas avia en toda ha ilha que o

---

60) The BACL text lacks this and the following 2 words.

61) The ARSI, the BACL and the BNL texts: *fiz*.

62) Takushima 度島. The ARSI text reads *Tacuxuma*. The BACL text reads *Tacachumaa* and *Tacoxumaa* is written in the marginal note. The BNL text reads *Tachachumaa* and *Tacuxuma* is written likewise.

63) Hirado 平戸.

não fossem. Bem podeis creer, charissimos meus[65] em Christo, que se vistes ilhas d'Anjos, he esta. Todo[66] seu refrigerio e contentamento he virem a igreja, a qual têm elles muito fermosa e muito bem concertada pera a terra.

Os mais delles sabem a doutrina. Tem aqui hum *bomzo* que se tornou Christão por cabeça, em lugar do Padre, e he bom Christão, ho qual os tem tão bem doutrinados que he maravilha. Tem sua misericordia, honde dão suas esmolas, e asi com isto, como com o que se ar[r]ecada da renda da igreja, que primeiro era de pagodes, de que elle tinha cuidado quando era gentio, [*fol. 448r.*] e agora depois de feito Christão, se sostenta este *bomzo* Christão, e com a demasia se sostentão os pobres, e se dá de comer a todos os Christãos que ali vêm em romaria, que não são pouquos, pollo que vi os dias que ali estive.

Jaa eu todo o tempo que ali estive, que serião alguns 15 dias, a mim e a quatro ou cinquo que comigo estavão, nos sostentarão com o comer que podia comer o seu Rei. E isto não somente he nesta ilha, mas muito de ventagem[67] na outra ilha[68] de Equiccuqui[69], por ser a igreja de mais renda, e mais as esmolas, por os Christãos serem muitos. E o mesmo ha onde ha igrejas. E para isto tem a misericordia seus[70] irmãos que ordenão tudo com muito concerto. Asi charissimos, que para o peregrinar de casa antre os Christãos, não he necessario alforges[71], porque honde quer que chegais sois milhor agazalhado, que se fora ho mesmo Rei, porque de nenhuma cousa tendes neçessidade, nem ainda de embarquações e cavalos e homens que o[72] acompanhem. E se isto de que tendes neçessidade lhe não conçedeis, hão que são lançados dos livros dos

---

64) Koteda Yasutsune 籠手田安経. He was the lord of Ikistuki 生月 and Takushima 度島.

65) The ARSI text: *Irmãos*.

66) After this word, the ARSI text gives: *o*.

67) The ARSI text: *vantagem*.

68) The ARSI text lacks this and the following word.

69) Ikitsuki 生月. In the BACL text, *Iquiccuchy* was written and *Iquiccuqui* is added between the lines. The BNL text: *Equiceuqui*.

70) The ARSI text reads this word: *seu*.

71) The ARSI text: *alforjas*.

72) The ARSI and the BACL texts: *vos*.

Christãos misericordiosos, e fazem-lhe nisso afronta.

Aqui a esta ilha vierão ter de[73] Firando alguns portugueses devotos, asi para visitarem esta casa, como para verem a maneira da Christandade desta ilha. Eu vos digo charissimos irmãos[74], que da sua hordem de se encomendarem a Deus, e da grande reverencia e[75] acatamento que têm a esta casa de [oração][76], e da muita obediencia e amor que têm a quem aqui vêm em lugar dos Padres, e de outras cousas muitas, ficarão tão edificados que vi[77] confessarão por muito milhores Christãos que elles.

E asi me diserão por serem pessoas que converção com os da Companhia, que se os Padres soubessem a quinta parte do que vai em Japão, que todos se desejarião quaa. E assi o creo eu, porque em verdade vos digo, charissimos, que se somente huma doutrina ouvisem[78] dos mininos destas ilhas, não deixariens[79] de derramar muitas lagrimas, em ver tanta hordem e devação em crianças que ontem estavão ofereçidas ao demonio.

Porque se ajuntão obra de sem mininos e mininas a doutrina, e em entrando na igreja, em o tomar sua agoa benta, e por-sse de giolhos, e fazer sua oração, não parecem senão devotos religiosos. E cada hum se vai logo por em seu lugar. E para os meter nesta hordem basta dizer-lhes a primeira vez. Começão duas crianças a doutrina entoada[80], e bem me pode creer, que desque começão a doutrina ate que acabão, os olhos se não alevantão do chão nem hum momento, principalmente os dous que dizem a doutrina. Porque algumas veses a tentei por isto, y vi estar con grande calma de todos correndo agoa de trabalho, mas nunqua os vi bulir nem com olhos, nem com pes, nem com maos, que parecia que estavão em levados em alguma grande comtemplação.

---

73) The BNL text lacks this and the following word.
74) After this word, the ARSI and the BACL texts give: *meos*.
75) The ARSI text lacks this and the following word.
76) Corrected by the ARSI, the BACL and the BNL texts. It originally reads: *coração*.
77) The ARSI text: *os*. The BACL text: *hos*.
78) The ARSI and the BACL texts: *ouviseis*.
79) The ARSI text: *deixarias*. The BACL text: *deixarieis*.
80) The ARSI text lacks this and the following 10 words.

E não se contentão com saberem toda a doutrina Christãa, mas a declaração della[81], dizendo a mesma doutrina. Porque em começando (o *Per signum crucis*)[82], começão a dizer a declaração, (e *de enemicis nostris*)[83], o mesmo. E asi vão correndo o *Pater Noster*, e toda a mais doutrina, con sua declaração a cada sentença, de maneira que quando acabão de saberem a doutrina desta maneira, são pregadores.

Eu vos digo, charissimos irmãos, que veio esta escriptura muito fria e sem saber[84], em comparação do que he, porque [h]a tantas particularidades e tão devotas antre esta gente, que he maravilha. Dizei-me, charissimos irmãos, que mais faz hum devoto Christão que por-se muito devoto diante de hum crucifixo, e derramar muitas lagrimas, em a consideração da paixão de seu Deus e Senhor. Pois eu vos digo, irmãos meus, que não somente[85] ha muitos [*fol. 448v.*] homens, e mas ha molheres, olhando acaso, vi cairen-lhe as lagrimas pellas faces no chão, estando postos de giolhos e com as mãos alevantadas, tão[86] embebecidas[87] como se estiverão passadas desta vida. E se isto vee nestas pobres ilhas, que fará onde continuamente se usão os sacramentos como he em Bunguo.

Charissimos, [h]avei muito doo desta Christandade, e darramai[88] muitas lagrimas diante do acatamento divino, pedindo-lhe tenha por bem de a socorrer com alguns vertuosos Padres e Irmãos. Porque eu vos diguo em verdade, que se tardarem, que poucos dos que ca estamos achen vivos. Porque este verão estevemos tres em muito risquo. Mas premite[89] o Senhor dar-nos vida, ate que della venha remedio con que se conserve esta nova planta.

---

81) After this word, the ARSI and the BACL texts give: *dizem*.
82) These parentheses are inserted in the source text.
83) These parentheses are inserted in the source text.
84) The BNL text: *sabor*.
85) The ARSI text: *somentes*.
86) The BACL text: *todas*.
87) *embevecidas*.
88) The BNL text: *derramai*.
89) The ARSI text: *premettio*.

Depois de aver ja dias que estava nesta ilha, e elles terem sempre duas pregações cada dia, e duas vezes doutrina, detreminei de hir a visitar os Christãos da ilha que se chama Iquiccuqui[90], os quais estavão ja muito desejosos de minha ida. Despedindo-me dos Christãos, con lhes prometer torna-los a ver antes que me fosse para o Facata, me embarquei. E chegando obra de huma legoa da ilha, começamos a ver huma cruz post[a][91] em hum alto, com huma cerqua por derradeiro[92] que parecia fortaleza, em a qual cerqua se enterrão os Christãos.

Averá nesta ilha duas mill e quinhentas almas, as oito centas serão Christãas. Tanto que chegamos a terra, jaa estava muyta gente esperando por nos, porque a embarcação em que vinhamos no-la tinhão mandado o dia d'antes, esquipada [*sic*] de Christãos, com alguns homens principaeis da ilha. E alli me receberão todos com muita charidade, e depois de hir adorar a crus como elles têm de custume, fomos a igreja, a qual elles têm mui grand[e][93] e fermosa, e tinhão-na tam bem conçertada, que era para folgar de ver. E podem caber nesta casa pasante de 600 almas, como depois vi.

Aqui lhe ordenei a maneira que avião de ter para virem duas vezes a igreja a ouvir preguação, *videlicet*[94] polla menhãa çedo, e a noite, e que mandassem sempre seus filhos a doutrina depois de jantar. Isto se ordena assi, por ser gente que haõ mester o dia para seus trabalhos. E assi se faz[95] com muito concurso[96] de gente, tanto que se enchia ha mayor parte da igreja, soo com as molheres, e para se acabarem de aguazalhar os homens hordenarão esteirar hum pateo, donde ouvirão muito bem a preguação.

Está metida esta casa em hum campo, em hum fermoso arvoredo, de

90) Ikitsuki 生月. The ARSI text: *Iquixuqui*. The BACL text reads *Iquiccochi* and *Iquicuqui* is inserted in the marginal note.
91) Corrected by the ARSI, the BACL and the BNL texts. It originally reads: *posto*.
92) The ARSI, the BACL and the BNL texts: *derrador*.
93) Inserted from the ARSI, the BACL and the BNL texts.
94) The ARSI text: *combém a saber*. The BACL and the BNL texts: *scilicet*.
95) The ARSI and the BACL texts: *fez*.
96) The ARSI text: *discurso*.

maneira que de fora não se pode[97] ver, tem huma entrada[98] muito fresca e devota. Tem hum tanque ao pe de humas escadas por honde sobem[99] a igreja, honde[100] lavão os pes antes que entrem nella, e isto não por serimonia, senão por não sujarem as esteiras, de que toda a casa está che[i]a, por este ser o custume dos japões. Entrarem sempre em as[101] casas com os peis[102] limpos, para as não sujarem, por estarem sempre esteiradas, e limpissimas. Passa ao longo deste campo huma ribeira d'agoa em rodondo[103], que quasi fica huma fortaleza.

Logo ao dia seguinte fui visitar algumas ermidas, que primeiro forão casas de pagodes, postas nos milhores e mais frescos lugares da ilha, porque estes lugares escolhem elles logo para suas varelas. Nestas casas estão os mesmos *bomzos* jaa Christãos, com sua renda como [*fol. 449r.*] d'antes tinhão.

Por aver nesta ilha hum lugar grande de Christãos, e elles não poderem vir a igreja todas as vezes que desejavão, por ser o caminho comprido e[104] trabalhoso, hordenei con elles que fizessem huma igreja, em que se encomendassem a Deus, e podessem mandar seus filhos cada dia a doutrina, que por ser obra de huma legoa de caminho a igreja principal, pouquas vezes hião os filhos a doutrina. Todos com muita alegria o puserão por obra. E em poucos dias com ajudas de muitos foi feita, para a qual lhe veio de Firando retavolo[105], e frontal, e mais hornamentos por via dos portuguesses, e[106] por virem cinquo navios, vinhão bem proveidos[107] destas cousas de igreja. De

---

97) The BACL text lacks this word.

98) In the source text, after this word, following sentence is written and deleted by a line: *onde sobem a igreja onde lavão os pes antes que entrem nella*.

99) In the source text, after this word, the same word *sobem* is written and deleted by a line.

100) The ARSI: *aonde*.

101) The ARSI text reads this and the following word: *a casa*.

102) *pés*.

103) The ARSI, the BACL and the BNL texts: *redondo*.

104) After this word, the ARSI and the BACL texts give: *muito*. The BNL text gives: *muito e*[*sic*].

105) *retabulo*.

106) The ARSI text: *que*.

maneira que depois de terem alguns dias de pregações e doutrina, e[108] serem feitos os Christãos que avia pera se fazerem, me despedi delles, pera hir visitar outro lugar de Christãos.

Parti da ilha de Equiccuqui para hum lugar dos Christãos que se chama Xixi[109], com detreminação de alem de os visitar com a palavra de Deus, hordenar ali huma capela em huma igreja nova que os Christãos acabavão de fazer. E para esta obra ofereçerão os de Equiceuquj[110] 7 carpinteiros e outras ajudas neçessarias. E assi partimos em hum paro [111]muito grande esquipado[112] de Christãos, e com ajuda do Senhor em[113] breve espaço desembarquamos em Xixi, por não serem mais de 7[114] ou quatro legoas. Onde ja sabião a nossa vinda, porque as ruas e caminhos estavão varridas e conçertadas como se esperarão por seu rei, o[115] senhor.

Depois de chegarmos, e bem[116] recebidos, pusemos por obra ao que vinhamos, porque de dia se trabalhava, e de noite[117] e pola[s][118] menhãs tinhão suas pregações. E depois de acabada a obra, e sua capela hornada[119] para se poder dizer missa, o *bomzo* que tem cuidado da igreja emformado em a maneira que avia de ter em doutrinar os Christãos, e insinar a doutrina aos

---

107) The ARSI, the BACL and the BNL texts: *providos*.
108) The ARSI text: *com*.
109) Shishi 獅子.
110) Ikitsuki 生月.
111) Indicates a small ship. The origin of the word comes from Malay language *parohu* or *parau*.
112) The ARSI text lacks this word.
113) The ARSI text lacks this and the following 2 words.
114) The ARSI text: *três*. In the BACL text, instead of this and the following two words, *quatro ou sete* are written and *tres ou quatro* are added between the lines. In the BNL text, instead of this and the following 3 words, *sete legoas ou quarto* are written and *tres* is added between the lines.
115) The ARSI and the BACL texts: *e*. The BNL text: *ou*.
116) The BACL text lacks this word. Before this word, the BNL text gives: *sermos*.
117) The ARSI text reads this and the following 3 words: *dia e de noite*.
118) Inserted from the BACL and the BNL texts.
119) The BACL text: *ordenada*.

mininos, nos partimos ao[120] outro lugar dos Christãos.

Parti de Xixi a outra povoação de Christãos que se chama Ira[121], e por ter jaa pouquo tempo ate fim de agosto, em o qual tempo me hera mandado que fosse em Bungo, não pretendia mais que visita-los, e dar-lhes maneira como se encomendassem a Deus. Chegando ao lugar, depois de irmos fazer oração a cruz, por não aver neste lugar igreja, nos apousentamos em casa de hum Christão, onde todos os Christãos se ajuntarão logo, e se lhes fes huma pratica, de que ficarão consolados.

Aqui ordenamos que todos os Christãos se ajuntassem e fizessem huma igreja, por ser lugar grande e não aver antre elles nenhum gentio. E para esta casa se mandou de Firando retavolo e todos os hornamentos neçessarios, de que todos ficarão[122] mui consolados. Aqui neste lugar aconteçeo que quando o Padre Gaspar Vilela[123] ve[i]o alevantar a cruz, não tendo elles com que ho festejar, se achou hum peixe de hum covado[124] em hum ribeirinho d'agoa que corre ao longo do lugar, com o qual fizerão grande festa ao Padre, e vendo[125] que Nosso Senhor o trouxera ali[126] para isso. E como quer que nunqua naquelle regato se vio outro peixe como aquelle. Premetio o Senhor Deus que estando elles muito soliçitos em nos[127] busquar alguma cousa boa con que nos fazer festa, e não achando cousa que lhes contentasse, lhe vierão a dizer, pareçe que algum moço, como em huma alagoasinha que fazia [*fol. 449v.*] ho regato estava hum peixe muito grande. O qual tomarão como quem o reçebia da mão de Deus, e nos fizerão festa com elle.

Então me contarão toda a historia, dizendo[128] que assi como Nosso

120) The ARSI text: *a*.
121) Īra 飯良.
122) The ARSI text: *forão*.
123) After this word, the ARSI text gives: *lhes*.
124) A measure of length, equal to 66cm.
125) The ARSI text: *avendo*.
126) The ARSI text lacks this word.
127) The ARSI text lacks this word.
128) The ARSI text lacks this word.

Senhor dera outro para o Padre, dera tambem aguora[129] aquelle para mim. Pesaria cada hum[130] peixe destes 7 ou 8 arates[131]. São muito prezados antre os japões, crian-sse na agoa salgada e toman-nos na doce por entrarem pollos rios, mas pollas oportunidades[132] em que estes se tomarão, poem tanta devação e fee nos corações destes Christãos que he para louvar ao Senhor.

Depois de lhe deixar a maneira que [h]avião de ter para se encomendarem a Deus, lhes encomendei a perseverança na doutrina, e feitos os Christãos que avia para se fazerem, nos despedimos e embarcamos em hum paroo que nos fizerão prestes, para outro lugar dos Christãos que se chama Casungua[133].

Chegamos a Casunga que serão obra de 3 legoas donde partimos, ja sabião lá da nossa ida, porque o caminho que vai à cruz estava como quando esperava polla perçição de Corpus Christi. Depois de feita oração, nos aposentamos em casa de hum Christão principal do lugar. Ali se lhes fizerão algumas praticas, e pello lugar ser todo de Christãos e boa gente, fiz com elles que fizessem huma casa em que se encomendassem a Deus, e tambem para que vindo o Padre lhes podesse dizer missa.

Todos forão[134] contentes, e o puserão logo por obra, e o hornamento para a casa de Firando lho mandamos, assi como para as outras casas. Está esta casa em hum devoto lugar e tão fresco, e de mui fermosa vista para o mar e pera a terra.

Assi[135] neste lugar, se bem me lembra, ou em outro, me contarão duas cousas, como me contavão outras muitas. Mais para se ouvirem polla devação de quem as dizia, que para se escrever por parecerem cousas de fabulas, as

129) The ARSI text lacks this word.
130) The ARSI text lacks this word.
131) The ARSI text: *araties*. The BACL text: *arrateis*. The plural form of *arrátel*. A measure of weight, equal to 459g, 16oz.
132) The ARSI text reads this and the following word: *importunidades*.
133) Kasuga 春日.
134) The ARSI text: *ficarão*.
135) The ARSI text reads: *aqui*. In the BACL text, *assi tambem* are written and *aqui* is added between the lines.

quais duas cousas lhes contarei, porque as ouvi a pessoa de credito.

A primeira foi que a hum Christão todos os filhos que avia lhe morrião, e estando a molher huma vez pera parir, lhe dixe hum seu parente gentio; para que queres ser Christaã[136], pois todos teus filhos te morrem, arenega do Christão. De maneira que lhe meteo o demonio aquillo em cabeça, que era bom, e foi-sse à cruz, e arranca da sua adagua, e prega na cruz, e como quem renunciava o Christão. Isto assi passado, pario a molher hum[a][137] criança sem queixo debaixo, e aberta pollos peitos, que lhe apareçião as entranhas. Foi cousa que o meteo em tanto espanto, que me dizem que [esta pessoa][138] he [agora][139] [hum][140] dos melhores Christãos donde elle está.

A outra foi, que em Qui-quiccuqui[141], estando huma molher Christã prenhe, que a muitos Christãos era manifesto, tomou mesinha para mover, e depois de mover, do mesmo movito[142] adoeceo e morreo. Vendo os Christãos que morrera em peccado mortal, não na quizerão enterrar no campo da cruz, mas enterraran-na como [os][143] gentios por esse campo. Açertou dai [h]a alguns dias adoeçer hum mançebo Christão, y estando quasi à morte, lhe apareçeo aquella molher, e lhe disse; os Christãos não quiserão enterrar [o][144] meu corpo no campo da cruz, pois não lhes pareça que estou no lugar onde elles [*fol. 450r.*] cuidam, porque antes de minha morte o Senhor vio minha contrição e lagrimas, e [h]ouve misericordia de minha alma. E o mançebo manifestou isto aos Christãos, e [h]ouve depois saude. Estas cousas fazem estar aos

136) The ARSI text: *Christam*. The BACL text: *Christão*.
137) Corrected by the ARSI, the BACL and the BNL texts. It originally reads: *hum*.
138) Inserted from the Evora text.
139) Inserted from the Evora text.
140) Inserted from the ARSI text.
141) The ARSI text reads: *Iquicçuqui*. In the BACL text, *Yquiccuchy* is written and *Yquiccuqui* is added in the marginal space. The BNL text: *Iquiccuqui*. Indicates Ikitsuki 生月.
142) The ARSI text: *movimento*.
143) Inserted from the ARSI, the BACL and the BNL texts.
144) Inserted from the ARSI and the BACL texts.

Christãos em peé con grande feé, ja que as visitações dos Padres e Irmãos não podem ser tantas. Rogai, charissimos meus, por elles a Nosso[145] Senhor, que os [confirme][146] sempre en sua feé.

Deste lugar me embarquei [outra vez][147] para Yquiccuqui[148] por[149] esperar ali por huma resposta de Dom Antonio sobre a minha ida a Firando. Porque lhe mandei dizer, que tinha muita necessidade de hir a Firando, por causa dalgumas cousas que vinhão naquella nao para os Padres, e não avia quem aviasse como era neçessario, que se lhe pareçia bem hir ver a el Rei, ou negociar-me sem no[150] ver. Mandou-me dizer que sem ver a el Rei me negoceasse na terra o mais secreto que podesse.

Cheguei a Yquiccuqui[151] com o recado que achei, me despedi de todos os Christãos, con lhes prometer torna-los a visitar, me parti logo ao outro dia para Firando, con detreminação de com ajuda do Senhor trabalhar o pisivel[152] com os Christãos que estavão ali algun tanto caidos se alevantem, e assi com pregações fortifica-los que estavão em pe.

Chegando a Firando depois de visitar o Capitão da nao, me fui a ver a Dom Antonio, o qual com toda a sua casa me receberão com muito amor e aguasalhado. E esteve[153] la ate casi a meia noute, estando todos muito promptos a ouvir as cousas de Deus. Onde preguntou muitas preguntas, que lhe erão necessario saber pera bem de sua conciencia, onde se amostrou ser bom Christão. Por ser ja tarde me recolhi à nao, e ao outro dia polla menhãa

---

145) The BACL text: *o*.
146) Corrected by the ARSI, the BACL and the BNL texts. It originally reads: *conforme*.
147) These words are written in the marginal space of the source text.
148) The ARSI text: *Equicçuqui*. In the BACL text, *Yquiccuqui* is written and *Iquiccoqui* is added in the marginal space. The BNL text: *Yquiccuqui*.
149) The ARSI and the BACL texts read this and the following word: *porque esperava*.
150) The ARSI text: *o*. The BACL text: *ho*.
151) The ARSI text: *Equicçuqui*. The BACL text: *Iquiccoqui*. The BNL text: *Iquiccuqui*.
152) The ARSI text: *posível*. The BACL text: *possivel*. The BNL text: *posivel*.
153) The ARSI, the BACL and the BNL texts: *estive*.

concertei com ho Capitão da nao que alevantassemos o retavolo que [de][154] lá ve[i]o na tolda da nao, a qual tinha muito fermoso[155].

O qual disto levou muito contentamento, e mandou desmanchar alguns camarotes, e fazer huma fermosa praça: pos-sse[156] o retavolo em hum recolhimento decentemente. Depois de tudo concertado e a tolda toda esteirada, o fiz a saber a todos os Christãos, porque me pareceu cousa de muito serviço de Nosso Senhor não passar este retavolo de Firando sem ser visto de todos os Christãos destas partes, porque em terra não podia ser, se hordenou na nao.

Dos primeiros Christãos que vierão a ver e fazer oração ao retavolo, foi Dom Antonio, e Dom João seu irmão com muitos criados seus, e em o vendo se puserão de giolhos com muita devação, fizerão o sinal da cruz. E depois de feita[157] oração falarão ao Capitão, tendo primeiro conta com Deus e depois com os homens. Assi mandei recado aos Christãos das ilhas, que o domingo que vinha viessem os mais que pudessem ver o retavolo que averia pregação.

E o segundo dia que acheguei a este porto de Firando, me aposentei em terra em casa de hum Christão, onde os Christãos se começarão a juntar, e ouvir pregação. E isto em alguma maneira secreta, pollo Rei não premiter que se fizesse publicamente, e e[*sic*] assi comeҫei a visitar a alguns em suas casas, donde[*sic*] se lhes declaravão as cousas de Deus. De maneira, charissimos irmãos, que de dia e de noute sempre tinhamos em que nos occupar[158]. E prouve ao Senhor Deus, que em obra de 10 dias, os mais dos que estavão algum tanto caidos com muitas lagrimas se reconçiliarão com o Senhor [*fol. 450v.*] e sei eu alguns destes que se for necessario, morrerão pollo nome de Jesus.

Avia tão[159] grande fervor entre elles, que preguntavão[160] a seus parentes

---

154) Inserted from the ARSI, the BACL and the BNL texts.
155) The ARSI and the BACL texts: *fermosa*.
156) The ARSI text: *pouce*.
157) After this word, the ARSI and the BACL texts give: *sua*. The BNL text gives: *ha*.
158) The ARSI text: *fazer*.
159) The ARSI and the BACL texts read this and the following word: *tamanho*.
160) The ARSI text: *preguavão*. The BACL text: *pregavão*.

mais chegados, como filhos, irmãos, pais, genrros a que se fizessem Christãos. E assi vinhão a ouvir de noute, e alguns de dia, ainda que poucos. De maneira que em obra de 20 dias que estive em Firando, se fizerão obra de 50 Christãos, em que se fez hum homem fidalgo como Dom Antonio, o qual soube as orações em muito breve tempo, pollo desejo que tinha de se fazer Christão, e aassi [*sic*] se fizerão alguns casados do mesmo lugar.

Porque neste lugar de Firando não avia igreja para os Christãos fazerem oração, pedi ao Capitão que dê sua parte e dos portugueses pedisse a el Rei que no campo dos Padres lhe desse liçença pera fazer huma igreja para se elles encomendarem a Deus, por quanto estavão ali 90 portugueses e depois de partido, querião deixar ha casa aos Christãos. Respondeo-lhes que averia conselho que quer[161] dizer não embuçadamente.

Quando soube a reposta, detreminei de em casa de hum Christão que está dentro do nosso campo, fazer hum altar, e assi lho fiz a saber. O qual com entranhas de charidade me ofereçeo de duas casas que tinha juntas, a mais fermosa para igreja, e que elle queria ser o San-Christão. De maneira que sem o sentirem, fizemos huma fermosa igreja para a terra. A qual acabada e concertada de tudo o neçessario, os mais dos portugueses, com serem muitos, não sabião disto nada, com cada noute termos ladainhas e pregação.

Dom Antonio mandou logo ofereçer gente, e tudo ho neçessario para ela. Mas com ajuda do Jesus, pouquas ajudas [h]ouvemos mister. Asi charissimos irmãos, que se devem de alegrar muito em o Senhor, pois fiquão os Christãos de Firando muito fortes na feé, e muito consolados com terem casa a onde se vão encomendar a Nosso Senhor. Rogai ao Senhor que lha sostente com muito augmento de sua santa feé.

Logo ho domingo seguiente depois que se abrio o retabolo, como se avia detriminado, vierão das ilhas e doutros lugares muita gente à nao, a qual mandou o Capitão conçertar de hum grande toldo com muitos ramos e bandeiras, e toda ha tolda esteirada. E por ser dia do bem-aventurado San

---

161) The ARSI and the BACL texts: *he*.

Lourenço[162], de que elle he devoto, tirou a nao algumas peças de hartelharia. Depois da nao estar[163] che[i]a de Christãos, lhes fis huma pregação que durou hum bom pedaço. Depois da pregação, por ser gente que tinha longe as pousadas, o Capitão com muita charidade os comvidou com o que tinha polla nao, e asi se partirão em seus paros. E en todo o tempo que o retavolo esteve aberto, que foi ate que me eu [h]ouve de hir, sempre [h]ouve vir paraos carregados de Christãos de huma parte e doutra, tanto que dentro na nao pareçeo todo este tempo, tempo[164] de endoenças.

Por serem ja dias de agosto passados, no fin do qual, me mandava a obediencia que fosse a Bungo, pus por obra minha partida com embarquar o retavolo em hum paro para o por no Facata, e dai ir-me a Bungo. Tudo ja conçertado, [*fol. 451r.*] e embarcado, detreminei de hir-me a despidir dos Christãos das duas ilhas que estão perto de Firando. E assi lhe fiz a saber que hiria lá sabado à tarde, e me viria domingo à tarde, por não serem mais que quatro legoas a Yquiccuqui[165], e obra de 3 a Taquaxuma[166]. Não foi neçessario dizer-lhe que trouxesse paro, porque quando veio sabado a horas de jantar, ja o paroo estava esquipado, esperando por nos. Muitos portugueses me rogarão que quirião lá hir ver aquella Christandade, mas pollo dia ser chuvoso e terem negoçios, não forão mais que os devotos e fragueiros.

Embarcamo-nos à boca da noite fomos na ilha de Quiccuqui[167], onde nos vierão receber com muitas tochas ao seu custume, as quais são de lenha, que ardem em grande maneira. Levarão nos à igreja, a qual estava ja com muita gente esperando nossa vinda. E depois da nossa chegada, a hum pedaço [h]ouve huma pratica e depois por aver muitos mininos porque vissem os portugueses

---

162) August 10.
163) After this word, the ARSI and the BACL texts give: *bem*.
164) The BACL and the BNL texts lack this word.
165) The ARSI text: *Iquiçuqui*. In the BACL text, *Chinquiccuquy* is written and *Iquiccuqui* is added in the marginal space. The BNL text: *Yquiccuqui*.
166) The ARSI text: *Thacaxuma*. In the BACL text, *Tacachumaa* is written and *Tacaxuma* is added between the lines. It is Takushima 度島.
167) The ARSI text: *Iquiçuqui*. The BACL text: *Iquiccuquy*.

diçerão ha doutrina. De que todos ficarão mui contentes de verem tanto conçerto em[168] a maneira de a dizerem. Por ser algum tanto tarde os despedi.

E ao outro dia polla menhãa, que era domingo, acudirão muitos Christãos. E depois da pregação fiz doze ou treze que ja de dias andavão para isso. E depois da refeição corporal que seria às nove horas, nos embarcamos para ir ver a igreja que os Christãos fizerão obra de huma legoa desta igreja principal. Chegamos ao lugar e com trazermos vento fresco, ja laa estavão muitos Christãos que avião ido por terra. Entramos na igreja, a qual para o lugar estava muito devota e bem concertada, e polla gente ser muita, nos recolhemos os portugueses e heu à capela. E depois de lhe fazerem huma pratica, e elles uzarem de seu custume que he convidarem-nos com aroz e muitas iguarias de peixe, me despedi delles.

Na qual dispidida, mostrarão muito sentimento, e assi nos fomos a embarcar, mas a nenhum lhe sofreo o coração fiquar no lugar, mas desçendo à praia, de novo se tornarão a dispidir de mim con tanta tristeza, que não avia coração de pedra que não se movesse. Tanto que os portugueses que ali estavão não podião ter as lagrimas.

Por certo, charissimos, que se aqui estevereis, [h]ouvereis de sentir muito ver ficar nesta ilha oitocentas almas, sem ficar com ellas Padre nem Irmão, nem esperança de o terem tão cedo, não pollo elles não mereçerem. Mas o Senhor que assi o ordena, não he sem grande misterio. Rogai ao Senhor, charissimos, que entretanto os conserve en sua graça.

Embarcamo-nos a hora do meio dia, com determinação de nos irmos despidir dos Christãos da ilha de Taquaxumaa[169], por assi lho ter prometido que domingo me viria com elles. O vento era fresco, e em obra de duas horas, fomos perto do lugar, e em vendo o paro logo conhecerão que[170] eu vinha

168) The ARSI text: *e*. In the BACL text, *em* was written and *e* is added between the lines.

169) The ARSI text: *Thacaxuma*. The BACL text: *Tacaxumaa*.

170) In the BACL text, this and the following word are written and *quem* is added between the lines.

nelle. E logo se ajuntarão todos os mininos e mininas, com os milhores vestidos que tinhão, e nos vierão receber à praia. E com muita alegria nos encaminharão à cruz cantando a doutrina a voz alta com muito conçerto, que fazia muita devação a todos os que ali iamos. Chegando à cruz, que elles têm muito fermosa, cercada com huma grande cerca de paredes de pedra com sua cava, fizemos oração. E com a mesma doutrina dos mininos, viemos à igreja, a qual estava che[i]a de Christãos. E ali se lhes fes huma devota pratica sobre as palavras que o Senhor disse a seus discipulos. Nisto conhecerão [*fol. 451v.*] se sois meus discipolos, [se vos amardes hums aos outros,][171] etc, de que todos ficarão muito consolados.

Depois de passado hum pedaço, lhes pedi me dessem licença, o qual elles me derão mui carregadamente, porque quiserão que ficara lá aquela noute, e eu pollo tempo ser curto, não pude conceder[172] con sua petição.

Acabado de comprirmos con seus custumes que he aseitar lhe a merenda porque se isto não fazeis, não ha injuria que sintão tanto, nos fizerão hum paro prestes muito bem esquipado, pollo vento nos ser escaço, e viemo-nos embarcar. E não me parece que não[173] [h]ouve na ilha quem não decesse à praia en todo o caminho, ate a embarcação, que he hum bom pedaço ao longo da praia, se vierão despidindo de mim con tantas lagrimas e lastimas que não avia quem se não movesse muito a piedade. Chegando ao paro, ali se despidirão de todo de mim, pidindo-me que tornasse logo, e que os encomendassem[174] a[175] Nosso Senhor con tanto sentimento, que verdadeiramente, charissimos, que para o que foi, lhe não tenho escripto quase nada.

Os portugueses vendo o sentimento e lagrimas suas, puserão-se a chorar com elles. E em me eu embarcando para que se manifestasse bem a devação destes Christãos, se derribou hum Christão e beijou o lugar onde eu pusera os

171) Inserted from the Evora text.
172) The BACL text: *condescender*.
173) The ARSI and the BACL texts lack this word.
174) The ARSI and the BACL texts: *encomendasse*.
175) After this word, the BNL text gives: *Deus*.

pes e assi o farião outros muitos.

A isto ficarão os portugueses confundidos de ver a grande feé e devação destes Christãos. E asi me diserão alguns que muitas cousas tinhão vistas pollo mundo para se poderem contar, mas que ha principal, ha que elles tinhão para manifestar en toda a parte a donde se achassem, erão as cousas que virão neste domingo. E eu vos digo, charissimos, que se isto virá algum Padre da Companhia, que [h]ouverá de pedir a Nosso Senhor que o deixasse morrer naquella ilha em companhia destes seus pobres.

Tanto que cheguei a Firando, ordenei em casa de Dom Antonio huma maneira de oratorio com hum retavolo muito devoto, em que os filhos se acustumassem a fazer oração. E por ser ja tempo de me despedir delle, e da molher e filhos e toda ha casa, e o mesmo fiz com alguns Christãos, gente nobre. Aos 22 de agosto, detreminei minha partida por terra ate o Facata, por causa do vento ser contrairo e paro não poder partir. Deixei nelle em guarda do retavolo hum Christão casado no Facata que sempre me acompanhou por sua devação, e assi hum homem de casa, com entenção de os esperar no Facata.

E heu hia-me[176] diante com detreminação de fazer Christãos os que ja se despunhão pera isso, con lhes fazer suas pregações. Em esta partida com muito sentimento se vierão a despedir de mim os Christãos de Firando, acompanhando-me ate à embarcação, e outros ate à nao, aonde me fui despidir do Capitão.

Depois de embarcado em hum paro de Christãos, os quais por ser asi neçessario me [h]avião de pôr humas 3 legoas de Firando, onde [h]avia de tomar outro paro. Pollo vento ventar muito, e os mares serem grandes, em obra de 3 horas não tínhamos andado meia legoa. O vento de cada vez hia crecendo e juntamente os mares, de maneira que concordarão todos que tornasemos, e que por terra poderiamos ir ao tal lugar e assi se fez. Mas à volta perto de Firando, por causa das grandes correntes que ali há e [*fol. 452r.*] com a força do vento fazia hum escarçeo, com tão[177] altos mares que nos arebentavão por

176) The ARSI text: *hir-me*.
177) The ARSI text: *tanto*.

poupa, que nos arebentava[178] não somente por poupa, mas pollas bandas do parao, que quase estivemos perdidos. Quis o Senhor Deus que com asas de trabalho, passamos aquelle paço. Tanto que ho [vento][179] nos foi sobre a terra, desembarcamos, e cada um com o fato que pode, tomamos ho caminho por terra. E com não pequeno gosto davamos graças a Deos por nos vermos livres do mar. Aqui nos acompanharão dous Christãos ate o lugar, e daí outros 2 até o Facata.

Chegamos ao lugar jaá hum pedaço de noite passada, por causa dos rios que passamos, juntamente com o caminho ser trabalhoso. E aposentados jaa no lugar, pedimos ao hospede que nos [h]ouvesse hum parao pera polla menhaã muito çedo, porque tínhamos que andar 7 legoas por mar.

Ao outro dia polla menhaã çedo, nos embarquamos cinquo pessoas que hiamos em hum paraozinho de hum pao que escasamente cabíamos, em que entrava hum minino que hia pera Bungo com entenção de servir a Deus, e isto afora dous que remavão, que por todos eramos 7, e assi era neçessaria a embarcação. Por causa dos mares e vento contrario, todo este caminho nos choveo, que foi causa que não [h]ouvesse vento e mares.

Duas legoas antes que chegassemos ao lugar, vimos vir contra nós, hum parao muito esquipado e remavão con todas suas forças. Tanto que ho dono do parao o vio, dixe que erão ladrões e todos sobresalteados[180], con todas suas forças se puserão a remar a terra, com entenção de salvar as vidas. Eu, charissimo[181], crea que com vir muito mal tratado de camaras, o milhor e mais secreto que pude, me descalcei e despi, não ficando com mais que com huma camisa muito grosa, de linho de Japão, que não era muito para desejar, com intenção que como visse tempo ser companheiro aos outros, e fugir a nado.

Tanto que nos fomos quasi pegados com terra, fizerão sinal do parao que

---

178) The ARSI text: *entrava*. The BACL text: *entravão*.
179) Corrected by the ARSI, the BACL and the BNL texts. It originally reads: *vendo*.
180) The ARSI and the BACL texts: *sobresaltados*. The BNL text: *sobresaltedos*.
181) The ARSI text reads this and the following word: *charíssimo creo*. The BACL text: *charissimos creião*. The BNL text: *charissimos cream*.

era gente de pax. Todavia não nos confiamos nisso, mas remavamos quanto podíamos ao longo da terra. De maneira que ho parao tornou seu caminho e nos tornamos ao nosso.

Assi, charissimos meus, que quem muitas vezes andar nestes caminhos, por serem de muitos ladrões que vêm doutras partes, algum[a][182)] hora será tomado de presa e com muita fome e trabalho tratado, e depois vendido a quem lhe faça menear a enxada, porque este he o custume dos ladrões desta terra. Mas prouvesse a Jesus Christo Senhor Nosso que tal dia amanhecesse por nossa casa para sua gloria e louvor.

Chegando ao lugar, por nos ficar ainda hum bom pedaço de dia, detreminamos de andar humas 4 legoas, para polla menhaã çedo tomarmos parao que nos levasse outras 7 legoas. Porque desta maneira se anda este caminho. Nestas 4 legoas não curei[183)] [*sic*] de cavalo por ser muito trabalhoso este[184)] caminho e de grandes lamaçaes. De maneira que, pollo caminho ser pior do que se pode creer, me foi forçado andar por lamaçaes em que atolava até sima dos giolhos. E o refrigerio que tinha era, quando topava com as ribeiras d'agoa, das quais [h]avia grande[185)] abundânçia para me lavar e com isto as camaras davão-me trabalho, e jaá[186)] sendo quada vez mais sanguinhas. E[187)] todo este dia quasi nunqua deixou de chover. De maneira que bem [*fol. 452v.*] molhados e cansados, chegamos ao lugar onde eu comesei a sentir ho grande trabalho do caminho, porque apertarão tanto as câmaras que cuidei que morresse.

Ao outro dia, por causa do grande vento não nos ousarão a passar, e assi por ser hun dia asinalado de humas festas destes gentios, e eu estava fraco e

182) Inserted from the ARSI and the BNL texts.
183) *corri*.
184) The BACL text: *o*.
185) The ARSI text: *boa*. In the BACL text, *boa* is written and *grande* is added between the lines.
186) The BNL text: *hião*.
187) The ARSI and the BACL texts: *em*.

desejava[188] para sustentar a vida comer alguma cousa, ainda que o apetite estava morto.

De maneira que fora d'aroz ou peixe salgado ou podre, não [h]avia outra cousa, veio-me ao pensamento que poderia [h]aver naquelle lugar, por[189] ser grande, alguns ouvos[*sic*], porque en cada casa folgão de ter hum galo, e huma galinha, e assi[190] foy logo hum Christão que estava comigo, e trouxe alguns ovos. E dixe-me que não lhos quiserão vender por ser sua festa, mas que pois erão para mesinha, os tomasse de graça, e desta maneira trouxe todos os que achou.

Parece vos, charissimos, se se usa mais antre os Christãos, ninguém tira a esta gente ser de muita esmola e mui maviosa. Eu espero em Jesus Christo Nosso Senhor que todos [h]an de ser Christãos muito cedo, porque não ha gentelidade como esta en todo ho descuberto. De maneira que com os ovos, prouve a Nosso[191] Senhor, que cobrasse algumas forças para tornar ao caminho. E porque me vou muito alargando, não contarei os trabalhos que pasei ate o Facata.

E[192] chegando ao Facata, fui logo visitado dos Christãos, com muitas mesinhas para camaras e do comer neçessario, *videlicet*[193], galinha asada com muito fermoso aroz e xiro, e do milhor vinho da terra. Mas con todos estes mimos, não desejava senão ver-me em Bungo para poder ter remedio a minha enfermidade [ou][194] para morrer antre os irmãos. De maneira que hordenei onde agazalhasse ho retavolo, tanto que viesse, e ao outro dia polla menhaã, detreminei de me hir. E logo de casa dos Christãos mais ricos, se fizerão

---

188) The BACL text reads this and the following 4 words: *para sustentar a vida desejava*.

189) The ARSI text lacks this and the following 2 words.

190) The ARSI text: *a isso*.

191) The ARSI text: *o*. In the BACL text, *noso* is written and *o* is added between the lines.

192) The ARSI and the BACL texts: *em*.

193) The ARSI text: *convem a saber*. The BACL and the BNL texts: *scilicet*.

194) Corrected by the ARSI, the BACL and the BNL texts. It originally reads: *e*.

prestes dous cavalos e [dous][195] homens que nos acompanhassem ate Bungo, e assi o neçessário pera os cavalos e muitas cousas de doentes pera mim. E isto foi feito com tanto amor, como se ho fizerão a hum muito amado filho.

E não vos pareça, charissimos irmãos, que se eu [h]ouvera de fazer este gasto que [h]ouvera mester menos de 15 cruzados. Pois olhai o gasto que fiz perto de 3 meses com quatro ou cinquo pessoas. Senão fora à custa dos Christãos, que tevera gasto[196]. E não vos paressa, charissimos[197], que he gente que queira aceitar a paga de tudo isto[198]. Sobre isto direi que passei em Firando com o meu hospede. Estivi[199] en sua casa com 4 pessoas 20 dias, donde nos deu de comer e casa, e alem disto outras cousas. Quando foi ao mandar-lhe a paga, ma tornarão a mandar, dizendo que não permetisse Deus tal cousa, que fazendo-lhe tamanha merce que viesse eu a pousar a sua casa, pasasse por elles tal falta.

E o mesmo me aconteçeo no Facata, 18 dias que alli estive, que mandando o gasto, se injuriarão de mim, dizendo-me o dono da casa[200] [*fol. 453r.*] com muito sentimento que o que elle tinha não era seu, senão dos Padres, e que em quanto elle vivesse, o seu desejo era sostentar os Padres e Irmãos que estevessem no Facata. E este he o que faz aguora a igreja a sua custa. Roguem ao Senhor por elle.

Tanto que parti do Facata, com asas de trabalho, que lhe não conto, por não ser tão prolixo, cheguei ha Bungo, honde cercado de tantos mimos que o nosso charissimo Padre [Cosme de Torres][201] e Irmãos me fazião, se apodorou a doença mais de mim, de maneira que estive hum mes [em cama][202], aguora a

---

195) Inserted from the ARSI and the BACL texts.
196) The ARSI, the BACL and the BNL texts: *gastado*.
197) After this word, the ARSI and the BACL texts give: *irmãos*.
198) After this word, the ARSI and the BACL texts give: *vos*.
199) The ARSI text: *Estaria*. In the BACL text, *Estive* is written and *Estaria* is added between the lines. The BNL text: *Estive*.
200) This man could be Suetsugu Kōzen 末次興膳.
201) Inserted from the Evora text.
202) Inserted from the ARSI and the BACL texts.

feitura desta, estou muito fraco.

Rogai a Nosso Senhor Jesus Christo, charissimos irmãos em Christo, muito de coração, que me dê graça con que pura e verdadeiramente o sirva, com muita pureza, na guarda dos votos que prometi guardar. Deste Japão[203], [h]oje[204], primeiro de octubre de 1561.

Indigno servo e irmão em Christo[205].

Luís d'Almeida

---

203) The Evora text: *Bungo*.

204) The BACL text lacks this word.

205) Before this phrase, the following phrase is inserted in the ARSI and the BACL texts: *Por commisão do Padre Cosmo de Torres*.

148

LETTER FROM FR. COSME DE TORRES S. J. TO FR. ANTÓNIO DE QUADROS S. J. IN GOA

Bungo, October 8, 1561

Jesus

Copia de una de Japon del Padre Cosme de Torres
para el Padre Antonio de Quadros
Provincial de la India a 8 de otubre de 1561[1].

No sé yo desir, muy Reverendo em Christo Padre, de quanta alegria y consolacion[2] nos hizieron participantes las de Vuestra Reverentia, y de todos nuestros hermanos que aca este año nos vinieron. Ansi[3] por saber el augmento grande que Nuestro Señor dá a Nuestra Compañia, como tambien por el grande crescimiento que por medios della dá a la Christandad de essas y de otras partes. Dios Nuestro Señor por cuya gracia y bondad, se començo el uno y el otro augmento, lo prospere y lleve adelante pera gloria y honrra de su sanctissimo nombre.

---

1) Source Text: BA, *Jesuítas na Ásia*, 49-IV-50, ff. 426r.-429r.
Ref.: ARSI, *Jap. Sin. 4*, ff. 230r.-234v., 235r.-238v., 239r.-244v., 245r.-248v.
BACL, *Cartas do Japão II*, ff. 394r.-397v.
BNL, *FG Códice 4534*, ff. 268r.-270v.
Printing: *Cartas I* (Evora, 1598), ff. 73v.-76v.
Cartas (Alcala, 1575), ff. 97v.-101v.
Cartas (Coimbra, 1570), ff. 218r.-227r.
DOCUMENTOS DEL JAPÓN 1558-1562, No. 46, pp. 445-461.
Concerning the date, 1562 was once written and overwritten 1 on the letter 2 in the source text.

2) After this word, the BACL text gives: *en el Señor*.

3) *asi*.

Y yo en principio de satisfacion de tanta alegria quanta en el Señor, recebi con tales nuevas, despues de se[4] dar muchas gracias por ellas, daré a Vuestra Reverentia las buenas desta tierra de Japon que creo será de las mejores que della a essas partes fueron. Y diré primero de la tierra y qualidades della, y despues del fructo que se haze, y de la disposicion grande que este año, mas que los passados. Dios Nuestro Señor há para ello dado para que de todo sea loado el que todo lo causa.

Quanto a lo primero de la tierra y qualidade della, ahúnque en otras de los años passados se há escrito muchas cosas, diré agora[*sic*] algunas. Y lo primero es que esta isla y tierra de Japon está en el mesmo[*sic*] clima y altura que Espanha[*sic*]. Tiene 60 legoas en âncho[5] y segun dizem[*sic*] 600 en largo. Es tierra muy fertil y dá novedades dos vezes en el año, porque dá el trigo em[*sic*] mayo y el aroz en setiembre. Las lluvias son en ella en el [*fol. 426v.*] verano, como em[*sic*] la India. Tiene muchas fructas y muchas dellas semejantes a las de Espanha[*sic*]. Ay en ella muchas minas de plata.

La gente es muy bellicosa, y tiene mucha semejança con los Romanos antiguos en los puntos de la honrra. Y ansi el principal idolo que tienen es ella, y por esta tienen muchas guerras entre si, y mueren muchos por ella. Y muchos se matan assi mismos, quando les parescen que la pierden. Por ella dexam de hazer muchos males y cosas feas, como de hurtar, tomar mugeres agenas y semejantes cosas. Y no temiendo a Dios por les parescer no aver outra vida, [h]onrran en pero por ella a sus padres[6]. Y tienen lealtad com sus amigos.

Ay en esta tierra tres cabeças, o señores principales. La primera y principal a que llaman *Zaço*[7] es de la religion, y como digamos del ecclesiastico al modo del summo pontifice romano. Porque a el pertenesce[*sic*] el ap[ro]var y confirmar las sectas que se levantan. Y sino son confirmadas y autorizadas por sus letras, no les dan credito ni les tienen respecto.

---

4) The BACL text: *le*.

5) *anchura*.

6) Corrected by the BACL text. The BA text reads originally: *partes*.

7) Zasu 座主. It indicates Tendai-zasu, the head priest of the Tendai sect.

A el tambien pertenecçe el ordenar los *Tundos*[8], que aca son como sus obispos de los quales, ahunque la presentacion es en algunas partes de los señores dellas, la ordenacion y como config[u]racion[9] dellos [h]a de ser por las letras del *Zaço*, por las quales despues de ordenados les tienen respecto los grandes señores y los demas de la tierra. Y pueden ordenar los sacerdotes de sus dioses[is]. Y el preside[10] en las particulares cosas de las sectas y *bonzos* dellas.

Perteneçe tambien a este *Zaço* la dispensacion de las cosas graves de su religion, como de hazer escritos a los señores seculares de los *Tundos* particulares. Porque de las cosas menudas y que menos importan, como de comer carne em los tiempos prohibidos, que es quando se va em[*sic*] romeria a los idolos, pertenesce la tal dispensacion a los *Tundos* por el ordenados. A este mismo pertenesce la determinacion de las dubdas[11] em[*sic*] las cosas de la religion, y ansi con las dubdas de peso a el recorren todos, y estan por lo que el determina.

Y aunque estos en la China se pongan por election de letras y saber, aca se ponen o por succession de generacion o por lo que presenta el que acaba, que comummente es por noblesa y riqueza. Reside en hun monasterio suyo em[*sic*] Meaco que aca em[*sic*] Japon es como entre nos Roma. Tiene mucho poder de tierras y rentas, y muchas vezes tiene competencias con los señores seculares. Esto es quanto a lo que toca a la cabeça del estado ecclesiastico.

El secular es dividido em[*sic*] dos cabeças, o señores principales. De los quales uno es de la honrra y el otro del poder, y govierno y justicia y estos dos señores tambien residen en Meaco. Al de la honrra llaman *Voo*[12], y succede por generacion, el qual es tenido em[*sic*] tanta veneracion como uno de sus

8) Tōdō 東堂. Chief priests of the Gozan temples. They were appointed by the Shōgun of Muromachi Bakufu, not by Tendai-zasu.
9) The BACL text: *consagracion*.
10) The BACL text: *presidio*.
11) *dudas*.
12) Ō 皇. This indicates Tennō 天皇.

idolos, y como a tal lo adoran, el qual no puede ponder los pés[*sic*] en el suelo, y se los pone es privado de su officio y dignidad. Por lo qual se le es necesario salir por dentro de la cerca de su casa, o es en andas, o en unas alparcas de palo de altura de hum palmo. No sale fuera de la cerca de su casa, ni es visto facilmente.

Comummente está asentado teniendo de una parte su traçiado[13], y de la otra hun arco y flechas. Sus vestidos son los primeros y mas llegados a la carne, prietos, y el de sima[14] vermejo. Sobre el qual tiene otro raro de çeda a manera de velo con sus borlas em[*sic*] las manos, y en la cabeça hun bonete con pendientes a manera de mitra de obispo. Pintanle tambien la fruente de prieto y blanco. Y su comer ha de ser em[*sic*] barro.

El officio y presidencia deste es, en las cosas de la honrra, porque a el solo pertenesce dar la a cada uno, segun que le paresce, y segun la qualidad de las personas y cosas hechas. Y ansi su officio es dar nobres o titolos a los señores conforme a lo que merescen. Por donde se sabe de que honrra y qualidade es cada uno [*fol. 427r.*] y respecto y reverencia se le deve tener.

A este tambien pertenece graduar los em[*sic*] sus titulos de[15] crecentando a cada uno en ellos los grados de la honrra, que le paresce [h]aver merescido. Estos titolos y grados de los que se dão[*sic*] se muestran por certas letras con que les conceden. Hagan en sus firmas, las quales les quedan a manera de armas o insigneas. Y ansi mudan los señores sus firmas conforme a los titolos y letras dellos que se le conceden. Como acontecio a este señor de Bungo, al qual despues que aca estamos le avemos visto[16] de treinta y quatro maneras, por los grados que a su titolo le fueron por el *Voo* acrecentados.

Assi que a el pertenecen todas las cosas de la honrra y grados de ella para con todos los duques y señores de Japon, y ninguno pode tenerla sino del. Y como los japones son mas apetitosos della que de ninguna outra cosa del

13) The BACL text: *terciado*.
14) The BACL text: *ensima*.
15) The BACL text reads this and the following word: *acresentando*.
16) After this word, the BACL text gives: *firmas*.

mundo, son tantos y tan grandes los presentes que cada año le hazen por [h]aver hun titolo o carta suya con que tambien mucho se honrran, que con ser hombre sin tierras ni rentas es de los mas ricos o el mas rico que[17)] [h]ay em[*sic*] Japon.

Tienen con el sus procuradores y cad[a] año le mandan todos visitar, trabajando cada uno por levar la ventaja al otro, em[*sic*] presentes de dinero y piesas que le embian por alcançar del estos titolos y grados de los que costan mucho. Y esto porque por estos titolos son tenidos em[*sic*] mucha conta y muy reverenciados de sus vasallos.

Sendo este *Voo* tan reverenciado y consagrado[18)], en tres casos puede ser depuesto de su estado. El uno, poniendo los pes[*sic*] en el suelo (como y[19)] se dixo[20)])[21)]. El segundo, si mata alguno, y el tercero y ultimo, sino es hombre muy quieto. Por cada uno de los subradichos[22)] casos se puede deponer de su officio o[23)] dignidad, ahunque por ningun dellos se puede matar.

La tercera y ultima cabeça y segunda del [e]stado secular es la de la justicia, poder y guovierno a quien llaman *Quingue*[24)], y aunque aya otras dos de las quales, a la una llaman *Enge*[25)], y la otra *Goxo*[26)], estas dos todavia son subalternas al *Quinge*[27)] que es el principal.

Este preside a todos os[*sic*] señores seculares de Japon, en las cosas del poder y guovierno. El officio destos es mandar a los inferiores a hazer las guerras que les parecen justas y dar a otros licencia para avisar de los alborotos

---

17) In the BACL text, once this and following 2 words were written and revised as follows: *de los de*.
18) The BACL text: *como sagrado*.
19) The BACL text: *ja*. The BNL text lacks this word.
20) *dicho*.
21) These parentheses are inserted in the original text.
22) The BACL text: *sobredichos*.
23) The BACL text: *y*.
24) Kōgi/Kūgi 公儀 or Kuge 公家.
25) What this word means is uncertain.
26) Gosho 御所.
27) The BACL and the BNL texts: *Qungue*.

y differencias del reyno, y apasiguarlos, y asi mismo apasiguar los señores y castiguar los que nel reyno se levantan. Esto todo hazen por los señores inferiores mandandoles por sus recados hagan esta guerra[28] o estotra, pongan en pas a estos o aquellos, castigen tales o tales alevantados, o vayan sobretalis o talis que se levantan. Y sino le obedecen, dan y publican sus tierras a los confines que en castigo se las tomen. Esto es el offico destos, aunque no son en todo muy obedecidos, porque el que matar señores lleva la mejor. En lo demas cada uno obedece a su señor en lo temporal y en lo [e]spiritual a la cabeça de su secta, y a su[29] *Tundo* o obispo particular.

Las sectas (como por otras se [h]aya[30] escrito)[31] son diez o doze. Las quales aunque sean differentes en lo que muestran para el exterior, todavia en lo interior convienen todas, *scilicet*, en negar el ser immortal del anima rational, aunque difieren en las cosas que veneran y adoran. Porque unos adoran el sol y la luna, otros adoran a hombres letrados y doctos y que han predicado las sectas, otros a capitanes de guerra y hombres que fueron en ella insignes, y a otros animales brutos (lo qual es luenga cosa de contar)[32].

Sus letrados, aunque les ensenhan[*sic*] adorar estas diversidades de cosas, ellos todavia en lo interior tienen para sy que no [h]ay mais[*sic*] que naçer y morir, diziendo que los hombres, animales y plantas tornan todos a un cierto luguar de donde salieron. Y para [*fol. 427v.*] esto tienen algunas dos mil y quinientas meditaciones, las quales despues que uno ha meditado, queda totalmente quieto en la dicha ceguedad, porque todas son comodadas[33] a quitar el ser inmortal del anima.

Una de las quales meditaciones he[34] que se pergunte a la cabeça del

---

28) In the BACL text, this word is deleted by a line.
29) The BNL text lacks this word.
30) The BACL text: *[h]a*.
31) These parentheses are inserted in the original text.
32) These parentheses are inserted in the original text.
33) The BACL text reads this and the following word: *acomodadas*.
34) The BACL text: *dizen*.

hombre, despues de cortada quien es, y que se vera lo que respuende. Otra que un mismo viento segun la diversidad de las cosas em[*sic*] que toca, assi causan el sonido y semejantes, y finalmente se resuelven que lo que de nada sale, en nada se buelve. Y que el hombre tiene tres *animas*, que assi como por ordem se reciben, assi por orden se salen del, saliendo primero la postrera que entró. Esto tienen los letrados muy secreto, y raramente lo discubren sino a aquel que les dá grande quantidad de dineros.

Entre los que adoran a hombres sabios, ha unos que adoran a hun hombre por nombre Xaca[35)], que dizen que fue docto y hijo de Rei. El qual dexo muchas ignorancias y ceguedades scriptas para esta gente. Y ansi los que le adoran, adoran tambien hun libro suyo que llaman *Foquequio*[36)], y dizen que ninguno se puede salvar sino con la virtud deste libro, y que con el se salvaran hasta las hierbas y palos. Y escodriñando el interior del libro, todo se funda en persuadir el no ser de que dize que dependen todo-los seres.

Los que adoran el sol y la luna, adoran tambien hun idolo a quien llaman Denix[37)], el qual pintan con tres cabeças, y dizem[*sic*] que es la fuerça del sol y la luna, [y de los][38)] elementos. Estos adoran tambien al demonio en su figura, haziendole muchos sacrificios y muy costosos y muchas vezes lo ven visiblemente. Estos, generalmente, son grandes hechizeros, y grandes inimiguos de la Ley[39)] Nuestro Señor.

Ay otro pagode o idolo a quien llaman Quanon[40)], y dizen que fue hijo de Amida[41)]. El qual es otro hombre sabio que tambien adoran. Y los que adoran y seguien a este Quanon son como devotos y se precian desso y siempre rezan ahunque destos [h]ay pocos.

---

35) Shaka 釈迦.
36) Hoke-kyō 法華経.
37) Dainichi 大日.
38) Corrected by the BACL and the BNL texts. It originally reads: *y dolos*.
39) After this word, the BACL text gives: *de Dios*.
40) Kan'non 観音.
41) Amida 阿弥陀.

El 5° es aquella ley que enseña a meditar las meditaciones que dixe las quales (como se ha dicho)[42], todas se reduzen em que piencen lo que eran antes que fuessen, y que en aquillo se ha[43] de tornar.

Y esta he la que comummente siguen, y esto es quanto a lo primero de la tierra y qualidades[*sic*] della.

Quanto a lo segundo, del fructo y desposicion para ello que Nuestro Señor aca ha dado, es la major ajuda[*sic*] que se ha tenido despues que nuestra Compañia está nesta tierra de Japon. Los años passados se ha escripto como por las guerras que [h]avian em[*sic*] esta tierra, no solo no se podia manifestar Nuestra Lei Santa, pero otros lugares allen de los que ya estava manifestada y acceptada de muchos, mas que ni aun a estos se podia yr para acodir a los Christianos que en ellos se [h]avian hecho.

Este año de 1561, ha Nuestro Señor dado por su bondad tan grande victoria contra la mayor parte de sus inimigos a este Rei de Bungo nuestro amigo, que con ella y con la pas grande que della se siguio, se abrio una gran puerta a Nuestra Sancta Ley, para que no solo se pudiesse predicar y llevar adelante en sus tierras, y acudir a los Christianos que en estas mismas tierras y en otras [h]avian, mas aún se pudisse manifestar y dilatar por otras muchas partes de Japon, como ya Nuestro Señor ha començado mostrar.

Seis somos los que de la Compañia en esta tierra estamos, los quales manifestamos Nuestra Santa Ley em 8 lugares o províncias. Destos el primero es este de Bungo, donde el Rey nuestro amigo reside. Este estará 33 grados y medio para el norte, de la banda desta isla que declina al oriente, en el qual residimos. [H]Ay en ella muchos y buenos Christianos y de nuevo se hazen continuamente. [*fol. 428r.*] Entre los quales entran de los letrados delas meditaciones. Quales sean los unos y los otros y lo que Nuestro Señor obra en ellos, verá Vuestra Reverencia, por una particular que dello deste Bungo se escrive.

---

42) These parentheses are inserted in the original text.
43) The BACL text: *[h]an*.

El segundo lugar es del Cutami[44] que es como hun condado del Señor de Bungo, y distara del 9 legoas. En este [h]averá mas de dozientos Christianos, de los quales uno dellos ha hecho una iglezia a su costa, muy hermosa. Y pide quien esté en ella, y por falta dello, no se le dá. Paresce que era necesario, a lo menos, hun Hermano. Vuestra Reverencia vea esta necessidad con las[45] demas que dixe.

El 3° lugar donde Nuestra Santa Ley está manifestada es la isla de Firando[46], en la qual, por la bondad de Nuestro[47] Señor, tenemos 7 ou 8 lugares de Christianos. Esta isla está de la otra banda desta isla de Japon para el occidente, y dystara deste Bungo 45 o 50 legoas. [H]Avrá en ella dos mil Christianos, a los quales aunque los años passados no se podia yr por causa de la guerra, este ya se a podido, y daqui por delante se irá sem[*sic*] peligro, por la subjecion que el señor della al deste Bungo tiene.

El julio passado, los fue a visitar el Hermano Luis d'Almeida, y con el ayuda de Nuestro Señor y de los portugueses cujos navios alli entonces llegaron, se repararon las iglesias de los Christianos que por los lugares estavan. De lo demas que alla se hizó y del fructo y bondad de los Christianos, el escrive a Vestra Reverencia una, por esso en esta no haré dello mencion.

El quarto lugar es el Fataca[48], que es una ciudad muy rica de mercadores, que dista por la tierra a dientro de Firando algunas 20 o 25 leguas. Neste lugar tenemos ja[*sic*] una yglesia, y un Christiano[49] del se ha offrecido a hazer otra. En el qual luguar tenemos Christianos, y passando por el, el Hermano Luys d'Almeda en pocos dias baptizó mas de 60. Y a la tornada baptizará muchos mas sino caera enfermo.

El 5° luguar es de Cangaxima[50], donde primero aportó nuestro bendito

44) Kutami 朽網.
45) The BNL text reads this and the following word: *la mas*.
46) Hirado 平戸.
47) The BACL text lacks this word.
48) It is misspelling word. It is correctly *Facata*, Hakata 博多.
49) Cosme Suetsugu Kōzen 末次興膳.
50) Kagoshima 鹿児島.

Padre Mestre Francisco[51], quando de nuevo a esta tierra vinó, y donde [h]avemos tenido las primeras primicias[52] de los Christianos de Japon. Esta[53] está mas a la punta de la isla para el sul a 31 grado, y distará deste Bungo 60 o mas leguas. El qual visitó tambien el Hermano y fue muy bien recebido del señor[54] de la tierra. El me escrive quexandose, porque no van alla portugueses y pareceme que reciberá bien al Padre que alla fuere. Esta tierra es un reyno grande, en la qual somos ja conocidos y [h]ai Christianos en ella. Los quales me escriven los manden visitar por alguna de la Compañia. Vuestra Reverencia, por amor de Nuestro Señor, nos lo mande para que se puedan cumplir sus deseos.

El sexto luguar es el de Yamanguche[55] que está mas al norte distara[56]. El qual distará deste Bungo 50 leguas. A los Christianos deste luguar no se pudó acudir estos annos por causa de las guerras. Aguora con esta pas nos han escrito que perseveran en la feé que recebieron, y que vamos alla. Porque [h]ay mucha disposicion para la conversion de los gentiles y sustentacion de los ya Christianos.

El 7° luguar es el del Meaco, del qual los annos passados escrivi a Vuestra Reverencia, como deste Miacoo que está hazia el oriente para la otra punta desta isla, que distará deste Bungo cien leguas lo mas, me escrivio el principal[57] de los *bonzos* del en una carta, en que me dizia que deseava mucho oir la ley de Dios, mas que por ser muy viejo no podia venir [*fol. 428v.*] donde yo estava, y que se yo podiesse ir o ymbiar alla que holgaria mucho de la oir. El anno passado escrevi a Vuestra Reverencia, como nuestro compañero y hermano el Padre Gaspar Vilela era ido alla com la respuesta, y para tentar si en

---

51) Francis Xavier.
52) Corrected by the BACL and the BNL texts. It originally reads: *promessas*.
53) The BACL and the BNL texts: *Este*.
54) Indicates Shimazu Takahisa 島津貴久.
55) Yamaguchi 山口.
56) The BACL text lacks this word. In the BNL text, once it was written and erased with a line.
57) Indicates Shinkai 心海.

aquella tierra se podia manifestar nuestra ley por ser ella de que depende toda esta[58] en las cosas de las sectas.

El padre, despues de passar muchos trabajos en el camino, llegó alla, y halló el *bonzo* muerto y que dizian que antes que muriesse [h]avra dicho que el [h]avia muy bien entendido las cosas de nuestra sancta fee, que yo y los japonês que con nosotros estan le escrivimos, y que con[59] ellas muria.

Despues de llegado el Padre y de aver padecido mucho, quisó Nuestro Señor por su bondad que no solo hallasse disposicion para manifestar nuestra santa fee, mas la ha començado a manifestar y dilatar por aquellas partes donde tanto ha se deseava la manifestacion della. Por sus cartas verá Vuestra Reverencia mas en particular lo que Nuestro Señor alla obra.

El 8° y ultimo luguar es la ciudad de Çacay[60], que dista para ca del Meaco pocas leguas. He ciudad muy rica y de muchos mercadores, la qual se guovierna al modo de Venecia. Della me enbiaron cartas con hun priesiente pidindo por amor de Dios les enbiasse alla quien les declarasse la ley de Dios. Y porque [yo][61] estava solo sin sacerdote que aqui quedasse o alla fuesse, escrivi al Padre Gaspar Vilela al Meaco que se quedasse alla para acudir a tan buena necessidad, enquanto Vuestra Reverencia nos enbiasse compañeros que alla pudiessen ir.

Pidole por amor de Nuestro[62] Señor los enbie a lo menos seis y sino quatro, porque ultra destos 8 luguares, en que se abria tanto la puerta para nuestra santa ley. Está aguora Japon, de manera con esta paz, que por ningun luguar del se yrá adonde no se pueda manifestar[63] nuestra santa fee. Y portanto todos, assi Christianos como gentiles, muestran y dan senhal que al fin ha de [h]aver en esta tierra grande Christandad. Y por cierto assi es porque si *caeteris*

58) After this word, *terra* is inserted in the BNL text.
59) The BACL text: *en*.
60) Sakai 堺.
61) Inserted from the ARSI and the BACL texts.
62) The BACL text reads this and the following word: *Dios*.
63) After this word, the BACL text gives: *y acceptar*. The BNL text gives: *y receber*.

paribus[64] se procede daqui en delante, como hasta aqui se ha en ella procedido antes de muchos annos se dilatará grandemente Nuestra Santa Ley nestas partes de Japon.

Por tanto torno a pidir a Vuestra Reverencia por amor de Nuestro Señor nos provea de compañeros, porque yo a mengua dellos determino de me ayudar de los japones que aqui tenemos, y a quien Dios Nuestro Señor mas se comunica, y no dexar perder tan buena occasion. Y determino en veniendo el tiempo mandar el Hermano Joan Fernandes al Padre Guaspar Vilela al Meaco, y a un japon que con el está enbiar a Facata con el Hermano Luys y al Hermano Guillermo con otro japon a los Christianos de Firando,y yo y el Hermano Duarte da Sylva que daremos con estos Christianos de Bungo, hasta que Vuestra Reverencia nos provea con Padres y Hermanos que nos ayuden.

Esto era, Reverendo en Christo Padre, quanto al fructo que se haze y disposicion que [h]ay para ello. Quanto a los Christianos y quales sean, yo verdaderamente me confundo dizerlo. Vuestra Reverencia lo verá por las cartas que los hermanos escriven. Solo esto [*fol. 429r.*] diré que muchas tierras tengo visto de fieles, y infieles, y nunca vi gente tão[*sic*] obediente a la razon, despues que la conoscen, ni tan enclinada a la devocion y penitencia. Porque en ella y em recebir el sanctissiomo sacramento, los que son para ello, mas parescen religiosos que Christianos de tan poco convertidos. Son constantes en la ley que toman.

Y desto una sola cosa diré que el año passado siendo los Christianos de Firando perseguidos y degradados por ser Christianos, muchos dellos largaron la hazienda y se venieron a morar a este Bungo, queriendo mas ser pobres con Christo Nuestro Señor que ricos sin el.

De la devocion diré otra cosa, y es que quando con la campana que aqui tenemos, se haze señal a la oracion a las horas acostumbradas, es tanta la devocion em se arrodillar a rezar que no solo los hombres, mugeres y moços que tienen uso de razon lo hazen com[*sic*] devoçion, mas ahun los niños que

---

64) A Latin phrase meaning “other things equal”.

paresce carescer deste uso.

Hum Christiano me contó que mandando los dias passados, huna moça pequeña suya, Christiana, a buscar hun poco de viño adonde lo vendian, aconteçio que estando lo mediendo tañeron las *Ave Marias*, y que oiendolo[65] a la hora largó al vazo del viño, y se arrodillo a rezar, y no se alevantando hasta [h]aver rezado, 5 *Padres Nuestros* y cinco *Ave Marias*. Quedaron los gentiles tan [e]spantados y edificados, que dizian que no [h]avia otro Dios como lo de los Christianos, pues aum a los niños enseñavan buenas costumbres.

La devocion que todos estos Christianos tienen a las contas benditas es grandissima. Porque de unas pocas que nuestros hermanos aca nos embiaron, en las que estão[*sic*] em[*sic*] los lugares communes, nunca se cessa de rezar por ellas. Y si por ventura alguna particular tiene alguna, siempre anda de mano en mano, y la maior limosna se puede hazer a hum destos Christianos es darle una cuenta bendita.

Vuestra Reverencia, por amo[r] de Nuestro Señor, nos haga embiar algunas, pues tambien paresce que se emplearán aca, donde son tan estimadas. Porque todo lo que de alla nos puede venir que mas se estime, son ellas y nuestros hermanos.

Los quales, Vuestra Reverencia, por amor de Nuestro Señor, embie, pues tan necessarios son a esta gente que no son Malucos o Brasiles. Dios Nuestro Señor dé a Vuestra Reverencia a sentir la necessidad que aca ha dellos, y su santissima voluntad para que em[*sic*] todo la cumpla.

Esto era, muy Reverendo em Christo[66], lo que se me offerescio escrivir a Vuestra Reverencia desta tierra, y sus qualidades y della Christandad y gente della, ahunque muchas particularidades succeden que si se escreviessen. Creo alegrarian mucho a nuestros hermanos, assi dessas partes como los[67] de la Europa. Mandenos Vuestra Reverencia quien lo haga, para que em todo sea[68]

65) The BACL text: *en oyendo*.
66) After this word, the BACL and the BNL texts give: *Padre*.
67) The BACL text: *de las*.
68) After this word, the BACL text gives: *Dios*.

Nuestro Señor que lo causa glorificado. El qual sea siempre en su anima y del todos, amen.

Deste Bungo a 8 d'outubre de 1561.

De Vuestra Reverencia siervo en el Señor

Cosme de Torres

149

LETTER FROM FR. COSME DE TORRES S. J. TO FR. DIEGO LAÍNEZ S. J. IN ROME[1)]

Bungo, October 8, 1561

Jesus María

Muito reverendo Padre nosso:

La gracia, paz y amor de Jesu Christo Nuestro Señor sea sienpre en nuestro fabor y ayuda, amen.

Como por las cartas de los años pasados, sabrá Vuestra Paternidad, el Padre Mestre Francisco, que está en el cielo, [h]á onze años que dexó al Hermano Joan Fernandez y a mi en esta tierra de Japán[*sic*]. Las calidades de la qual, por las [h]aver escrito menudamente muchas vezes, agora brevemente pasaré por ello.

Japán[*sic*] es frio como España, y está en la misma altura, y es semejante a ella en muchas cosas, *scilicet*, en aver muchas frutas que [h]ay en España; da simientes dos vezes en el año, en mayo trigo y en setiembre arroz. Las aguas son en el verano, como en la India.

Los moradores della es jente belicosa. Y el principal idolo que adoran es la [h]onra, y por esta mueren y se matan muchos asi mismos, quando les parece que la pierden. Y por ella dexan de hazer muchos pecados y cosas feas, y onran a sus padres y tienen lealtad a sus amigos.

[H]Ay en esta tierra tres personas principales: una que es cabeça de la [h]onra, y a esta adoran todos. Este no tiene más que dar nombres a los grandes señores, y por ello le dan gran cantidad de dinero. Este no puede poner los pies

---

1) Source Text: *DOCUMENTOS DEL JAPÓN 1558-1562*, No. 47, pp. 462-466.
Ref.: ARSI, *Jap. Sin. 4*, ff. 249r.-249v., 250r.-250v.

en tierra, y si por ventura pone los pies en tierra, es privado de la dinidad. El qual sucede por jeneración. Y sus criados son muy venerados de todos los japanes[*sic*], y son onbres rapados que no traen armas.

La segunda persona es cabeça de la hidalguía. Este es poco venerado, porque los señores japanes[*sic*], quando tienen mucho poder, hazense señores absolutos en su tierra. Todavía tiene nombre de principal señor de la tierra.

La tercera cabeça es de las sectas, y esta tanpoco no es en otra cosa venerada sino en le preguntar las dudas que entre ellas [h]ay. Y por esto le tienen algún acatamiento, porque en lo demás cada uno obedece a la cabeça de su secta, que [h]ay diez o doze, aunque la [enseñanza] principal es que no [h]ay más que nacer y morir, y en este parescer interiormente son todos conformes, aunque esteriormente enseñan otras cosas, en que quieren semejar mucho la ley de Jesu Christo.

Son jentes que obedecen mucho a razon, y son dados a oracion y muy devotos. Y despues de [h]aver entendido las cosas de Dios, no son como la Caña[2]. Por esto se tiene grande esperança[*sic*] que si en esta tierra [h]oviere muchos Padres de la Compañia, se harán muchos Christianos.

En espacio de estos diez o doze años, sienpre adonde estuvimos hovo guerra, que es muy grande impedimento para predicar la ley de Dios. Todavia, por diversas partes estarán hechos obra de quatro o cinco mil Christianos. [H]Ay siete o ocho iglesias fundadas, aunque en dos dellas solamente [h]ay moradores. Por eso no quiero dezir mas de lo que dixo Maria Madalena a Jesu Christo: *Amicus tuus infirmatur*[3].

Este año me escrivió nuestro Padre Provincial que Vuestra Paternidad me mandava que hiziese profision de tres votos en manos del Padre Baltasar Gago o del Padre Gaspar Vilela o de qualquiera otro Padre, *vice prepositi jeneralis*[4]. Y por estar agora solo en esta provincia de Bungo, no pude qunplir lo que me es

---

2) Lv.18

3) Jn.11: 3-4. *Ecce que mamas infirmatur*.

4) It means in place of the Father General. These words are idiomatic usage in the Society of Jesus.

mandado. Porque Miaco, donde está el Padre Gaspar Vilela, es mas de dozientas leguas de aquí.

Con el primer[o] Padre que acá viniere lo haré, y enbiaré los votos a Vuestra Paternidad, así como me es mandado por la santa obidiencia. En la qual pido a Jesu Christo Nuestro Redentor que por los merescimientos de su sagrada pasion me dé gracia que biviendo muerá y en ella acabe mis dias.

Desta casa de Bungo, a 8 de otubre de 1561 años.

De Vuestra Reverencia sierbo inútil y hijo indino en Jesu Christo

Cosme de Torres

INDEX

Personal Names

A

B

C

D

F

G

H

I

J

K

L

M

N

O

P

Q

R

S

T

V

X

Y

Place Names

A

B

C

D

E

F

G

H

I

J

K

L

M

N

O

P

R

人 名 索 引

あ

い

う

え

お

か

き

く

け

こ

さ

し

す

せ

そ

た

て

と

な

る

れ

ろ

事 項 名 索 引

あ

い

う

え

お

か

き

く

け

こ

さ

し

す

せ

そ

た

ち

つ

て

と

な

に

ぬ

の

は

ひ

ふ

へ

ほ

ま

み

む

め

も